KB075111

지리의 힘

Prisoners of Geography
Copyright © 2015 by Tim Marshall
All rights reserved.

Korean Translation Copyright © 2016 by Sa-I Publishing

Korean edition is published by arrangement with Louisa Pritchard through Duran
Kim Agency, Seoul.

이 책의 한국어판 저작권은 듀란킴 에이전시를 통한 Louisa Pritchard와의 독점계약으로 ㅅㅏ이 에
있습니다. 저작권법에 의하여 한국 내에서 보호를 받는 저작물이므로 무단전재와 무단복제를 금
합니다.

| 일러두기 |

이 책 본문에 나오는 〈터키〉는 2022년 6월 국호가 〈튀르키예〉로 변경되었음을 알려드립니다.

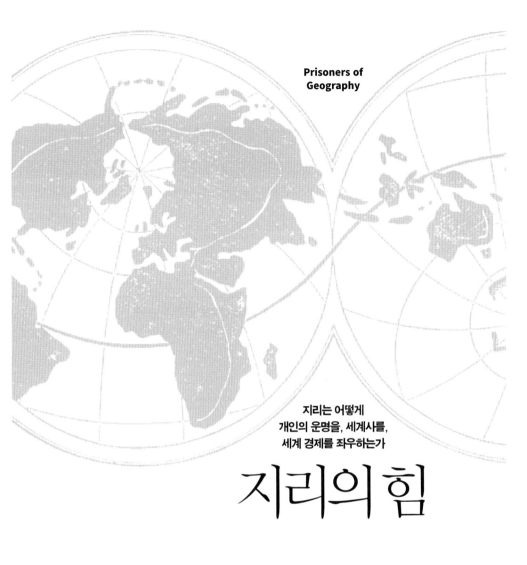

Prisoners of
Geography

지리는 어떻게
개인의 운명을, 세계사를,
세계 경제를 좌우하는가

지리의 힘

팀 마샬 | 김미선 옮김

사이

우리 삶의 모든 것은
지리에서 시작되었다!

블라디미르 푸틴은 스스로를 일컬어 러시아 정교회의 열렬한 후원자이면서 신심이 깊은 사람이라고 말한다. 이 말이 사실이라면 그는 매일 밤 잠들기 전, 신에게 이렇게 물을지도 모른다.

"신이시여, 어찌하여 우크라이나에 산맥을 펼쳐두지 않으셨나이까?"

만약 신이 우크라이나에 산악지대를 펼쳐두었다면 건너편 세력들이 북유럽평원North European Plain이라는 드넓은 평지를 넘어 그처럼 꾸준히 러시아 땅을 침략하고픈 유혹을 느낄 일도 없었을 것이다. 이런 상황에서는 푸틴이라도 달리 선택할 게 없다. 서쪽으로 펼쳐진 평지를 관리하는 정도밖에는. 그리고 이런 사정은 크든 작든 간에 어느 나라도 예외일 수 없다. 〈지리적 특성〉은 지도자들에게 훨씬 적은 선택지만 주고 이를 조정하고 관리할 여지 또한 생각보다 훨씬 적게 남겨둔다. 아테네 제국이나 페르시아 제국, 바빌로니아, 혹은 그 전 시대를 거슬러 올라가도 사정은 마찬가지다. 자신의 백성을 보호하는 지도자의 사명은 고지대를 찾아내는 것이었다.

우리의 삶은 언제나 우리가 살아가고 있는 〈땅〉에 의해 형성돼 왔다. 전쟁, 권력, 정치는 물론이고 오늘날 거의 모든 지역에 사는 인간이 거둔 사회적 발전은 지리적 특성에 따라 이뤄졌다. 물론 현대의 기술이 정신적, 물리적 거리를 어느 정도는 줄여줄 수 있다. 그런데 여기서 간과하기 쉬운 게 있다. 지구라는 행성의 70억 인구에게 주어진 선택들은 늘 우리를 제약하는 강과 산, 사막과 호수, 그리고 바다에 의해 어느 정도는 결정된다는 것이다. 그만큼 우리가 살아가고, 일하고, 자녀를 길러내는 땅이 중요하다.

이 가운데 다른 것보다 유독 중요한 지리적 요소가 따로 있는 것은 아니다. 사막이라고 산악지대만큼 중요하지 않은 것도 아니며 강도 정글만큼이나 중요하다. 지구상의 서로 다른 지역의 서로 다른 지리적 특성들은 사람들이 할 수 있는 것과 할 수 없는 것들을 가르는 지배적인 요소들에 포함된다.

넓게 말하면, 지정학geopolitics은 지리적 요인들을 통해 국제적 현안을 이해하는 방식을 말한다. 여기에는 산맥 같은 천연의 장애물이나 하천망의 연결 같은 물리적 지형뿐 아니라 기후, 인구 통계, 문화 지역, 그리고 천연자원에 대한 접근성까지 포함된다. 이러한 요인들은 정치, 군사 전략부터 시작해서 언어, 교역, 종교 등을 포괄하는 인류의 사회적 발전에 이르기까지 우리 문명의 여러 국면에 중대한 충격을 가할 수도 있다.

실제로 역사를 다룬 저술이나 오늘날 국제 문제를 다룬 보고서들에서 자주 도외시되는 것이 바로 국내외 정치의 근간을 이루는 〈물리적 현실〉이다. 확실히 지리학은 〈무엇〉 못지않게 〈왜〉라는 질문의 근간을 이룬다. 중국과 인도를 예로 들어보자. 엄청난 인구를 보유한 이두 대국은 상당히 긴 국경을 마주하고 있음에도 불구하고 정작 정치나 문화는 공통점이 많지 않다. 물론 이 두 공룡 국가들 간에 몇 차례 마찰이 있었던 것도 새삼스러운 일은 아니다. 다만 1962년에 국경 분쟁으로 근 한 달간 지속됐던 전쟁 이후로 두 나라는 부딪힌 적이 없다. 왜 그럴까? 그 이유는 바로 지구상에서 가장 높은 산이 두 나라 사이에 자리 잡고 있다는 데 있다. 군대가 히말라야를 관통하거나 넘어서 진격한다는 것은 현실적으로 불가능하다. 물론 현대 기술이 좀 더 정교해지면서 이 장애물을 정복할 방도도 나오고는 있지만 이 물리적 장벽은 여전히 두 나라 사이의 충돌을 막는 억제력으로 작용하고 있다. 따라서 중국과 인도는 서로에 대한 감시는 게을리하지 않으면서도 대외정책은 주로 다른 지역에 집중하고 있다.

　한 나라나 국제 정세에는 개개의 지도자들의 성향과 이념, 기술 말고도 여러 요인들이 영향을 미친다. 그러나 그 영향은 일시적이다. 하지만 세대가 바뀌어도 힌두쿠시 산맥과 히말라야 산맥이 만들어낸 물리적 장애물, 우기에서 비롯된 난관들, 천연자원이나 식량 자원에 대한 제한적인 접근 등은 피할 수가 없다. 결국 이념은 스쳐 지나가도 지리적 요소는 오랜 세월이 흘러도 그대로 남는다.

지리의 허락이 떨어질 때까지

—

내가 이 주제에 관심을 갖게 된 계기는 발칸 반도 전쟁을 취재하던 1990년대로 거슬러 올라간다. 나는 세르비아, 크로아티아, 보스니아 등을 포함하여 여러 민족이 다양하게 공존하던 지역에서 어떻게 각각의 민족 지도자들이 용의주도하게 각 집단에 잠재되어 있는 해묵은 의심을 끄집어내서 분열을 부추기는지 코앞에서 목격했다. 일단 편가르기가 성공하자 서로 적대적이 되는 것은 시간문제였다.

코소보(세르비아의 자치주로 있다가 2008년 2월 17일 독립을 선언)의 이바르 강River Ibar이야말로 최적의 사례다. 1389년에 벌어진 코소보폴레 전투를 계기로 오스만 제국은 세르비아 지배를 공고히 했다. 전투는 코소보 중북부에 위치한 도시 미트로비차를 흐르는 이바르 강 근처에서 벌어졌다. 이후 수세기에 걸쳐 알바니아계 무슬림들이 말레시하 산악지대에서 내려왔고 세르비아계 주민들은 이바르 강 뒤로 점점 밀려나기 시작했다. 18세기 중반에 이르자 이 지역은 알바니아계 무슬림들의 차지가 되었다. 20세기로 넘어가서도 대략 이바르 강을 경계로 뚜렷한 민족적, 종교적 구분이 잔존했다. 그러다가 1999년, 나토군의 공습 지원을 받으면서 코소보 민족 해방군이 진격하자 세르비아군은 이바르 강을 건너 퇴각했다. 그러자 그 지역에 남아 있던 세르비아계 대다수가 이내 그들에게 가세했다. 현재 이바르 강은 코소보공화국의 독립을 인정하는 일부 국가들에게는 사실상의 국경으로 받아들여지고 있다.

미트로비차 도시 또한 나토 지상군의 진격을 가로막는 장애물이었다. 세르비아 전역으로 진격하려던 나토군의 계획은 3개월에 걸친 전투에도 불구하고 뚜렷한 진전을 이루지 못했다. 이는 〈지리와 정치〉라는 이중의 제약에 직면한 나토의 지도자들에게 별다른 선택지가 없었다는 의미였다. 헝가리가 이 점을 극명하게 보여준다. 헝가리는 세르비아 북부에 거주하는 35만 명에 이르는 헝가리계 주민들에게 가해질 세르비아의 보복을 우려한 나머지 나토군이 자국 영토에서 세르비아 침공을 개시하는 것을 불허했다. 그러자 이바르 강에 신속하게 도달할 수 있는 남쪽으로부터의 진격이 대안으로 떠올랐지만 이번에는 떡하니 나토군을 내려다보고 있는 산악지대가 문제였다.

당시 세르비아의 수도인 베오그라드에서 세르비아 언론팀과 취재를 하고 있던 나는 만약 나토군이 쳐들어오면 그들은 어떻게 할 것인지 물었다. 돌아온 대답은 이랬다.

"카메라를 내려놓고 총을 들 수밖에 없죠."

그들은 자유주의 성향의 세르비아인들로서 나와는 허물없이 지낸데다 현 정부에 반대하는 입장이었다. 그런 그들이 지도를 펼쳐놓고 산악지대 어느 지점에서 세르비아가 영토를 방어할 수 있는지, 그리고 어느 지점에서 나토군의 진격이 서서히 느려질 수밖에 없는지를 알려주었다. 브뤼셀에 있는 나토 본부의 호언장담과는 달리, 왜 나토군의 선택이 제한적일 수밖에 없는지를 알게 해준 그 유익한 지리 수업에서 나는 그나마 위안을 얻었다.

향후 발칸 지역에 관한 보도를 이해하는 데 있어 물리적 지형이 얼마나 중요한지 깨달은 나에게 이 수업은 꽤 요긴했다. 이어서 2001년 9·11 사태 몇 주 뒤에 벌어진 일련의 사건들을 통해 나는 현대 기술의 발전에도 불구하고 세계 최강의 군대들조차 맥없이 기후에 휘둘리는 현실을 확인할 수 있었다. 당시 나는 아프가니스탄 북부에 있었다. 아프가니스탄의 탈레반 정권에 대항하기 위해 결성된 반군 단체인 북부동맹군과 접촉하기 위해 타지키스탄에서 뗏목을 타고 국경에 인접한 강을 막 건너던 차였다.

이미 미군 전투기들은 카불로 진출할 통로를 트기 위해 마자르 에 샤리프 동부의 춥고 먼지 풀풀 날리는 평원과 언덕에 있는 탈레반과 알카에다 진지들에 폭격을 퍼붓고 있었다. 몇 주가 지나자 북부동맹군이 남부로 이동할 채비를 갖추고 있음이 분명해졌다. 이때 상황이 돌변했다.

이제껏 겪어보지 못한 강력한 모래폭풍이 몰려와서 주변을 온통 누런색으로 물들여 버렸다. 폭풍의 최정상에서도 몇 미터 앞을 분간하기 힘들었다. 분명한 사실은 미국의 최첨단 위성 기술도 이 척박한 땅의 기후에서는 무용지물이라는 점이었다. 부시 대통령과 합동참모본부는 물론 북부동맹의 지상군 부대에 이르기까지 모두가 그저 손을 놓고 기다리는 수밖에 없었다. 그러다가 비가 내리기 시작하더니 사방을 뒤덮었던 모래가 이제는 모든 것을 진창으로 만들어 버렸다. 게다가 비는 어찌나 세차게 쏟아지는지 우리가 머물고 있던 오두막이 통째로 진흙에 녹아내린 것 같았다. 날은 개었지만 남쪽으로의 진격은 〈지리의 허락〉이 떨어질 때까지 정지되었다. 한니발도, 손자도, 알렉산드로스 대왕도 인정했던, 이른바 〈지리의 법칙〉은 이렇듯 현대에도 어김없이 적용된다.

이 같은 지리의 교훈을 깨달았던 보다 최근의 사례는 2012년에 있었다. 시리아가 전면적인 내전 상태로 접어들었을 때 나는 한 언덕에 서서 하마 시의 남쪽 계곡을 조망하고 있었다. 저 멀리 작은 마을 하나가 불타고 있는 모습이 눈에 들어왔다. 곁에 있던 시리아 친구들이 포탄이 날아오고 있는 지점을 가리켰다. 작은 마을로부터 약 1.6킬로미터쯤 떨어진 보다 큰 마을이었다. 그러면서 설명하기를, 만약 한쪽 편이 다른 편 사람들을 계곡 바깥쪽으로 밀어낼 수만 있다면 계곡을 통해 이 나라의 유일한 고속도로로 이어지는 다른 지역과 연결될 수 있을 거라고 했다. 게다가 만약 시리아가 원상회복이 안 될 경우 이 길은 향후 작은 자치주를 설립할 만한 인접 영토를 확보하는 데 요긴할 거라고 덧붙였다. 이전 같았으면 불길에 휩싸인 작은 마을만 보았을 테지만 이제는 그것이 상징하는 전략적 중요성을 볼 수 있게 된 나는 가장 기본적인 물리적 현실이 정치 현실에 어떤 영향을 주는지 똑똑히 깨달을 수 있었다.

이 책에 대하여

—

이처럼 지정학은 전시나 평시를 막론하고 모든 국가에 영향을 끼친다. 이 지면에서 일일이 열거하기도 힘들 만큼 어느 지역에나 저마다 의미를 갖는 지리적 상황들이 있다. 이 책에서는 캐나다, 오스트레일리아, 인도네시아는 아주 간략히 언급할 수밖에 없었다. 사실 오스트레일리아 한 나라만 해도 이 나라의 지리적 특성이 지구상의 다른 지역과 비교해 어떤 물리적, 문화적 관계를 형성하고 했는지 고찰하려면 책 한 권을 몽땅 할애해야 할지도 모른다. 대신 나는 이 책의 핵심을 가장 잘 드러내줄 주요 세력과 그 지역들에 초점을 맞추기로 했다. 여기서는 과거(국가의 형성)부터 시작해 현재 우리가 직면하고 있는 가장 시급한 상황들(중국의 영향력 확대, 서유럽의 분열 등), 그리고 미래의 조망(북극을 두고 벌어지는 점증하는 경쟁)까지 포괄하는 지정학적 유산을 다룰 것이다.

먼저 중국의 경우, 국제적인 해군력 없이는 패권국이 되기 어려운 현실에 대해 살펴볼 것이다. 드넓은 땅을 평정하느라 혼돈의 4천 년을 써버린 중국은 이제는 막강한 대양 해군력을 구축해 해양 강국으로 탈바꿈하고 있다. 남중국해를 비롯해 여러 해협에서 치르고 있는 영유권 분쟁은 〈해상 수송로〉에 대한 그들의 집착을 보여준다. 러시아는 이 나라에 미치는 북극의 영향부터 시작해서 왜 이 나라가 진정한 강대국이 되기 어려운지 그 지리적 제약 조건을 중심으로 살펴보려 한다. 러시아는 한마디로 지리에게 〈복수의 일격〉을 당했다고 볼 수 있다. 미국을 다룬 장에서는 주요 지역들에서 자국의 영토를 확장했던 기민한 결정들과 어떻게 그 나라가 오늘날 두 대양을 아우르는 초강대국의 지위에 오를 수 있었는지를 지리적 측면에서 조명해볼 것이다. 미국은 특히 다른 어느 곳보다 기후와 〈지리의 축복〉을 많이 받은 나라라고 할 수 있다.

아프리카의 경우는 지리가 최대의 장애물이며 따라서 고립의 영향을 극명하게 보여주는 사례라면, 유럽은 지역과 지역을 연결해서 근대 문화를 생성하게 한 평야지대와 일정한 크기의 선박들이 항행할 수 있는 가항하천들의 가치가 특히 돋보이는 곳이다. 아프리카와 유럽 간의 발전의 차이는 〈배를 띄울 수 있는 강〉들의 유무에서 시작되었다. 아프리카에는 큰 강들이 많지만 주로 고지대에서 낙하하면서 거대한 폭포를 이루고 게다가 서로 연결되지도 않는다. 이런 조건은 실제로 무언가를 운반하는 교역로로 이용하는 데는 무용지물이다. 반면 유럽의 경우는 라인 강, 다뉴브 강 등이 평지에서 서로 연결되면서 천연 국경 역할을 했고 쉽게 배를 띄울 수 있는 조건은 이 지역 교역 시스템의 발전을 부추겼다. 하지만 그 중에서도 남유럽은 지리적 위치 때문에 서유럽이 누리는 지리적 혜택을 전혀 누리지 못하고 있다. 이로 인해 최근에는 유럽에 불어닥친 재정 위기로 인한 구제금융 과정에서 북쪽의 유럽과 남쪽의 유럽 사이에 이념적 분열과 함께 〈지리적 분열〉 또한 가시화되고 있다.

중동 지역을 다룬 장에서는 지형학적 특성을 무시하고 유럽 식민주의자들이 인위적으로 그은 국경선들과 그와 같은 조건에서 지리적 문화들이 어떤 문제를 야기하는지를 살펴볼 것이다. 이 문제는 금세기에도 여전히 목격되고 있다. 동일한 주제가 아프리카와 인도 및 파키스탄을 다룬 장에서도 부각된다. 식민주의 권력은 그 지역의 지리적 현실과는 동떨어진 국경선을 긋는 데 잉크를 썼고 이 과정에서 역사상 유례없이 인위적인 국경선들이 탄생했음을 우리는 알고 있다. 그리고 이 선을 고치려는 시도가 오늘날 중동 지역의 유혈 사태를 불러오고 있다.

한국과 일본의 경우는 저마다 문제를 안고 있다. 일본은 천연자원이 부족한 섬나라이며, 분단된 한국은 여전히 풀어야 할 숙제를 안고 있다. 한국은 그 위치와 지리적 천연 장벽이 없다는 이유로 강대국들

의 〈경유지 역할〉을 해왔다. 만약 다른 나라가 북쪽에서 침략을 해온
다 해도 일단 압록강을 건넌 뒤 해상까지 진출하는 데 걸림돌이 되는
천연 장벽이 거의 없다. 반대로 해상에서 육로로 진입한다 해도 상황
은 마찬가지다. 일본은 중국 때문에 미국과 군사적 동맹을 맺고 있으
며 최근에는 군국주의를 부활시키려는 움직임도 보이고 있다.

마지막으로 지구상에서 가장 인적이 드문 지역 가운데 하나인 북극
도 이 책에서 살펴볼 것이다. 인류 역사의 대부분 동안 인류는 이 지
역을 무시해 왔다. 20세기에 이 지역이 자원의 보고임이 밝혀졌고,
21세기에 들어선 오늘날에는 누가 그 자원을 소유하고 팔지를 결정
하는 것이 외교의 관건이 되었다.

인류 역사에서 지리적 특성을 결정적인 요인으로 보는 것은 한편으
론 암울한 세계관으로 인식될 수 있다. 일부 지식인들은 자연이 인간
보다 훨씬 강한 존재여서 우리 인간은 스스로의 운명을 결정하는 데
한계가 있을 수밖에 없다는 입장에 반감을 표한다. 아닌 게 아니라 인
류사에 분명히 영향을 미치는 다른 요인들이 있는 것도 사실이다. 양
식 있는 사람이라면 누구라도 현대 기술이 철옹성처럼 단단한 지리
의 법칙을 깨트리고 있음을 안다. 현대의 기술은 일부 지리적 장애물
들의 위 또는 아래를 관통하는 길을 찾아냈다. 미국인들은 이제 미주
리 주부터 이라크 모술까지 급유를 위해 착륙하지 않고도 단번에 폭
격 임무를 수행하는 비행기를 만들어 냈다. 이는 항공모함(전투단)까
지 더해지면 굳이 동맹국이나 식민지 없이도 단독으로 범세계적인
전개를 시도할 수 있다는 의미이기도 하다. 물론 미국이 인도양에 있
는 영국령 디에고 가르시아 섬에 공군 기지를 건설하거나 바레인에

있는 항구에 영구적으로 접근할 수만 있다면 더 많은 선택지를 얻는 셈이다. 그러나 이는 문제의 본질이 아니다.

인터넷이 그랬던 것처럼 공군력이 다른 방식으로 이 법칙을 바꾸고 있는 건 사실이다. 그러나 지리는, 그리고 어떻게 각 나라들이 각자의 지리적 특성 안에서 형성돼 왔는가의 역사는 오늘날은 물론 미래 세계를 이해하는 데에 있어 여전히 중요한 부분이다.

이라크와 시리아 간의 분쟁이 지리적 법칙을 무시한 유럽 식민 세력의 무지에 그 뿌리를 두고 있다면, 중국의 티베트 점령은 오히려 지리의 법칙에 순응한 것이다. 전 세계를 대상으로 하는 미국의 대외정책조차 이 지리적 법칙의 지배를 받는다. 또 가장 최근에 초강대국들이 대치하는 세력 투사 행위(해상 기지, 즉 교두보 확보를 위해 해상 전력을 일시에 진입시키는 일종의 상륙 작전 행위)들도 자연 혹은 신이 부여한 법칙들을 완화시키는 정도에 그칠 것이다.

그렇다면 그 법칙들이란 무엇인가? 우리의 논의는 세계 초강대국이자 강력한 해양 대국을 꿈꾸는 중국부터 시작하겠다. 그들은 현재 끊임없이 영토 분쟁을 일으키고 있는 거대한 당사자다.

1

중국,
4천 년 만에 대륙의 나라에서
해양 강국을 꿈꾸다

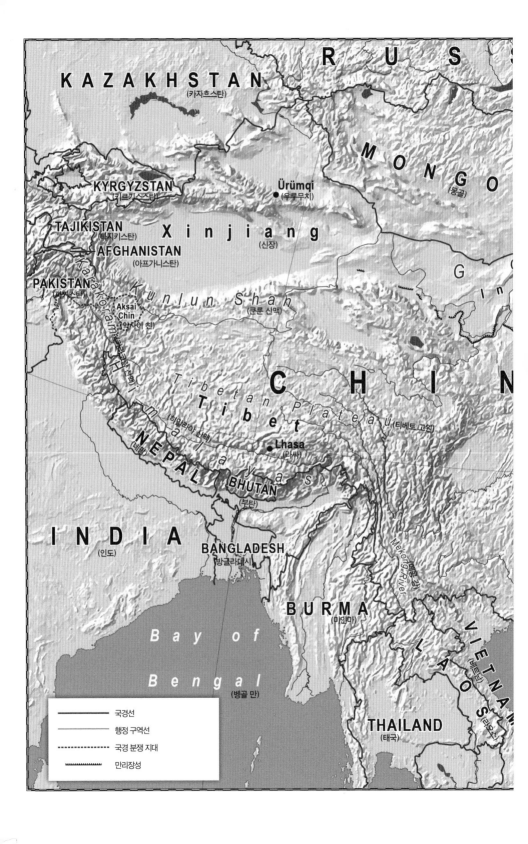

KAZAKHSTAN
(카자흐스탄)

R U S

M O N G O
(몽골)

KYRGYZSTAN
(키르기스스탄)

Ürümqi
(우루무치)

TAJIKISTAN
(타지키스탄)

X i n j i a n g
(신장)

AFGHANISTAN
(아프가니스탄)

PAKISTAN
(파키스탄)

G

In

Aksai
Chin
(악사이 친)

K u n l u n   S h a n
(쿤룬 산맥)

C H I N

T i b e t a n   P l a t e a u
(티베트 고원)

T i b e t

Lhasa
(라싸)

NEPAL
(네팔)

(히말라야 산맥)

BHUTAN
(부탄)

I N D I A
(인도)

BANGLADESH
(방글라데시)

Mekong River
(메콩 강)

BURMA
(미얀마)

B a y   o f

B e n g a l
(벵골 만)

L A O S
(라오스)

V I E T N A M
(베트남)

THAILAND
(태국)

────	국경선
────	행정 구역선
------	국경 분쟁 지대
∿∿∿∿	만리장성

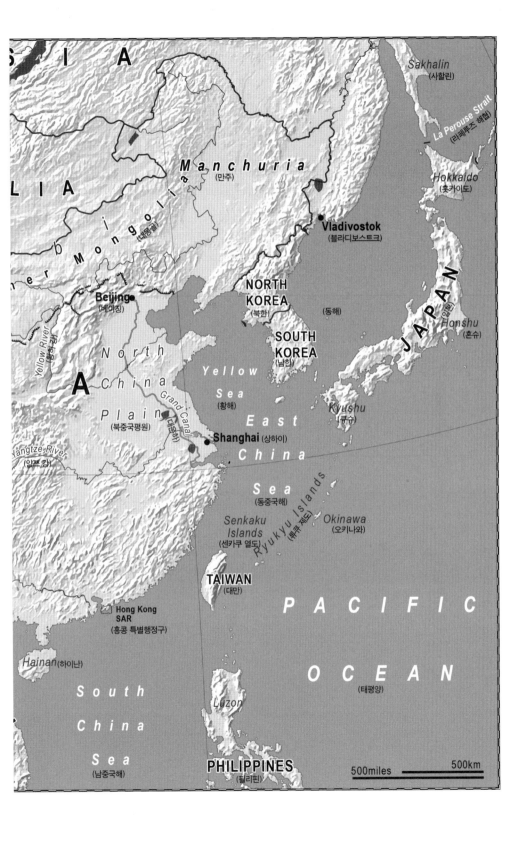

2006년 10월, 1천 피트급 미국 항공모함 키티 호크Kitty Hawk 호가 이끄는 초대형 미 해군 함대가 일본 남부와 대만 사이에 있는 동중국해를 통과하고 있었다. 그때 주목할 만한 사건이 벌어졌다. 중국 해군 잠수함이 아무런 경고도 없이 미 항공모함 군단 사이에서 불쑥 솟아오른 것이다.

보통 그 사이즈의 미국 항공모함이 이동할 때는 대략 12대의 다른 전함들이 에워싸고 공중은 물론 잠수함의 엄호도 따른다. 중국의 송클래스Song-class 잠수함은 동력이 전기라 매우 조용할지는 모르지만 그럼에도 이 행동은 마치 펩시콜라의 경영자가 코카콜라 사 회의장 책상 밑에 숨어서 한 시간 반 동안 몰래 엿듣다가 벌떡 일어선 거나 마찬가지인 사태였다.

미국은 중국의 이 같은 행동에 한편으론 감탄했지만 화가 난 것도 사실이었다. 감탄이라 함은 중국 잠수함이 그토록 쥐도 새도 모르게 움직일 수 있다는 사실에 대해서였고, 화가 난 것은 정작 자신들이 이를 눈치 채지 못했다는 점 때문이었다. 미국 측에서 보면 중국의 그 같은 행동은 엄연한 도발이었다. 특히 중국 잠수함이 키티 호크의 어뢰 방어망 내에 있었다는 점에서 더욱 그러했다. 미국은 그 즉시 항의했다. 그런데 이 항의의 정도가 너무 심했던지 되돌아온 중국의 대답은 이러했다.

"이런! 우리 앞바다라서 별 생각 없이 그랬는데 그게 당신네 함대 한복판이었다니, 그런 우연의 일치가 있나요!"

이것이 21세기에 뒤바뀐 외교의 한 단면이다. 지난날 영국이 자국의 의도를 알리려고 약소국의 연안에 군함을 배치했다면, 중국은 자국의 해역에서 당당히 모습을 드러내어 다음과 같은 뚜렷한 메시지를 날린다.

"이제 우리도 해상국가다. 우리의 시대가 왔고, 여기는 우리 영토다."

무려 4천 년이나 걸린 셈이지만, 어쨌든 중국이 우리와 가까운 항구(그리고 해상 항로)로 다가오고 있다.

이제껏 중국은 변변한 해군력을 가져본 적이 없었다. 광활한 땅덩어리와 긴 국경선, 그리고 짧은 바닷길 덕분에 굳이 해양 세력이 되어야 할 필요성이 없었다. 게다가 중국은 이념적으로도 거의 팽창을 시도하지 않았다. 중국의 상인들은 머나먼 곳을 향해 긴 시간을 항해해서 교역을 했지만 중국 해군은 자기 지역을 벗어나서 영토 확장을 꾀하지는 않았다. 여기에는 태평양, 대서양, 인도양이라는 광대한 해상 항로를 정찰해야 하는 데 따른 어려움도 한몫했을 것이다. 중국은 광

활한 땅과 14억에 육박하는 막대한 인구를 자랑하는 어디까지나 〈육
상 병력〉의 나라였다.

한족의 탄생에서 군사대국을 꿈꾸기까지

—

중국이라는 개념을 사람이 거주하는 하나의 실체로 보려면 거의 4천
년 전으로 거슬러 올라가야 한다. 중국 문명의 발원지는 중국식으로
중원中原이라 언급되는 북중국평원North China Plain이라고 알려져 있
다. 내몽골 아래, 만주 남부, 그리고 황허 안쪽과 주위를 끼고 돌아 양
쯔 강 하부를 지나는, 그 넓이만도 거의 43만 2천 제곱킬로미터에 달
하는 평원이 동서로 넓게 펼쳐져 있다. 이곳은 세계에서 가장 인구가
밀집한 지역 가운데 하나이기도 하다.

　황허 유역은 홍수에 따른 잦은 범람으로 〈한족 자손의 골칫거리〉라
는 달갑지 않은 별명을 얻었다. 이 지역은 1950년대 초반 공업화가
시작되고 나서 지난 30년간 엄청난 속도로 발전을 이루었다. 그러나
그 대가로 얻게 된 심하게 오염된 강은 유독성 폐기물로 인해 이따금
바다로 흘러들어가는 것이 힘들 정도로 꽉 막히곤 한다. 그럼에도 황
허는 중국에게는 나일 강과 같은 존재다. 인간으로 하여금 경작을 배
우고 종이와 화약을 만들게 했던 문명의 요람인 것이다.

　중국 본토의 심장부 북쪽에는 현재 몽골 영토인 혹독하기로 유명한
고비 사막이 펼쳐져 있다. 서쪽은 지형이 점차로 높아지다가 티베트
고원이 되고 이윽고 히말라야에 이른다. 남동쪽과 남쪽에는 바다가

펼쳐져 있다.

북중국평원으로 알려진 중국의 심장부는 예나 지금이나 주요 강 두 개가 흐르는 넓고 비옥한 평지다. 쌀과 콩의 이모작이 가능한 기후 덕분에 인구도 급속도로 늘었다. 기원전 1500년 무렵, 이 지역에서는 수백 개에 달하는 소규모 도시 국가들이 서로 다투고 있었는데 여기서 가장 초기 고대 국가 형태인 상商 왕조가 탄생했다. 중원의 심장부를 지키고 자신들 주위에 완충지대를 만들면서 훗날 한족漢族이 되는 민족이 탄생한 것도 이곳이었다.

현재 한족은 중국 인구의 90퍼센트 이상을 차지하면서 중국의 정치, 경제를 지배하고 있다. 이들의 언어는 만다린어, 광둥어 및 다른 여러 지방 언어들로 나뉘지만 민족적으로 하나로 묶여지며 정치적 차원에서도 심장부를 지키려는 지정학적 욕구를 통해 하나로 묶여 있다. 북부에서 유래한 만다린어는 현재까지 정부는 물론 국영 방송과 학교에서 사용하는 주요 언어다. 만다린어는 문자로 썼을 때는 광둥어나 여타 다른 언어들과 같은데 다만 발음할 때는 현저히 달라진다.

북중국평원은 정치, 문화, 인구, 그리고 결정적으로 농업의 중심지다. 이 지역에 무려 10억의 인구가 모여 살고 있다. 면적은 3억 2천 2백만 명이 사는 미국의 절반 크기에 불과한데 말이다. 이 심장부의 지형이 정착과 농경생활에 적합했던 관계로 초기 한족 왕조들은 자신들을 에워싸고 있는 이민족들의 위협을 느낄 수밖에 없었다. 특히 용맹한 유목민 전사들을 보유한 몽골은 항상 두려운 존재였다.

중국 또한 러시아와 동일한 전략, 다시 말해 〈방어로서의 공격〉을 통해 힘을 얻는다는 전략을 택했다. 이는 먼저 내부를 평정하고 확장한 다음에 바깥 세계로 움직인다는 전략을 말한다. 물론 이 땅에도 천연 장벽들이 있어서 한족이 거기까지 도달해서 지배할 수만 있다면 자신들을 안전하게 보호할 수 있었다. 하지만 이는 천 년이 넘게 걸리는 싸움이었다. 그리고 60여 년 전, 티베트를 병합하면서 중국은 이를 온전히 깨달았다.

유명한 중국의 철학자 공자(기원전 551~479년)가 활동하던 시대에 중국인의 정체성에 대한 강한 인식이 출현하면서 〈문명화된 중국〉과 그 주위를 에워싸고 있는 〈오랑캐 땅〉과의 구분이 생겨났다. 추정하건대, 당시에 6천만 명 또는 이에 버금가는 사람들이 이 인식을 공유했다.

기원전 200년경 중국은 남서쪽으로는 티베트까지, 북쪽으로는 중앙아시아 초원으로, 남쪽으로는 남중국해로 가는 영토 확장을 꾀하였지만 별 성공을 거두지는 못했다. 만리장성이 처음 축조되기 시작한 것은 진 왕조(기원전 221~207년) 시대였다. 현재 우리가 지도상에서 인정하는 중국이라는 형태가 형성되기 시작한 것도 이 시기부터였지만 오늘날의 국경선이 확정되기까지는 무려 2천 년은 더 걸렸다.

서기 605년부터 609년 사이, 수세기에 걸친 공사 끝에 인간이 만든 가장 긴 수로라는 대운하가 황허와 양쯔 강을 잇기에 이르렀다. 수나라(서기 581~618년)는 황허와 양쯔 강 사이에 있던 기존의 천연 지류들을 연결해 배가 다닐 수 있는 수로로 만드는 작업에 엄청난 인원을 투입했다. 이 공사 덕분에 북쪽과 남쪽의 한족은 전에 없이 가까워졌다. 줄잡아 7백만 명의 노예들이 5년에 걸쳐 마친 공사 덕분에 남쪽에서 북쪽으로의 물자 공급이라는 기존의 문제는 해결한 셈이었지만 오늘날에도 여전한 골칫거리는 해결하지 못했다. 바로 홍수였다.

당시는 한족끼리도 싸우는 형국이었지만 그 싸움도 점차 잦아들었고, 11세기 초반에 이르러서는 당장 북쪽에서 밀고 내려오는 몽골의 침략에 주의를 집중할 수밖에 없는 형편이 되었다. 몽골은 남이든 북이든 가리지 않고 맞닥뜨리는 왕조는 닥치는 대로 무너뜨렸다. 1279년, 몽골의 지도자 쿠빌라이 칸은 몽골의 황제로서는 처음으로 중국 전역을 지배하는 데 성공했다. 하지만 그로부터 90여 년이 지난 뒤, 몽골 왕조인 원元을 무너뜨리고 세워진 명明 왕조를 통해 패권은 다시 한족으로 넘어간다.

이 당시 이미 중국은 스페인이나 포르투갈과 같은 유럽의 신생 국가들의 상인 및 사절들과의 접촉이 빈번해지고 있었다. 중국의 지도자들은 어떤 형태로든 유럽인이 항구적으로 체류하는 것은 반대했지만 교역을 위해 해안 지역의 개방은 점차로 늘려갔다. 사실 오늘날에도 해안 지역은 상대적으로 발전된 반면 내륙 지역의 발전은 더딘 것을 보면 초기 개항 시절의 면모가 여전히 남아 있는 듯하다. 교역의 덕을 본 상하이 같은 도시는 부유해졌으나 이 부가 시골 지역까지 골고루 미치지는 못했다. 이는 결과적으로 도시 지역에 인구가 집중하는 현상을 낳았고 그로 인해 지역 격차는 더욱 벌어지게 되었다.

18세기에 중국은 남쪽으로는 미얀마와 인도차이나 지역까지 진출했다. 또한 중국 내에서 가장 넓은 지역을 차지하는 서북부의 신장新疆 지역을 이 시기에 정복했다. 바위들이 주름져 있는 산악지대와 황량한 사막지대가 대부분인 신장 지역은 그 넓이가 166만 제곱킬로미터로 텍사스 주의 약 세 배에 달한다. 달리 표현하면 영국, 프랑스, 독일, 오스트리아, 스위스, 네덜란드, 그리고 벨기에까지 몽땅 집어넣고도 덤으로 룩셈부르크와 리히텐슈타인까지 넣을 만한 면적이라고 보면 된다.

하지만 크기만 더해진 데 그치지 않고 문제점 또한 더해졌다. 다른 지역들도 그렇지만, 무슬림들의 거주 지역인 신장 자치구는 불안정과 반란의 근원지였다. 그럼에도 이곳은 한족에게는 그런 문제점을 상쇄하고도 남을 완충지였다. 특히 19세기와 20세기를 거치면서 유럽인들의 침입을 겪었던 중국으로서는 도저히 포기할 수 없는 지역인 것이다.

제국주의가 마구 팽창하던 시기, 영국은 중국 땅을 자신들의 세력권 내에서 분할했다. 예나 지금이나 이는 몽골 침략을 제외하면 중국인들이 역사적으로 맛본 가장 큰 굴욕이었다. 이는 중국 공산당이 자주 거론하는 말이기도 한데 부분적으로는 맞다. 하지만 당의 실책과 억압 정책을 무마하기 위해 사용되기도 한다.

유럽 열강에 뒤이어 신흥 열강으로 부상하며 영토 확장을 꾀하던 일본도 중국을 침공했다. 1931년에 이어 1937년에도 침공한 일본은 만주와 내몽골을 포함하여 중국 본토 중심부 대부분을 점령했다. 그러다 1945년 일본의 무조건적 항복으로 제2차 세계대전이 종식되면서 일본군도 결국 중국 땅에서 철수했다. 만주 지역은 소련군이 접수했다가 이듬해인 1946년에 철수했다.

사실 전후 중국에서 자유로운 민주 체제가 성립될 것으로 예상한 관측들도 있었다. 그러나 이 기대는 어찌 보면 아랍의 봄 초기에 서구인들이 가졌던 순진하기 짝이 없던 오해와 다를 바 없었다. 중국에 대한 그런 기대야말로 이 지역 주민들과 정치, 지형학적 내부 동력에 대한 무지에서 비롯된 것이다.

일각의 기대와는 달리, 장제스 휘하의 국민당 군대와 마오쩌둥이 이끄는 공산당 군대는 1949년까지 중국 땅의 패권을 두고 전투를 벌였다. 결국 공산군에 패한 국민당은 대만으로 퇴각했다. 그 해 베이징 라디오 방송국은 이렇게 발표했다.

"인민해방군은 모든 중국 영토를 해방시킬 것이다. 여기에는 티베트와 신장, 하이난, 그리고 대만도 포함된다."

마오쩌둥은 기존의 그 어떤 왕조도 성공한 적이 없는 권력의 중앙 집중화를 달성했다. 그는 내몽골 지역에 대한 러시아의 영향력을 차단하는 데 그치지 않고 오히려 몽골 내에서 베이징의 영향력을 확대했다. 1951년에는 한족 땅이 아니었던 또 다른 광활한 지역 티베트를 합병했다. 그러자 중국 학생들의 교과서에는 중앙아시아 공화국들에까지 확대된 중국의 지도가 실리기 시작했다. 중국은 다시 원래의 모습으로 돌아갔다. 마오는 이 확대된 중국의 영토를 수호하고 인민의 삶 모든 영역에서 공산당의 주도권을 공고히 다지는 데 나머지 생의 대부분을 바쳤다. 그러나 이 정책은 한편으로 바깥 세계와의 단절을 불러왔다. 특히 연안 지역과 멀리 떨어진 지역은 여전히 극심한 빈곤에 시달렸다. 물론 통합은 지속되었다.

마오의 후계자들은 승리를 향한 대장정을 〈번영을 향한 경제적 대장정〉으로 변환시키려는 노력을 기울였다. 1980년대 초반 덩샤오핑은 이른바 〈중국식 사회주의〉라는 용어를 제창했다. 〈자본주의 경제에서 공산당의 전면적 통제〉쯤으로 번안할 수 있는 이 정책을 기틀로 해서 주요 무역국으로 올라선 중국은 새로운 군사대국으로의 부상을 꿈꾸고 있었다. 1990년대 후반에 이르자 1989년에 벌어진 톈안먼 학살의 충격에서도 어느 정도 벗어났고 영국으로부터 홍콩을, 포르투갈로부터는 마카오를 돌려받았다. 이제 국경선 주변을 둘러볼 여유가 생긴 중국은 자국의 안보 역량을 가늠해 보면서 세계 속으로 큰 발걸음을 옮기기 위한 계획을 세웠다.

지리의 보호만큼은 확실하게 받는 나라

—

현대 중국의 국경을 자세히 들여다보면 효과적인 방어와 교역을 가능케 하는 〈지리(혹은 지형)의 보호〉를 든든하게 받는 강대국의 형태가 보인다. 중국에서는 나침반의 방위를 늘 동–남–서–북 순으로 배열하지만 이 책에서 나는 북부터 시작해서 시계 방향으로 움직여 보려 한다.

먼저 북쪽을 보면 그 길이만도 장장 20,770킬로미터에 달하는 몽골과의 국경선이 눈에 들어온다. 이 국경선을 타고 안쪽에 고비 사막이 들어앉아 있다. 먼 옛날 유목민 전사들은 여기를 넘어 남쪽으로 쳐들어왔다. 그러나 오늘날의 군대는 이곳에 집결하는 것만도 족히 몇 주는 걸릴 것이다. 혹시 중국 쪽 내몽골로 들어간다 해도 심장부에 도달하려면 유난히 척박한 지역을 지나야 하는 상상 이상의 긴 보급로를 확보해야 한다. 이곳은 중화기를 옮길 만한 도로도 거의 없고 사람이 거주하는 지역도 찾아보기 어렵다. 고비 사막은 적의 접근도 쉽지 않거니와 설사 적이 접근해 오더라도 미리 알 수 있는 일종의 거대한 조기경보 방어체계라고 할 수 있다. 따라서 북방으로의 확장은 군사적 경로가 아니라 무역을 통해 이루어진다. 그 예가 몽골의 1차 광물 같은 천연자원을 싹쓸이하려는 시도다. 이로 인해 한족의 몽골 이동은 더욱 속도를 낼 것으로 보인다.

다음은 러시아와 국경을 접하고 있으며 태평양을 따라 이어진 동해가 조금은 분할하고 있는 동쪽 국경이다. 그 위는 러시아의 극동 산악지대로 이곳 역시 인구가 희박한 거대한 황무지다. 그 아래가 만주인데 만약 러시아가 중국 심장부로 들어가고 싶다면 여기서부터 밀어붙여야 한다. 만주 인구는 1억 명에 달하는데 현재도 계속 늘어나는 추세다. 그에 비해 러시아 극동 지역의 인구는 7백만 명에 불과한데도 늘어날 기미는 별로 보이지 않는다. 반면 중국이라면 남쪽에서 북쪽으로 주민들을 대거 이주시키는 것도 예상해볼 수 있는데 이는 결국 러시아와의 관계에서 중국이 보다 유리한 패를 쥘 수 있다는 얘기다. 군사적인 면에서 러시아가 동쪽 국경을 넘을 수 있는 최적의 장소는 러시아의 태평양 항만인 블라디보스토크일 테지만 현재 러시아에게는 그 일을 감행할 뚜렷한 명분도, 의도도 없다. 사실 우크라이나 사태에 따른 서방의 제재는 러시아로 하여금 중국과의 대규모 경제협력 계약을 맺지 않을 수 없는 상황으로 몰고 갔다. 덕분에 러시아는 겨우 버틸 수 있었지만 이는 중국에게는 반가운 일이었다. 이런 관계에서 러시아는 〈을의 입장〉일 수밖에 없으니 말이다.

러시아 극동 지역 아래 연안을 쭉 따라가 보면 중국 측 황해, 동중국해, 남중국해가 나온다. 태평양과 인도양으로 이어지는 이 지역에는 지난 시절 교역에 요긴하게 쓰였던 훌륭한 항구들이 많이 있다. 그러나 이곳의 파도 너머에는 웬만한 섬 크기에 버금가는 난제들이 놓여 있다. 조만간 다루겠지만 그 중 하나에 일본도 포함되어 있다. 시계 방향으로 좀 더 내려가 보자. 이제 베트남, 라오스, 미얀마가 나온다. 베트남은 중국에게는 성가신 존재다. 수세기를 두고 양국은 영토 문제로 으르렁대왔다. 양측 모두에게는 안된 일이지만 중국의 이 남쪽 국경은 큰 탈 없이 군대가 건널 수 있는 지역이 아니다. 그리고 이는 기원전 111년부터 서기 938년까지 천 년에 걸친 중국의 베트남 정복과 지배, 그리고 1979년에 있었던 국경 분쟁이 부분적으로나마 설명해 준다. 하지만 중국의 군사력이 커지면 커질수록 베트남은 섣불리 총격전에 말려들지 않을 것이며, 자국의 안보를 위해 미국에게 다가가든가 아니면 베이징과 친구가 되든가 둘 중 하나를 선택하는 조용한 외교적 변환을 시도할 것이다. 중국이나 베트남 모두 명목상으로는 공산주의 이념을 견지하고 있지만 그 이념이 실제 양국 관계에 영향을 미치고 있지는 않다. 따라서 두 나라의 관계는 둘이 공유하는 지리적 특성이 결정한다. 아직까지는 베이징에게 베트남은 미약한 위협에 불과하기 때문에 이 문제는 관리가 가능하다.

라오스와의 국경은 언덕이 많은 정글 지대로, 상인들도 건너기 쉽지 않았다. 하물며 군대의 이동이라면 더욱 복잡해진다. 여기서 시곗바늘을 미얀마 쪽으로 움직이면 좀 더 높아지는 정글 지대가 나온다. 이곳의 서쪽 끝단은 무려 해발 910미터에 달하는 산지인데 좀 더 가면 히말라야 산맥에 합쳐진다.

중국은 왜,
티베트에 목숨 거는가
—

이렇게 하여 티베트에 도달한다. 여기서 중국에게 티베트가 왜 중요한 존재인지 깨닫게 된다. 히말라야 산맥은 중국-인도 국경을 내달리다 하강해서 파키스탄과 아프가니스탄, 타지키스탄에 걸쳐 있는 카라코람 산맥이 된다. 히말라야는 중국에게는 훌륭한 〈천연의 만리장성〉이 아닐 수 없다. 그런데 인도의 뉴델리 쪽에서 봤을 때는 〈인도판 만리장성〉이기도 하다. 세계 최대 인구를 보유한 두 나라는 히말라야를 가운데 두고 정치적, 경제적으로 나뉘어져 있다.

두 나라는 여전히 팽팽히 맞서고 있다. 중국은 인도의 아루나찰프라데시 주를 자국의 영토라 주장하고, 인도 측은 중국이 자국의 악사이친을 무단 점령하고 있다고 주장한다. 그러나 히말라야라는 천연의 장벽 꼭대기에서 상대편을 향해 포신을 겨누고 있다 하더라도 일련의 대규모 산악전으로까지 번졌던 1962년의 무력 분쟁을 재현하는 것보다 더 좋은 방법이 있음을 양측은 알고 있다. 긴장이 여전히 상존하는 한 양측은 신중하게 이 상황을 관리할 필요가 있다.

수세기 동안 중국과 인도 간의 교역은 매우 미미한 수준에 그쳤는데 이 국면이 조만간 바뀔 것 같지는 않다. 물론 현실적인 국경이 티베트-인도 국경이고 보면 중국이 늘 이 지역을 통제하려고 하는 이유도 바로 여기에 있다.

중국에게는 일종의 〈지정학적 공포〉가 있다. 만약 중국이 티베트를 통제하지 못하게 되면 언제고 인도가 나설 것이다. 인도가 티베트 고원의 통제권을 얻으면 중국의 심장부로 밀고 들어갈 수 있는 전초 기지를 확보하는 셈이 되는데 이는 곧 중국의 주요 강인 황허, 양쯔, 그리고 메콩 강의 수원이 있는 티베트의 통제권을 얻는 거나 다름없다. 티베트를 〈중국의 급수탑〉이라고 하는 것도 바로 이런 이유에서다. 미국에 버금가는 물을 사용하지만 인구는 다섯 배나 많은 중국으로서는 이것만큼은 포기할 수 없다.

사실 관건은, 인도가 중국의 강물 공급을 중단시키고 싶은가가 아니라 과연 인도에게 그럴 능력이 있는가이다. 수세기에 걸쳐 중국은 이런 일만은 절대로 발생하지 못하도록 해왔다. 배우 리처드 기어와 자유티베트운동Free Tibet Campaign은 티베트에 대한 중국의 부당한 점령을 줄곧 규탄해 왔고 이제는 한족의 티베트 정착 정책에 대해서도 항의하고 있다. 그러나 달라이 라마, 티베트 독립운동 단체, 할리우드 스타들과 세계 2위의 경제대국과의 싸움은 그 결과가 불을 보듯 뻔하다.

리처드 기어가 됐든 오바마 대통령이 됐든, 서구인들이 티베트 문제를 거론하면 중국은 굉장히 예민하게 반응한다. 위험하다거나 체제 전복을 시도하는 것도 아닌데도 신경질적으로 반응한다. 중국인들은 티베트 문제를 인권이라는 프리즘을 통해 보기보다는 〈지정학적 안보〉의 틀에서 본다. 중국인들은 서구인들이 중국의 안보를 침해하려 한다고 믿을 수 있다. 하지만 그 때문에 중국의 안보가 저해된 적은 없으며 앞으로도 그럴 일은 없을 것이다. 설사 티베트에서 한족에 대항하는 봉기가 일어난다고 해도 인구학과 지정학이 티베트 독립에 손을 들어주지 않는다.

지금 중국은 세계의 지붕에 이른바 현장의 사실 관계를 구축하는 중이다. 1950년대에 중국 인민해방군은 티베트로 들어가는 도로를 건설하기 시작했다. 그리고 이 오래된 왕국에 현대 문물이 들어가도록 했다. 그러나 그 도로가, 이제는 철도까지 가세해서 한족들을 불러들였다. 영구 동토층과 산맥과 계곡을 가로지르는 철도를 놓는 것은 불가능하다고 얘기돼 왔다. 알프스 산악지대 사이로 철길을 뚫었던 유럽 최고의 기술자들조차 고개를 절레절레 저었다. 1988년 말, 여행 작가인 폴 서룩스Paul Theroux는 『철로 만든 수탉을 타고 *Riding the iron rooster*』라는 책에서 이렇게 썼다.

"쿤룬 산맥은 라싸로 절대 못 들어가게 하는 보증서다."

쿤룬 산맥은 신장 지역과 티베트를 분리해 놓고 있는데 서룩스는 이를 천만다행이라고 여겼다.

"어쩌면 이것은 다행이라 할 수 있다. 나는 티베트를 보기 전까지 철도를 좋아한다고 생각했는데, 티베트를 만나고 나서 내가 야생의 자연을 훨씬 더 좋아한다는 것을 깨달았다."

하지만 중국인들은 기어이 해냈다. 어쩌면 그들은 이것밖에 할 수 있는 게 없어서였는지도 모른다. 2006년 당시 중국 총리였던 후진타오는 티베트 수도 라싸로 들어가는 철도를 개통했다. 이제는 상하이나 베이징처럼 머나먼 곳에서도 말쑥한 기차를 타고 하루에 네 번씩 승객과 물자들이 이곳에 도착한다.

철도는 많은 것들을 가져다주었다. 중국 땅을 건너서 컴퓨터와 컬러텔레비전과 휴대폰 같은 소비재들이 도착했다. 기차가 실어다주는 관광객들은 지역 경제를 떠받쳐 주었고 동시에 이 오래되고 궁핍한 땅에 근대화를 이루게 했다. 주민들의 생활수준과 의료 서비스 또한 크게 개선되었고 티베트 물품을 좀 더 넓은 바깥 세계로 내보낼 가능성도 생겼다. 그러나 철도는 7백만 명에 달하는 중국계 한족 정착민들도 함께 데려왔다.

정확한 수치를 얻기는 힘들지만 자유티베트운동에 따르면, 오늘날 보다 넓은 티베트 문화권에서 티베트인은 이미 소수로 전락했다고 한다. 하지만 중국 정부는 공식적인 티베트 자치구에서 주민의 90퍼센트 이상이 티베트인이라고 말한다. 사실 양측의 주장 모두 과장된 측면이 있지만 중국 정부가 좀 더 과장하고 있다는 근거는 있다. 중국 정부가 밝힌 수치에는 거주민으로 등록하지 않고 있는 한족 이주민 수가 포함되지 않았다. 하지만 오늘날 티베트 도시 지역을 점유하고 있는 이들이 주로 한족이라는 것은 거리만 걸어 다녀도 알 수 있다.

예전에는 만주와 내몽골, 신장 지역 주민의 대다수는 만주족과 몽골인, 그리고 위구르족이었다. 그러나 이 세 지역의 대다수도 중국계 한족이 점하고 있거나 적어도 다수에 근접해 가고 있다. 그리고 티베트라고 예외가 아니다.

이 상황은 한족에 대한 분노로 2008년에 일어난 봉기처럼 자주권을 주장하는 행동이 앞으로도 이어질 거란 의미를 갖는다. 당시 라싸에서 중국계 티베트인들에 반발해 일어난 시위에서 상당수 한족의 재산이 방화 및 약탈당했고 21명이 죽고 수백 명이 부상을 당했다. 당국의 엄격한 탄압은 지속될 것이며, 자유티베트운동 또한 중단되지 않을 것이며, 티베트인들의 고난을 전 세계에 알리려는 승려들의 분신도 끊이지 않을 것이다. 그리고 한족 또한 끊임없이 몰려올 것이다.

막대한 인구의 대다수가 심장부에 몰려 있는 중국은 이들을 분산시킬 곳을 찾고 있는 중이다. 미국인들이 서부로 눈을 돌렸듯이 중국인들도 먼 곳으로 눈을 돌리고 있다. 철마가 유럽 이주민들을 코만치와 나바호족 땅에 실어 날랐듯이, 현대의 철로 만든 수탉(즉 기차)은 한족을 티베트 땅으로 실어 나르고 있다.

중국이 절대 포기할 수 없는 전략적 땅, 신장
—

마지막으로 시곗바늘은 파키스탄, 타지키스탄, 그리고 주로 산악 지형을 이룬 키르기스스탄을 돌아 카자흐스탄과 마주보는 국경에 도달한다. 뒤를 돌아 북쪽의 몽골로 이어지는 지역을 보면 이곳이 과거 중앙아시아 지역의 왕국들과 세계를 잇는 육상 무역의 다리 역할을 했던 고대의 실크로드임을 알 수 있다. 이론상으로만 보면 산맥과 사막 사이에 낀 이곳은 중국 방위에서 허약한 지점일 수밖에 없다. 그러나 심장부에서 멀리 떨어져 있는데다 카자흐스탄이 중국을 위협할 입장도 아니고 러시아 또한 수백 킬로미터나 떨어져 있다는 이점이 있다.

이 카자흐스탄 국경의 남동부는 평온할 틈이 없는 반semi 자치구인 중국령 신장 지구로, 이 지역의 원주민들은 터키어와 비슷한 언어를 쓰는 위구르족이다. 신장 지구와 국경을 맞대고 있는 나라는 러시아, 몽골, 카자흐스탄, 키르기스스탄, 타지키스탄, 아프가니스탄, 파키스탄, 그리고 인도까지 합해 무려 8개국에 이른다.

예나 지금이나 신장 지역은 잠잠할 날이 없다. 위구르족은 1930년

대와 1940년대 두 번이나 동투르케스탄East Turkestan이라는 이름으로
독립국가를 선포한 적이 있다. 이들은 러시아 제국의 붕괴를 목격했
고 그 결과로 〈-스탄〉으로 끝나는 소비에트 시절의 이웃들이 주권 국
가로 재탄생한 것도 지켜보았다. 티베트 독립운동에도 자극을 받은
이들은 이제 중국으로부터 독립을 외치고 있다.

2009년, 이 지역에 대규모 민족 분규가 발발해서 2백 명이 넘는 사
망자가 발생했다. 이 지역에 대한 베이징의 대처 방식은 다음과 같다.
첫째 정부에 반대하는 세력을 무자비하게 탄압하기, 둘째 그 지역에
돈을 쏟아 붓기, 셋째 꾸준히 한족 노동자들을 이동시키는 것이다. 독
립운동의 불길을 방관하기에는 중국에게 신장 지구는 전략적으로 몹
시 중요한 곳이다. 이곳이 8개 나라들과 국경을 접하고 있고, 그래서
중국 심장부의 완충지 역할을 하고 있어서만이 아니다. 다량의 원유
가 매장돼 있을 뿐 아니라 중국 핵무기 실험장도 이곳에 있다.

신장 지구 곳곳에 들어서고 있는 대다수 신도시들에는 중앙 정부에
서 투자한 공장들에서 일하려고 몰려든 중국계 한족들로 넘쳐난다.
전형적인 사례가 수도인 우루무치에서 136킬로미터 떨어진 스허쯔
시다. 총 65만 명의 이 도시 주민 가운데 62만 명이 한족이다. 신장
전체로 보면 한족의 비중이 족히 40퍼센트에 달한다. 심지어 수도인
우루무치조차도 이제는 한족이 다수 민족이 되어 있는 형편이다. 물론
공식 통계 수치를 얻기도 어려울 뿐 아니라 설사 얻는다 해도 정치적
민감성에 따라 오락가락하는 수치를 신뢰할 수는 없는 노릇이지만.

한편 독일에 본부를 둔 세계위구르족회의와 더불어 터키에서도 동
투르케스탄 해방기구가 출범했다. 그런데 위구르 분리주의자들에게

는 달라이 라마처럼 해외 언론의 주목을 끌 만한 상징적 인물이 없다. 게다가 그들의 주장도 전 세계에 거의 알려지지 않았다. 현재까지 중국은 신장 지구의 독립운동 보급선이나 후방 기지가 되는 것을 방지하는 차원에서 인접국들과 되도록 좋은 관계를 다지는 식으로 상황을 관리하면서 신장을 붙들어두고 있다. 이와 함께 베이징 정부는 위구르 분리주의 운동가들에게 이슬람 테러리스트라는 색을 입힌다. 실제로 타지키스탄 같은 지역에 거점을 두고 있는 알카에다와 여타 그룹들이 위구르 분리주의자들과 손을 잡으려는 시도가 없지는 않았다. 하지만 위구르 독립운동은 민족주의가 우선이요, 이슬람은 그 다음이다. 그러나 국가나 한족을 대상으로 한 총기나 폭발물, 칼을 이용한 공격이 최근 몇 년 동안 꾸준히 발생하고 있고 이러한 추세가 계속된다면 전면적인 저항운동으로 확산될 가능성도 없지는 않다.

그러나 중국이 이 땅을 포기할 리 없다. 티베트와 마찬가지로 신장에서도 독립으로 향한 창문은 닫혀가고 있다. 두 지역 모두 완충지이며 한 곳은 육상 무역의 주요 통로다. 또한 중요한 것이 비록 소득수준은 낮지만 두 지역 모두 지속적인 성장을 유지해서 대량 실업을 막으려는 중국 정부에게는 상품의 생산지이자 시장으로도 기능한다는 점이다. 만약 이 정책이 실패해서 이들 지역에서 주민들의 소요가 확산되기라도 하면 이 사태는 공산당 지배와 중국의 통합에 심각한 위협 요소로 작용할 가능성이 높다.

이런 이유로 중국 공산당은 민주주의와 개인의 권리에 반대한다. 자유로운 선거권이 주어지면 한족의 단결은 깨어질지 모른다. 더 나아가 지방과 도시 간에 분쟁이 발생할 수도 있다. 그 과정에서 완충지대 주민들이 과감히 들고 일어나기라도 하면 향후 중국의 힘은 꺾일 수밖에 없다. 중국이 외국 세력에게 유린당한 가장 최근의 경험은 겨우 1세기 전의 일이다. 베이징 정부에게는 〈통합〉과 〈경제 발전〉이야 말로 민주적 원칙보다 우선하는 중요한 가치다.

중국인이 사회를 바라보는 시선은 서구인의 그것과는 사뭇 다르다. 서구인들의 사고에는 무엇보다 개인의 권리라는 개념이 깊숙이 스며들어 있다. 반면 중국인들의 사고에서는 〈집단〉이 개인에 우선한다. 서구가 인간의 권리로 여기는 것들을 중국 지도층은 다수를 위험에 빠뜨리는 위험한 이론으로 여긴다. 전부는 아닐지라도 적어도 개인 이전에 대가족이 우선한다는 점을 받아들이는 중국인들이 많다.

예전에 나는 런던 주재 중국 대사를 한 고급 프랑스 식당에서 만난 적이 있다. 리처드 닉슨 대통령의 질문에 대한 저우언라이 총리의 답변으로 많이 인용된 그 유명한 말을 듣게 될 거라고 은근히 예상하고서 말이다. 당시 닉슨은 이렇게 물었다.

"프랑스 혁명의 영향이 무어라고 보십니까?"

이에 대한 저우언라이의 답은 이랬다.

"그에 대해 얘기하기엔 너무 이른 것 아닌가요?"

아쉽게도 내 예상은 빗나갔지만, 대신 나는 인권이라 부르는 것들이 중국에 전면적으로 도입되었을 경우 어떻게 폭력과 사망이 만연하게 된다는 것인지를 묻는 내 질문에 대한 답으로 그에게서 엄중한 훈계를 들어야 했다.

"당신들이 이해하지도 못하는 문화에서 당신들의 가치가 먹힐 거라는 생각은 대체 어디서 나온 겁니까?"

공산당 간부들과 인민들 간에 체결된 계약은 현세대에게는 유효하다. "우리가 당신들을 잘살게 해줄 테니 당신들도 우리를 따르라." 경제가 꾸준히 발전하는 한 이 계약은 지속될 것이다. 그러나 발전이 멈추거나 상황이 역전될 경우 이 계약은 종료된다. 부패와 무능에 반발해 현재에도 종종 일어나는 시위와 분노의 수위는 당과 인민 간의 계약이 깨졌을 때 어떤 사태가 벌어질지 가늠케 하는 표본이다.

중국 공산당에게는 또 다른 골칫거리가 있다. 바로 그 많은 인구를 먹여 살리는 능력이다. 중국 농림부에 따르면 현 경작지의 40퍼센트가 오염됐거나 나무를 솎아낸 토양이라고 한다.

중국은 곤경에 직면하고 있다. 근대화와 삶의 질 향상을 위해서는 산업화를 멈출 수 없지만 이 과정에서 정작 식량 생산이 위협받고 있다. 중국이 이 문제를 해결하지 못하는 한 불안감은 더욱 증폭될 것이다.

땅의 나라에서 해양 강국으로!

—

현재 중국 전역에서는 이런저런 연유로 매일 5백여 건의 시위가 벌어지고 있다. 대부분은 평화적으로 진행되고 있지만 대량 실업이나 대규모 기아 사태라도 발생한다면 그 횟수나 규모 역시 폭발적으로 늘 것이다.

경제적인 측면에서도 중국은 전 세계를 상대로 그랜드 바겐을 제안하고 있는 셈이다.

"우리는 값싼 물건을 만들 것이다. 그러니 당신들도 싸게 사라."

중국 내 노동자 임금이 오를 만큼 올랐다는 사실을 제쳐 두고라도 양적인 면이나 가격 측면에서 중국은 태국과 인도네시아의 추격을 받고 있는 상황이다. 상품을 만드는 데 필요한 자원이 고갈되면 어떤 일이 벌어질까? 만약 누군가가 그것들을 선점한다거나 혹은 상품을 들여오거나 내다팔 수 없게 해상이 봉쇄된다면? 해군이 필요한 이유가 바로 여기에 있다.

중국인들은 훌륭한 항해사들이었다. 일찍이 15세기 무렵에도 그들은 인도양을 누비고 다녔다. 정화 제독이 이끄는 원정대는 저 멀리 케냐까지 진출했다. 그러나 그 항해들의 목적은 돈벌이였지 세력 투사는 아니었다. 중국은 애초부터 군사 작전을 지원할 전진 기지를 구축하지도 않았다.

드넓은 땅을 평정하느라 혼돈의 4천 년을 써버린 중국은 이제는 대양 해군력을 구축하고 있다. 지역 해군이 영해를 순시하고 대양 해군은 대양을 순시한다. 현재의 경제 발전 속도를 감안해 보면, 중국이 역사상 유례없는 강력한 해상 수송력을 자랑하는 미 해군에 필적할 만한 능력을 갖추려면 30년은 더 걸릴 것으로 예상된다. 하지만 중단기적으로 보면 현재 중국이 해군력을 구축하고 군사들을 훈련, 교육시키고 있는 중이니 중국 해군이 대양에서 경쟁자들과 맞닥뜨릴 일이 머지않아 있을 걸로 보인다. 특히 중국과 미 해군 사이에 벌어질 수 있는 충돌을 어떻게 관리하느냐에 따라 금세기 강대국 외교의 향방이 결정될 것이다.

지금 중국의 젊은 해군 병사들은 우크라이나의 고물 집적소에서 건진 중고 항공모함에서 훈련을 받는다. 하지만 그들이 해군 장성이 됐을 때는 12척 항모전단을 이끌고 세계를 누비다 귀환할 수 있을 만큼 충분히 배운 뒤일 것이다. 그 과정에서 필요하다면 전투를 벌이지 말라는 법도 없다. 일부 부유한 아랍국들이 이제야 깨닫고 있지만, 유능한 군대는 진열장에서 구매할 수는 없는 노릇이다.

중국은 점점 더 많은 선박들을 자국의 연안뿐 아니라 태평양으로 내보내고 있다. 미국도 이 점을 모르지 않는다. 또 중국 해군이 육상 기지를 기반으로 한 대함미사일 시스템으로 이동하고 있다는 점 또한 알고 있다. 언젠가는 미 해군이나 그 동맹국들이 남중국해를 통해, 아니 중국해라 이름 붙여진 모든 바다에서 항해하는 것이 두 배로 어려워질지도 모른다. 그동안 중국의 우주 탐사 기술도 발전을 거듭해 미국과 그 동맹국들의 일거수일투족을 속속들이 감시할 수 있게 될 것이다.

이제 육상 국경 주변에서 동쪽과 남쪽, 그리고 바다를 바라보는 남서쪽으로 시곗바늘을 돌려보자. 이곳 바다 밑에서 중국은 잠수함을 타고 따라잡기 게임을 펼치고 있다. 미국 항모전단에 바짝 다가와 수면 위로 불쑥 올라올 수는 있겠지만 현재 중국의 잠수함들이 쥐도 새도 모르게 적의 잠수함을 사냥하기에는 지나치게 소음이 크다는 문제를 안고 있다. 이 점을 개선하기 위해 중국군은 대잠함정(적의 잠수함에 대한 초계, 수색, 공격을 주 임무로 하는 함정)을 도입하는 한편 동중국해와 남중국해에 수중 센서망을 구축하느라 분주하다.

남중국해, 뜨거운 분쟁의 현장

중국과 태평양 사이에는 베이징 당국이 〈제1열도선〉[1]이라 칭하는 다도해가 펼쳐져 있다. 여기에 이른바 〈9단선nine-dash line〉[2]이 있는데 2013년에 대만이 추가되어 10단선이 되면서 중국은 이 또한 자국의 영토로 표시하겠다는 입장이다. 2백 개가 넘는 작은 섬들과 암초들을 두고 각축하는 사이 중국과 이웃 국가들의 관계에도 균열이 생기고 있다. 중국은 국가의 자존심을 걸고 이 항로에 대한 통제권을 행사하고자 한다. 사실 지정학적으로도 그럴 수밖에 없다. 여기를 통하지 않고는 전 세계에서 가장 중요한 남중국해의 대양 항로에 진출할 수가 없다. 평시에 이 통로는 여러 지역으로 개방돼 있지만 전시에는 어렵지 않게 봉쇄할 수 있는데 이는 곧 중국이 봉쇄될 수 있다는 의미이기도 하다. 강대국들은 전쟁이 발발할 날을 준비하느라 평시를 보낸다.

중국 선박들이 태평양에 자유로이 접근하려면 일단 일본의 방해에 부딪힌다. 황해를 벗어난 중국 선박들은 한반도를 돌아 동해를 지나

---

1 중국 본토에서 1천 킬로미터 떨어진 일본 규슈에서 시작해 오키나와, 대만, 필리핀 남중국해를 잇는 선을 말한다. 중국의 군사 전략상 개념이자 전략적 전개의 목표선이라 할 수 있다.

2 9단선은 베트남, 인도네시아, 필리핀 해안선으로부터 근접한 지역에 9개의 가상 기준선을 그어 놓은 것을 뜻하는 것으로, 중국은 9단선에 근거해 남중국해 전체의 90퍼센트가 자국의 해역이라고 주장해 왔다. 또한 여기에 포함된 모든 섬이 역사적으로 자신들의 소유라고 주장하고 있다. 그 총면적은 210만 제곱킬로미터에 해당된다. 하지만 네덜란드 헤이그에 본부를 둔 국제상설중재재판소PCA는 2016년 7월 12일 중국과 필리핀 간 남중국해 영유권 분쟁과 관련해 필리핀의 손을 들어주었다. PCA는 필리핀이 제기한 남중국해 영유권 중재 결과에 대해 "중국은 남해 9단선에 대해 역사적 권리historic rights를 주장할 법적인 근거가 없다."면서 "중국의 주장은 무효하다."고 판결했다. 하지만 중국은 이 같은 판결에 반발하며 판결의 결과를 수용할 뜻이 없음을 밝히고 있다.

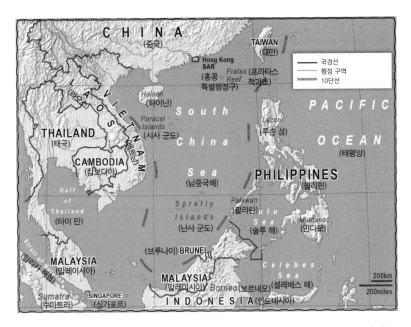

남중국해는 중국과 인접국들 사이에 치열한 각축전이 벌어지는 곳이다. 논쟁은 섬들의 소유권은
물론 천연자원, 그리고 대양과 해상 항로의 통제권으로 번지고 있다.

고 이어 홋카이도 위쪽, 즉 라페루즈 해협을 통과한 뒤에야 비로소 태
평양으로 나올 수 있다. 이 지역 상당 부분이 일본과 러시아 수역이라
긴장이 고조되거나 적대적인 상황이 되면 중국으로 가는 길은 막힌
다. 혹시 다른 길을 찾으려면 선박들은 홋카이도 북동쪽의 쿠릴 열도
를 항해할 수밖에 없는데, 현재 러시아가 실질적으로 지배하고 있는
이 지역을 두고 일본은 자국의 영토라고 주장하고 있다.

　일본은 대만 북동쪽에 있는 중국명 댜오위다오 열도(일본명 센카쿠 열
도)를 두고도 중국과 분쟁 중이다. 현재 두 나라 간의 영토 분쟁에서

가장 뜨거운 감자로 부상하는 곳이 바로 이곳이다. 만약 중국 선박들이 위에서 언급한 항로들을 피해 상하이에서 출발해서 태평양으로 곧장 나가려고 한다면 오키나와가 포함된 류큐 열도를 통과해야 한다. 그런데 이 지역에는 대규모 미군 기지가 있을 뿐 아니라 섬 끝단에 일본이 다수의 지대함 미사일들을 쌓아두고 있다. 일본 정부의 메시지는 분명하다.

"너희가 그리로 나가려는 것을 우리가 모를 리 없다. 다만 우리랑 엮이지만 않길 바란다."

또 다른 잠재적 도화선으로 주목할 곳은 가스전이 발견된 동중국해다. 중국 정부는 이 지역 대부분을 방공식별구역(Air Defence Identification Zone, 영공 침입 방지 등을 위해 각국이 설정한 공역)으로 선포하고 이곳을 통과해 비행하려는 자는 그 누구든 사전 통보할 것을 요구하고 있다. 미국과 일본은 일부러 이를 무시하고 있지만, 만약 어느쪽이 의도하거나 아니면 잘못된 관리로 문제가 발생했을 경우 모든 갈등이 한꺼번에 폭발해 뜨거운 이슈로 부각될 가능성도 있다.

"미국이여,
대만은 우리와 지리적으로 더 가깝다"

—

오키나와 아래엔 대만이 위치한다. 중국 해안에서 좀 물러난 이 지역은 동중국해와 남중국해가 갈리는 곳이다. 중국은 대만이 자국의 23번째 성이라고 공공연히 주장하지만 현재 대만은 미 해군과 동맹 관계이며 미국은 대만의 공군까지 단단히 무장해 두고 있다. 17세기에 대만은 중국의 지배하에 있었지만 20세기에 중국이 이곳을 지배한 것은 1945년부터 1949년까지 단 5년에 불과하다.

대만의 공식 명칭은 중화민국Republic of China으로 중국의 중화인민공화국People's Republic of China과는 구별된다. 비록 중화민국은 자기네가 두 영토를 통치해야 한다고 주장하고 있지만, 베이징이 이 명칭을 용인할 수 있는 건 대만이 독립국가라고 명시하지 않는 한에서다. 미국은 1979년에 맺은 대만관계법에 의거해 중국이 대만을 침공할 시 대만을 수호하기로 약속했다. 그러나 여기엔 단서가 붙는다. 만약 대만이 중국으로부터 완전한 독립을 선포하고 중국이 이를 전쟁 행위로 받아들일 경우엔 미국은 대만을 구하러 오지 않아도 된다. 다시 말해 그 선언이 전쟁 도발 행위로 간주될 경우에는 오지 않겠다는 것이다.

중국과 대만 양 정부는 서로를 인정하는 문제와 세계 각국에서 상대방이 인정받고 못 받는 문제를 두고 대립하고 있지만 대다수는 베이징의 손을 들어주고 있다. 14억 명의 시장과 2천3백만 명의 시장이 나섰을 때 대부분의 국가들은 길게 생각할 필요도 없을 것이다. 그럼에도 대만 편을 들어주는 22개국(대다수는 개발도상국이며, 스위스, 부르키나파소, 상투메와 프린시페 섬 같은 섬나라다.)이 있는데 대개 이들은 그에 걸맞은 보상을 받았다.

중국은 대만을 손에 넣기로 마음을 굳혔지만 아직 무력으로 시도할 만한 능력은 안 된다. 대신 중국은 두 나라 간의 교역과 관광을 늘리는 이른바 소프트파워 전략을 사용한다. 중국은 대만이 다시금 자기네 품에 안기기를 바란다. 2014년 홍콩에서 학생 시위가 벌어졌을 때 신장 지구의 우루무치에서처럼 중국 당국이 신속하게 시위대를 진압하지 못했던 것도 전 세계의 카메라가 주시하는 가운데 폭력적인 진압 장면을 내보이고 싶지 않았던 이유가 있었다. 중국 본토에서는 상당 부분 보도를 막았지만 나머지 세계에서 보는 것과 같은 장면을 본 대부분의 대만 사람들은 이렇게 자문했을 것이다.

"과연 저런 권력을 휘두르는 나라와 어떻게 손을 잡을 수 있단 말인가!"

소프트파워 접근 방식은 〈모국의 품〉에 다시 안기는 것을 두려워 말라고 대만 국민들을 달래려는 의도를 담고 있다. 방공식별구역 선포나 미군 함정 곁에서 불쑥 솟아오르는 것, 그리고 대양 해군 구축 등의 목표는 분명하다. 중국 본토 연안에서 225킬로미터, 그러나 미국 서부 해안에서는 1만 킬로미터 이상이나 떨어진 대만을 방어하려는 미국의 결심을 장기적으로 희석시키려는 심산인 것이다.

**수많은 영유권 분쟁,
결코 대양 강국을 포기하지 않을 것이다**

—

중국 선박들은 태평양을 향하든 인도양을 향하든, 남중국해를 나서는 순간부터 여전히 난관에 직면한다. 하지만 중국에게 가스와 원유를 수송하는 이 물길이 없다면 중국은 생존 자체가 불가능해진다.

서쪽으로 방향을 틀어 걸프 만의 산유국으로 가기 위해서는 베트남을 지나가야 한다. 주목할 점은 베트남이 최근 들어 미국에 접근을 시도하고 있다는 것이다. 중국은 미국의 전통적인 우방인 필리핀 근해도 지나야 한다. 그리고 나면 말레이시아, 싱가포르, 인도네시아가 마주하고 있는 말라카 해협이 나온다. 이 세 나라 또한 외교적, 군사적으로 미국과 연결돼 있다. 말라카 해협의 길이는 거의 8백 킬로미터에 달하는데 가장 좁은 곳의 너비가 채 3킬로미터를 넘지 않는다. 따라서 이곳은 늘 요충지이자 관문으로서의 역할을 해왔다. 그리고 중국은 여전히 여기에 묶여 있는 취약한 입장이다. 말라카 해협 인접국들, 그리고 중국이 접근하기에 가까운 모든 국가들은 하나같이 중국의 부상을 불안한 시선으로 바라보고 있다. 이런 이유 때문에 이들 나라의 대다수가 중국과 영유권을 놓고 다투고 있는 상황이다.

중국은 남중국해의 거의 전 지역은 물론 그 아래를 지나는 것으로 여겨지는 에너지 공급로의 소유권도 주장한다. 말레이시아, 대만, 베트남, 필리핀, 그리고 브루나이까지도 중국과는 물론이고 자기네끼리도 영유권을 두고 갈등하고 있다. 일례로 필리핀과 중국은 미스치프 암초를 놓고 날선 공방을 벌이고 있다. 남중국해의 난사 군도에 위치한 넓은 암초인 미스치프도 언젠가 제 이름에 맞는 역할을 하게 될 날이 오겠지만 수백 개에 달하는 산호섬 하나하나도, 심지어 물 위로 불쑥 솟아 있는 바위 하나까지도 외교적 위기를 불러올 수 있다. 작은 바위 하나라도 전관수역(연안국이 어업과 자원 등을 발굴할 수 있는 특권 수역)이나 탐사권, 영유권 문제에 관한 잠재적 분쟁의 소지가 될 수 있다.

영유권 다툼에서 유리한 고지를 점하기 위해 중국은 준설과 간척 사업을 병행하면서 분쟁 대상인 일련의 암초들과 산호섬들을 인공섬으로 만드는 작업에 착수했다. 한 예로, 파이어리 크로스 리프는 이름 그대로 단순한 암초였는데 중국이 항만과 활주로를 건설해서 버젓이 난사 군도의 한 섬으로 만들어 버렸다. 또 다른 암초에는 아예 포병대를 배치하기도 했다. 새로 건설한 활주로로 전투기를 착륙시킬 수 있게 된 중국은 현재의 영공을 넘어서는 항공 통제권까지 확보할 수 있었다.

2015년 여름 미 국방장관 애시 카터는 이런 발언을 했다.

"물속의 바윗덩어리를 비행기 이착륙장으로 만들어 버리는 행동은 주권 행위로 볼 수는 없으며 이는 국제 항공 및 해상 운송의 규제 대상이다."

이 발언은 중국이 이 지역의 군사 태세를 방어에서 공격과 방어 양쪽으로 전환하고 있다고 발표한 직후에 나왔다. 이러한 움직임은 규칙 제정자가 되고자 하는 중국의 의도를 강조하고 있지만 인접국들에게는 당근과 채찍 모두가 될 수 있다.

중국으로서는 무슨 수를 써서라도 이 항로를 지켜야 한다. 자국의 상품들을 시장으로 내보내기 위해서는 물론이고 그 상품들을 만들기 위해 필요한 원자재, 즉 원유, 가스, 귀금속 등을 들여오기 위해서도 말이다. 따라서 봉쇄당하는 경우는 생각조차 할 수 없다. 이 경우 외교가 하나의 해결책이 될 수 있겠지만 점점 몸집을 불려가는 자국의 해군력 또한 다른 해결책이 될 수도 있다. 그러나 최선의 보장책은 뭐니 뭐니 해도 파이프라인, 도로, 그리고 항구들이다.

외교적으로 중국은 동남아시아 국가들에게 당근과 채찍을 동시에 사용하면서 되도록 미국으로부터 멀리 떼어놓으려 할 것이다. 하지만 너무 심한 채찍질은 그 나라들로 하여금 미국과 더욱 긴밀한 방위 조약을 맺으러 나서게 할 가능성이 있다. 반대로 너무 많은 당근은 이들 나라들이 베이징의 뜻대로 움직이지 않게 할 수도 있다. 지금 당장이야 자국의 안보를 위해 태평양 너머를 바라보고 있는 실정이긴 하지만 말이다.

현재 중국에서 발행한 이 지역 지도를 보면 남중국해 거의 전부를 자국의 영해로 표시해 놓고 있다. 공격적인 초계함 운영과 공식적인 성명이 뒷받침하듯 이 지도는 엄연한 의도를 담고 있다. 베이징은 인접국들의 사고방식과 행동을 뜯어고치는 것에 그치지 않고 나아가 미국의 사고방식과 행동까지도 바꾸겠다는 심산이다. 경쟁국들이 두 손 들고 물러설 때까지 지속적으로 이 현안을 밀어붙이겠다는 뜻이다. 이 분쟁의 핵심 내용은 공동 수역의 개념과 평화 시 자유로운 항해다. 하지만 다른 강대국들이라고 섣불리 물러날 리 없다.

지정학 전문 저술가인 로버트 D. 카플란은 20세기 초반에 카리브 해가 미국의 손에 들어갔듯, 남중국해가 중국의 손아귀에 들어갈 수밖에 없는 이유를 조목조목 설명한다. 미국은 자국의 육상 영토를 공고히 통합하고 나서 대서양과 태평양을 아우르는 대양 강국이 되었다. 그리고 쿠바에서 스페인을 몰아내면서 주변의 해양을 평정했다.

중국 역시 태평양과 인도양을 아우르는 대양 강국이 되고자 한다. 이 목표를 위해 중국은 미얀마, 방글라데시, 파키스탄, 스리랑카 등지의 심해 항구에 투자하고 있다. 이들 나라와 우호적인 분위기를 조성해서 향후 중국 해군이 이곳을 방문하거나 주둔하게 될 경우는 물론 통상 라인을 중국 본토와 연결하는 것까지 염두에 두면서 이곳을 사들이고 있다.

인도양과 벵골 만의 항구들은 중국의 미래를 공고히 다지는 보다 큰 계획의 일부분이다. 중국은 미얀마 서부 해안부터 시작해서 벵골 만을 지나 중국 남서부로 들어가는 천연가스 파이프라인을 건설했다. 이는 에너지 공급량의 거의 80퍼센트가 말라카 해협을 통과하는 것에 불안을 느낀 베이징 정부가 그 의존도를 줄여보려고 고안해낸 방법이다. 중국이 몸이 달아오를 수밖에 없는 사정이 얼마간 이해되는 것은 2010년 미얀마 군사 정권이 조금씩 바깥 세계를 향해 문호를 개방하기 시작했을 때 이 나라의 문턱이 닳도록 드나들던 나라들 가운데 중국이 끼지 못했다는 점이다. 반면 미국과 일본은 미얀마와 잽싸게 우호 관계를 수립했고 오바마 대통령과 아베 총리는 미얀마 정부에 개인적인 호감을 표하기까지 했다. 이들 나라가 미얀마에 영향을 미칠 수 있다면 중국을 지속적으로 견제하는 데 도움이 된다. 지금까지 중국은 지구라는 거대한 체스판에서 벌어지는 특별한 게임에서 선전하고 있다고 볼 수 있다. 하지만 미국이 미얀마 정부를 신뢰하는 한 워싱턴은 미얀마를 수호하는 한편 언제고 중국을 이곳에서 밀어낼 수 있다.

중국은 케냐에도 항구를 건설하고 있다. 그리고 앙골라에는 철도를, 에티오피아에는 수력 발전용 댐도 건설하고 있다. 이렇듯 중국은 광물과 귀금속 확보를 위해 아프리카 전역을 샅샅이 훑고 있는 중이다.

이 과정에서 중국의 기업들과 노동자들도 세계 곳곳에 진출하고 있다. 그리고 중국 군대도 슬그머니 그 뒤를 따르고 있다. 큰 힘에는 큰 책임이 따르는 법이다. 중국은 오직 미국만이 전 세계의 치안을 담당하게 내버려두지 않을 것이다. 그러자면 언젠가는 중국도 행동에 옮기지 않을 수 없는 상황이 발생할 수 있다. 중국 노동자들 다수가 연루된 자연재해나 테러 또는 인질 사건이 발생한다면 중국 정부도 마냥 지켜보고만 있을 수 없다. 이러한 만일의 사태에 대응하려면 전진 기지라든지 적어도 중국군이 그 나라의 영토를 통과할 수 있는 승낙이 수반되어야 할 것이다. 현재 족히 1천만 명은 되는 중국인들이 전 세계에 퍼져 있다. 아프리카 일부 지역의 경우에는 거대한 중국인 노동자 단지까지 형성돼 있는 상황이다.

중국은 향후 10년 내에 좀 더 기민해지고자 안간힘을 쓸 것이다. 2008년 쓰촨성 대지진이 발생했을 때 중국 정부는 피해 현장에 인민군 부대를 투입해서 그럭저럭 복구를 도울 수 있었다. 하지만 군대를 이동시킬 수는 있지만 군수품은 쉽지 않다. 신속하게 해외로 이동하는 것은 훨씬 어려운 도전이다.

그러나 이런 국면 또한 바뀔 것이다. 전 세계와 상대하는 중국은 인권 문제로 인해 주눅이 들거나 외교적, 경제적으로 휘둘리지 않는다. 중국은 확고한 국경과 중국 본토와 1천 킬로미터 떨어진 제1열도선이라는 끈을 꼭 쥔 채 당당하게 세계를 누비고 있다. 만약 일본이나 미국과의 마찰을 피할 수만 있다면 중국에게 유일한 위험은 중국 자신밖에 없다.

중국이 성공할 수 있다고 보는 이유는 14억 가지는 된다. 또한 중국이 미국을 넘어 세계 최강국이 될 수 없는 이유도 14억 가지는 된다. 1930년대에 미국에 몰아친 대공황 같은 사태가 중국에서도 발생한다면 중국은 수십 년은 후퇴하게 될 것이다. 중국은 세계 경제라는 틀 안에서 자유롭지 못하다. 우리가 물건을 사지 않는다면 중국은 만들지 않는다. 그리고 중국이 만들지 못하게 되는 순간 엄청난 실업 사태가 발생한다. 이 대량 실업 사태가 장기적으로 지속된다면 도시 지역에 사람들이 주로 몰려 있는 요즘 같은 시대에 커다란 사회적 동요를 피하기는 어렵다. 오늘날 중국에서 보이는 여타의 모든 현상처럼 이는 전대미문의 대규모 사회적 동요로 이어질 수도 있는 문제다.

2

미국,
지리적 축복과 전략적 영토 구입으로
세계 최강국이 되다

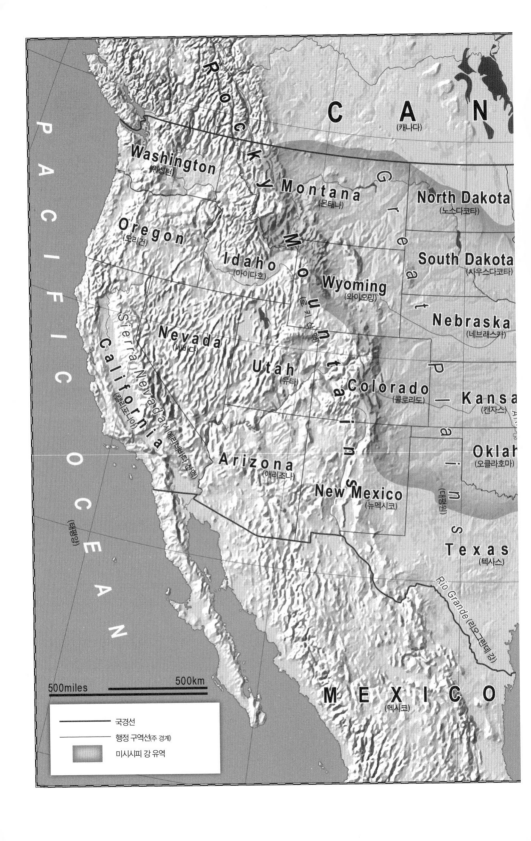

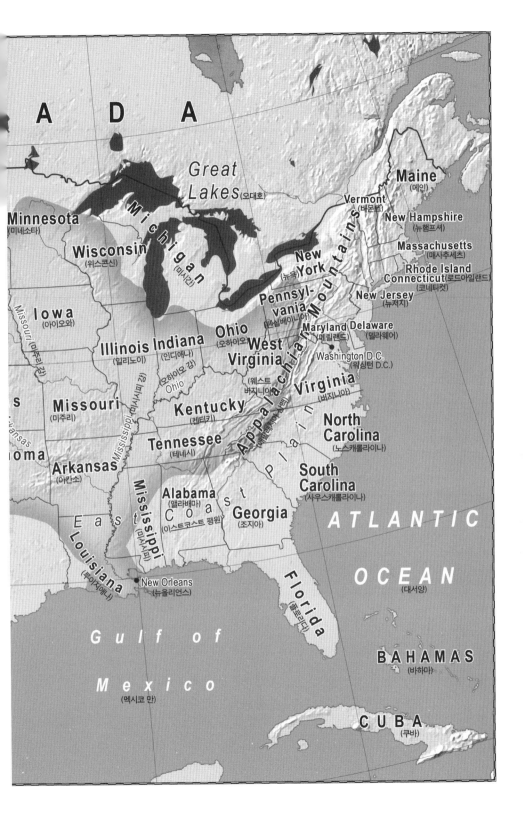

위치. 첫째도 위치, 둘째도 위치. 만약 당신이 복권에 당첨돼서 살고 싶은 나라에 땅을 사고 싶다고 해보자. 부동산 중개인이 가장 먼저 소개해 주는 곳은 바로 미합중국이리라.

마크 트웨인은 자신의 죽음을 알리는 엉터리 기사를 언급했지만, 그러면 미합중국이 종말을 맞을 거라는 과장된 기사에 대해서도 할 말이 있었을 것이다.

그곳은 멋진 동네다. 경치도 좋고 인공 폭포도 몇 개 있다. 교통망도 완벽하게 갖춰져 있다. 그렇다면 이웃들은? 이웃들 또한 하나같이 훌륭해서 전혀 말썽을 일으키지 않는다.

하지만 이곳의 생활공간을 좀 더 세부적으로 쪼개본다면 그 가치는 심각하게 하락하고 만다. 특히 임차인들이 모두 같은 언어를 쓰는 것도 아니고 임대료도 저마다 다른 통화로 지불한다. 하지만 한 가정만을 위한 집이라면 이보다 더 좋을 수는 없다.

미국에는 50개 주가 있지만 오히려 28개 주권 국가들의 모임인 유럽연합은 결코 이루지 못할 방식으로 하나의 국가가 되었다. 대다수 유럽연합 국가들은 미국의 주들보다 훨씬 강하고 분명한 민족 정체성을 지니고 있다. 프랑스 사람을 예로 들면, 그는 첫째가 프랑스인이요 유럽인은 그 다음이다. 유럽이라는 개념에 그다지 헌신하지 않는 프랑스 사람을 발견하기는 어렵지 않다. 반면 미국인은 유럽인과는 달리 합중국을 자신과 동일시한다. 이 현상은 미국의 지리적 특성과 통합의 역사를 살펴보면 이해할 수 있다.

흔치 않은 지리적 위치를 확보한 나라
—

이 방대한 나라의 국토를 동쪽부터 서쪽까지 붓으로 대충 칠해보면 대략 세 부분으로 구분된다.

먼저 애팔래치아 산맥 방향으로 향하는 동부 연안의 평원(대서양 연안 평원) 지대다. 이 지역은 길지는 않지만 항해가 가능한 강들 덕에 수원이 풍부하고 토양이 비옥하다. 좀 더 서쪽으로 목을 빼고 보면 로키 산맥 방향으로 뻗어가는 대평원이 나온다. 이 지역 안에 거대한 뱃길을 자랑하는 미시시피 강 유역流域이 펼쳐져 있는데 이 강은 플로리다 반도와 몇몇 섬들이 호위하는 멕시코 만으로 흘러들어간다. 일단 대규모 산지인 로키 산맥을 넘어가면 사막이 나오고 이어 시에라네바다 산맥, 그리고 좁은 연안 평지가 나온다. 그리고 마침내 태평양

의 파도가 눈앞에 펼쳐진다,

북쪽, 즉 오대호(Great Lakes, 북아메리카 대륙의 동부에 있는 거대한 호수군) 위로는 세계에서 가장 넓은 선캄브리아대 암석지구인 캐나다 순상지가 펼쳐져 있다. 이 지역의 상당 부분은 인간이 정착하기에 어려운 장벽이 차지하고 있다. 남서쪽은 말 그대로 사막이다. 한 국가가 도달할 수 있고 〈대서양부터 태평양에 이르는 땅〉을 지배할 수 있는가의 여부는 전적으로 지리적 특성이 결정한다. 만약 그럴 수 있다면 이 나라는 유사 이래 가장 강력한 세력이 된다. 일단 그럴 힘을 얻는다면 연방은 무력으로 침범키 어려운 존재가 된다. 여기에는 방어 부대가 뒤로 물러날 수 있는 〈전략적 깊이〉가 존재한다. 설사 미국을 침공하겠다는 어리석은 생각을 품었더라도 생명과 자유, 행복 추구권이 심각하게 위협받을 때 쓸 수 있는 수백만 정의 총기들이 이 나라에 있다는 사실을 염두에 둬야 한다. 게다가 이 나라에는 가공할 위력의 군대와 주 방위군, 주 경찰, 그리고 최근에 보았듯 신속하게 군부대로 모일 수 있는 도시 경찰이 있다. 만에 하나 침공을 당했을 때 모든 폴섬, 페어팩스, 파머빌 등은 순식간에 이라크 팔루자를 방불케 하는 저항의 요새가 된다.

캐나다의 면적은(이보다 작은 멕시코도) 어찌 보면 미국에게는 귀한 자산이다. 해양에서 접근하는 적대 세력이라면 상상을 초월하는 긴 보급로를 확보해야 한다. 빤한 얘기지만 비슷한 규모의 육상 부대라도 별수 없다. 재래식 공격에도 거의 피해를 입지 않을 이 흔치 않은 지리적 위치를 확보하기 위해서는 먼저 그만한 규모의 공간을 확보한 다음 하나로 통합해야 한다. 한쪽 연안에서 반대쪽 연안까지 거리가

4,828킬로미터나 되는 대륙임을 감안할 때 〈통합〉이라는 성취를 그 짧은 시간 안에 이뤘다는 것은 경이로운 일이다.

17세기에 이 땅에 처음 발을 내딛고 정착을 시작한 유럽인들은 이 처녀지 동부 연안이 천연 항만과 비옥한 토지를 갖춘 곳이라는 것을 금세 알아차렸다. 여기야말로 그들의 모국과는 달리 자유로운 삶을 영위할 수 있는 곳이었다. 나중에 그들의 후손들은 원주민들의 자유를 인정하지 않았지만 초기 정착민들은 그럴 의도는 없었다. 미 대륙의 지리적 특성이 여느 때보다 많은 사람들을 대서양 너머로 끌어들였다.

1732년 조지아 주를 마지막으로 초기 13개 식민지 주가 성립됐다. 이 13개 주는 차근차근 독립의 열망을 키워가다가 결국 독립전쟁(1775-1783년)을 일으켰다. 이 시기 초반, 조금씩 연결망을 넓혀가기 시작한 13개 주는 북쪽은 매사추세츠에서부터 1천6백 킬로미터, 남쪽은 조지아까지 뻗어나갔는데 이곳에 거의 250만 명에 달하는 인구가 모인 것으로 추정된다. 또 이들 13개 주는 동쪽으로는 대서양부터 서쪽으로는 애팔래치아 산맥에 이르는 지역을 하나로 묶었다. 길이가 장장 2,414킬로미터에 달하는 애팔래치아 산맥은 어마어마한 규모이긴 하지만 높이 면에서는 로키 산맥에 미치지 못한다. 하지만 자신들이 확보한 영토를 하나로 묶어 다스리고 싶다는 생각이 절실했던 초기 정착민들이 서쪽으로 전진하는 데는 엄청난 장벽이었다. 한편 식민주의자들에게는 또 다른 장벽이 있었는데 그것은 바로 정치였다. 영국 정부는 애팔래치아 산맥 서쪽 지역에 주민들이 정착하는 것을 금지했다. 교역이나 세금을 확실히 징수하려면 동부 연안을 넘지 않는 것이 편했기 때문이다.

미국의 독립선언문(1776년)은 이렇게 명시하고 있다.

"인류 역사에서 한 국민이 다른 국민과 연결된 정치적 결합을 푸는 것과 자연법과 자연의 신의 법이 부여한 독립과 평등의 지위를 책임지는 것이 필요할 때, 인류의 신념에 대한 엄중한 고려로 우리는 독립을 요구하는 명분을 선언하지 않을 수 없다."

노예 소유라는 아이러니가 슬그머니 생략됐지만 적어도 독립선언문에 자세히 기술된 대의명분은 모든 인간이 평등하게 만들어졌다는 자기 확신의 표현인 것은 분명하다. 이 고귀한 생각이야말로 독립전쟁을 승리로 이끌어 새로운 국가를 탄생케 한 원동력이었다.

1800년대 초반, 이 신생 국가의 지도자는 자신들이 남쪽 바다 혹은 태평양에서 1천6백 킬로미터나 떨어져 있다는 생각은 하지 못했다. 아메리카 원주민들의 자취를 따라가던 일부 탐험가들은 대담무쌍하게 애팔래치아 산맥부터 미시시피 강에 이르는 길을 돌파했다. 그들은 이 여정을 통해 대양으로 이어지는 물길과, 현재 텍사스와 캘리포니아까지 포함한 태평양 연안과, 남서부를 탐험했던 스페인 사람들이 보았던 광활한 땅을 발견할 수 있을 거라 생각했다.

신의 한 수, 루이지애나 구입

—

당시 막 걸음마를 뗀 미합중국은 안전과는 거리가 먼 나라였다. 또 경계선 안에서 제약을 받고 있던 터라 강대국이 되고자 안간힘을 쓸 수밖에 없었다. 국민들은 일찍이 애팔래치아 산맥 서쪽의 오하이오 강까지 진출했지만 미시시피 강으로 이어지는 지역, 즉 뉴올리언스로 내려가는 서쪽 하구는 프랑스가 지배하고 있었다. 이러한 형세 안에서 아메리카의 프랑스 사령관은 멕시코 만에서 구세계뿐 아니라 현재 미국의 심장부라 할 광활한 서부 지역과도 교역할 수 있었다. 대통령으로 선출되고 이듬해인 1802년, 토머스 제퍼슨은 다음과 같이 썼다.

"지구상에 단 하나의 장소가 있다. 이곳의 소유주는 본래 우리의 적으로, 그곳은 다름 아닌 뉴올리언스다."

프랑스는 골치 아픈 주인이었다. 그러나 특이하게도 해결책은 전쟁이 아니었다.

1803년, 미합중국은 프랑스로부터 뉴올리언스가 있는 루이지애나 지역 전체의 지배권을 사들였다. 이 지역은 멕시코 만에서 시작해서 북서쪽으로 로키 산맥의 미시시피 강 지류들의 상류까지 뻗어 있다. 이 땅의 면적은 오늘날의 스페인, 이탈리아, 프랑스, 영국, 그리고 통일 독일을 합친 넓이와 맞먹는다. 신생 미합중국은 이 땅을 흐르는 미시시피 강의 유역을 기반으로 번영으로 가는 길을 닦는다.

1천5백만 달러짜리 서명 하나로 1803년에 미국은 루이지애나를 구입하여 영토를 두 배로 늘렸다. 이는 곧 세계에서 가장 훌륭한 〈내륙 수로 수송권〉을 확보한 셈이었다. 이를 두고 미국의 역사학자 헨리 애덤스는 이렇게 썼다.

"미합중국이 투자 대비 이렇게 많은 것을 얻은 일은 이제껏 없었다."

거대한 미시시피 강 유역에는 전 세계 다른 하천들에 비해 훨씬 긴

가항수로들이 많다. 수원이 산악지대에 있지도 않으며, 그토록 광대한 거리를 가로질러 대양으로 가는 길 내내 그만큼 차분하게 흐르는 강은 그 어디에도 없다. 풍부한 유역 수계水系의 공급을 받는 미시시피 강은 미니애폴리스 부근에서 발원해서 남쪽으로 약 2,897킬로미터를 흘러 멕시코 만에서 끝난다. 이렇듯 강들은 큰 항구로 이어지며, 수상기를 이용한 운반은 예나 지금이나 육로 운송보다 훨씬 싸게 들어 당시 한창 상승일로이던 교역을 위한 천연 수로 역할을 톡톡히 했다.

이처럼 미국은 지리적으로 전략적 깊이를 확보함과 동시에 방대하고 비옥한 토지, 그리고 사업을 펼치기에 적합한 대서양 항구들이라는 대안을 얻었다. 또한 동부 해안을 새 영토와 연결해 주는 동서 루트를 확보했고 북에서 남으로 흐르는 수계는 인구 밀도가 희박한 지역들을 서로 묶어주면서 단일 통합체를 형성하는 데 일조했다.

당시 신생 국가는 거인, 다시 말해 대륙의 강대국이 되고자 하는 의식이 있었다. 미국인들은 점차 서쪽으로 전진하면서도 남쪽을 호시탐탐 엿본 것은 물론 〈왕관에 박힌 보석〉인 미시시피 강의 수호에도 신경 쓰는 것을 잊지 않았다.

1814년, 영국은 물러갔고 프랑스는 루이지애나를 포기했다. 이제 스페인 사람들만 내보내면 됐다. 그리고 이는 그리 어려운 일이 아니었다. 스페인은 유럽에서 나폴레옹과 전쟁을 치르느라 이미 지칠 대로 지쳐 있었다. 미국이 세미놀족을 스페인령인 플로리다까지 밀어내자 스페인 본국은 머지않아 정착민 물결이 밀려오리라는 것을 감지했다. 1819년, 스페인은 플로리다뿐 아니라 덤으로 꽤 넓은 토지까지 미합중국에 넘겼다.

루이지애나 구입은 미국 입장에서는 심장부를 얻은 격이었다. 그런데 1819년에 맺은 대륙횡단조약도 거의 이에 버금가는 가치를 안겼다. 스페인은 미국이 현재 캘리포니아와 오리건의 경계인 북위 42도선 위인 극서부 지역에서 사법권을 행사하는 것을 인정했다. 반면 스페인은 그 아래인 미국 영토의 서쪽을 지배한다는 계약 내용을 받아들였다. 그리하여 미합중국은 〈태평양〉에 이르게 된 것이다.

그 즈음 대다수 미국인들은 1819년에 플로리다를 얻은 것을 가장 큰 승리로 여겼지만 당시 국무장관인 존 퀸시 애덤스는 일기장에 이렇게 기록했다.

"결정적으로 태평양 방향의 경계선을 획득한 것이 우리 역사에 위대한 시대를 열게 한다."

그런데 스페인어 사용자들과 관련된 또 다른 문제가 있었으니 바로 멕시코였다.

멕시코와의 영토 분쟁,
역사는 미국의 손을 들어주었다

—

루이지애나 구입 덕분에 미합중국의 면적은 두 배로 늘었지만 1821년에 멕시코가 스페인으로부터 독립하자 뉴올리언스에서 불과 320여 킬로미터 떨어진 곳에서 두 나라가 마주보는 상황이 되었다. 21세기에 멕시코는 불법 노동자나 마약 공급 등 미국과의 근접성으로 인한 문제점을 야기하고는 있지만 영토 문제로 위협을 가하지는 않는다.

하지만 1821년에는 사정이 달랐다. 멕시코는 캘리포니아 북부 끝까지 지배하고 있었다. 미국이 어느 정도 눈을 감고 있었지만 멕시코는 당시에도 루이지애나와 맞대고 있는, 오늘날 텍사스를 포함한 동쪽 지역으로 영향력을 확대해 갔다. 당시 멕시코의 인구는 620만 명이었고 미국은 960만 명이었다. 미국 군대는 강력한 영국군을 몰아낼 수는 있었지만, 영국군은 대양을 건너야 하는 보급 라인 문제와 본국에서 4천8백여 킬로미터나 떨어진 곳에서 싸워야 하는 문제에 직면해 있었다. 하지만 멕시코는 코앞에 있었다.

미국은 기존 미국인들과 새 이주민들에게 은근히 멕시코 접경지대 정착을 장려했다. 하지만 이주민의 파도가 주로 서부와 남서부에 치우치다 보니 오늘날의 멕시코에 해당되는 지역에 주민들이 뿌리 내릴 가능성이 높지 않았다. 그러자 미국은 그곳의 인구수를 늘리기 위해 동화와 진흥책을 실시했다. 반면 멕시코는 미국만큼 축복받은 땅은 아니었다. 경작지의 질도 형편없었고 수송에 편리한 수계도 없을 뿐 아니라 민주적 체제도 갖춰지지 않아서 이민자들이 무상으로 토지를 불하받을 가능성도 희박했다.

한편 미국은 텍사스 지역에는 지속적으로 침투해 들어가면서도 먼로 독트린을 발표했다. 1823년 제임스 먼로 대통령이 이 독트린을 발표한 것은 서반구에서 더 이상 땅 욕심을 내지 말라는 경고를 유럽 세력에게 보내기 위해서였다. 그러면서 유럽인들이 기존 영토 일부를 잃더라도 돌려받을 수 없을 거라고 엄포를 놓았다.

1830년대 중반이 되자 텍사스에는 멕시코와의 쟁점을 힘으로 밀어붙일 수 있을 만큼 많은 수의 백인 정착민들이 자리 잡았다. 가톨릭 신자에 스페인어를 쓰는 멕시코인 인구는 수천 명을 조금 넘긴 반면 신교도 정착민들의 수는 2만 명에 육박했다. 1835년부터 이듬해까지 벌어진 텍사스 혁명으로 백인 정착민들이 멕시코인들을 몰아냈지만 전세는 대접전이었다. 새 정착민들이 패했고 멕시코군이 뉴올리언스를 향해 진군해서 미시시피 강의 남단을 지배할 수 있는 형국이 돼버렸다. 만약 실제로 그렇게 됐다면 어땠을까? 이것이야말로 근대 역사상 가장 엄청난 가정의 하나다.

하지만 역사는 다른 쪽으로 방향을 틀었다. 미국의 돈과 무기, 사상의 수혜를 받은 텍사스가 독립을 선언한 것이다. 그리고 텍사스는 1845년 미합중국에 귀속되었고 1846년부터 2년간 벌어진 멕시코와의 전쟁에서는 미국과 힘을 합쳐 싸웠다. 두 연합군은 남쪽의 이웃을 제압했고 멕시코는 결국 리오그란데 강의 남쪽 제방 모래밭에서 끝나는 영토를 받아들일 수밖에 없었다.

이로써 캘리포니아, 뉴멕시코, 그리고 현재 애리조나인 지역, 네바다, 유타, 콜로라도의 일부가 포함된 미합중국의 대륙 경계가 형성됐다. 오늘날의 경계와도 대략 비슷해 보이는 이 국경선은 대체로 천연 경계선이다. 남쪽에는 리 오그란데 강이 사막을 통과해 흐르고 있고, 북쪽에는 오대호가 있고, 국경 인근 지역의 동쪽 절반은 거주자가 드문 암석지대다. 또한 동쪽과 서쪽은 대양을 마주하고 있다. 하지만 21세기에 이르러 원래 히스패닉 땅이었던 남서부 지역의 문화적, 역사적 기억이 다시금 되살아나고 있다. 주민의 주 구성원이 히스패닉계 주민들로 빠르게 교체되고 있으며 이 추세라면 몇 십 년 안에 그들이 다수가 될 가능성이 높다.

그 어떤 위협도 없던 시대,
괌과 카리브 해까지 진출하다

일단 1848년으로 다시 돌아가 보자. 이제 유럽인들은 떠났고, 미시시피 강 유역은 지상 공격으로부터 안전했고, 태평양에도 도달했다. 게다가 남아 있는 북미 원주민들을 제압하는 일도 문제없을 것 같았다. 미합중국에는 어떤 위협도 없었다. 바야흐로 돈을 벌 수 있는 시대였다. 이 미래의 초강대국은 3대양의 건너편에 있는 나라들에 안정적으로 접근할 권리를 확보하기 위해 과감히 큰 바다를 건넜다.

1848년부터 이듬해까지 몰아쳤던 캘리포니아 골드러시가 일조한 것도 있었지만 그렇지 않더라도 서부로 향하는 이주의 물결은 꾸역꾸역 이어졌다. 건설해야 할 대륙 제국이 있는데다 발전을 거듭해 가고 있으니 외국에서 들어오는 이민의 물결도 점점 더 늘어났다. 1862년에 제정된 자영농지법(공유지 불하법)은 연방 소유 토지 160에이커를 5년 동안 경작하는 이주민들에게 아주 적은 금액만 받고 불하하는 법이었다. 그렇다면 독일이나 스칸디나비아 또는 이탈리아 출신의 가난한 이민자라면 굳이 라틴 아메리카로 가서 농노로 살 일이 있겠는가? 미국으로 오면 자유로운 토지 소유주가 될 수 있는데 말이다.

1867년, 미국은 러시아로부터 알래스카를 사들인다. 이 일은 당시 이 거래를 성사시킨 국무장관 윌리엄 슈어드의 이름을 붙여 〈슈어드의 미친 짓〉이라고까지 조롱을 받았다. 그는 총 720만 달러를 주고 알래스카를 샀는데 1에이커당 2센트를 쳐준 셈이었다. 언론은 이를 두고 눈만 한 보따리 산 꼴이라고 비아냥댔지만 1896년 이 지역에서

금광이 발견되자 그 얘기는 쏙 들어가고 말았다. 그리고 수십 년이 더 흐른 뒤 이번에는 거대한 유전이 발견되었다.

그로부터 2년이 지난 1869년, 대륙 횡단 철도가 개통됐다. 전 같았으면 미 국토를 횡단하는 일은 몇 개월이나 걸리는 위험천만한 모험이었지만 이제는 일주일이면 가능했다.

나라의 몸집이 불어나자 부 또한 불어났다. 이제 미국은 대양 해군을 육성하는 데 눈을 돌렸다. 19세기 대부분 기간에 미국의 대외정책은 교역을 늘리고 인접국들과의 분규를 피하는 데 초점을 맞췄다. 하지만 이제는 바깥으로 눈을 돌려 다른 나라의 해안에 안전하게 접근할 수 있는 길을 도모해야 할 때가 왔다고 보았다. 유일하게 현실적인 위협이라면 스페인이었다. 미 본토에서 내보내는 것은 설득했지만 쿠바, 푸에르토리코, 그리고 현재 도미니카공화국 일부는 여전히 스페인의 지배 밑에 있었다.

특히 1962년의 미사일 위기처럼 쿠바는 미 대통령들 여럿을 잠 못 이루게 하는 지역이었다. 플로리다에서 살짝 벗어난 곳에 위치한 쿠바 섬을 지배하면 플로리다 해협과 멕시코 만의 유카탄 해협으로의 접근은 물론 향후 지배까지도 가능해진다. 이곳이야말로 뉴올리언스 항의 출구이자 입구이기도 했다.

19세기가 지나면서 스페인의 힘은 점점 쇠약해졌지만 여전히 강력한 군대를 보유한 건 사실이었다. 1898년, 미국은 스페인에 전쟁을 선포했다. 그리고 군대를 파견해 쿠바, 푸에르토리코, 괌은 물론 필리핀에 대한 지배권까지 손에 넣었다. 이 모든 지역이 유용했지만 특히 괌이야말로 필수적인 전략적 자산이었다. 쿠바 또한 강대국이 지배

한다면 전략적 위협이 될 소지가 있었다.

1898년 스페인과의 전쟁으로 그 위협은 제거됐다. 그리고 1962년, 소련과의 분쟁에서는 소련이 마지못해 굴복함으로써 다시 한 번 그 위협은 제거됐다. 현재 특별히 쿠바를 지원하는 강대국은 없는 상황이고, 쿠바 또한 문화적으로나 어쩌면 정치적으로도 점차 미국의 영향권 아래 다시 들어가고 있는 것처럼 보인다. (2014년 말, 미국과 쿠바의 국교 정상화가 선언됐다.)

미국은 신속히 움직였다. 1898년 스페인과의 전쟁에서 이긴 미국은 쿠바와 플로리다 해협을 확보함으로써 카리브 해에 성큼 다가설 수 있었다. 미국은 이에 그치지 않고 하와이의 퍼시픽 아일랜드를 합병해서 자국의 서부 해안으로의 안전한 접근을 도모했다. 또한 1903년에는 파나마 운하의 배타적인 권한을 보장받는 조약을 체결했다. 무역 붐이 일어났다.

이 시기야말로 미국에게는 세계무대로 나선 것 이상을 보여주는 시기였다. 전 세계를 향해 무력시위 이상의 것을 보여줄 수 있었던 것이다.

막강한 해군력을 내세운 미국의 패권시대

—

시어도어 루스벨트 대통령의 어투는 상대적으로 부드러웠지만 핵심은 그가 전 세계를 당당하게 〈항해했다sailed〉는 거였다. 1907년 12월에 대서양 함대의 전함 16척이 미국에서 출발했다. 해군의 평상시 제복 색깔인 흰색으로 선체 전부를 칠해서 〈위대한 백색 함대〉라고도 불렸던 이들의 항해는 하나의 강렬한 외교적 시그널이었다. 백색 함대는 수개월에 걸쳐 브라질, 칠레, 멕시코, 뉴질랜드, 오스트레일리아, 필리핀, 일본, 중국, 이탈리아, 그리고 이집트까지 망라한 전 세계 20여 항구를 방문했다. 그 가운데 가장 중요한 의미를 갖는 것은 일본에 입항한 것이었다. 이는 곧 미국의 대서양 함대가 궁극적으로 태평양까지 나설 수 있다는 의미였다. 하드파워와 소프트파워가 혼재된 이 항해는 군사 용어로 일종의 세력 투사 전 단계라 할 만한 것이었지만 전 세계 모든 강대국으로부터 주목을 받았으니 결국은 세력 투사인 셈이었다.

미국의 후임 대통령들이 늘 새기고 있는 말이 있다. 바로 1796년 조지 워싱턴의 퇴임 연설 가운데 "뿌리 깊은 반감 때문에 특정 국가들과 반목하지 말며, 또한 어떤 국가들의 열정적인 접근에도 연루되지 말 것이며, 바깥 세계에서는 항구적인 동맹들과도 일정하게 거리를 두라."는 말이었다.

물론 결정적이긴 했지만 제1차 세계대전의 뒤늦은 개입을 제외하면 미국은 적어도 1941년까지는 워싱턴의 조언대로 되도록 바깥 세계와의 분규나 동맹을 피하고자 신경을 쓴 건 사실이었다.

하지만 제2차 세계대전은 이 국면을 확 바꿨다. 미국은 일본에 경제 제재를 가해 제 기능을 할 수 없게 만들었지만 대신 확대일로에 있던 군국주의 일본의 공격을 받아야만 했다. 이제 미국은 한 치의 양보도 하지 않을 작정이었다. 전 세계를 상대로 광범위한 힘을 행사하던 미국은 그 상태를 유지하기 위해서라도 이번에는 순순히 돌아서지 않았다. 전후 세계의 최강 경제 대국, 최강 군사 대국으로서 미국은 세계의 해상 항로를 통제할 필요를 느꼈다. 평화를 지키는 것과 아울러 상품을 시장으로 내보내기 위해서라도 말이다.

미국인들은 〈최후까지 버티는 자〉가 되기로 했다. 유럽인들은 이미 탈진해 버렸고 그들의 경제 또한 도시나 마을들처럼 폐허 속에 남겨졌다. 일본은 패망했고 중국 또한 황폐화된 대지에서 자기들끼리 싸움을 벌였다. 그리고 러시아는 자본주의 게임에 나서지도 못했다.

1세기 전에 영국은 해군력을 행사하고 수호하기 위한 전진 기지와 석탄 공급소의 필요성을 절감했다. 하지만 이제는 저물어가는 대영 제국과 함께하는 그들의 자산을 음흉스레 바라보면서 미국은 이렇게 말했다.

"훌륭한 기지들이군. 이제 우리가 가져야겠어."

가격은 적절했다. 1940년 가을에 영국은 더 많은 군함들이 절실했다. 반면 미국에게는 50척 정도의 여분이 있었다. 결국 기지 협상을 위한 구축함들이라는 이름으로 영국은 강대국이 될 수 있을 능력을 전쟁을 계속 수행하게 하는 도움과 맞바꾸어 버렸다. 이렇게 해서 서반구의 영국 해군 기지 대부분이 미국의 손에 넘어갔다.

그때든 지금이든 어떤 나라들에게나 콘크리트(건설)가 문제다. 예컨대 항구, 활주로, 튼튼한 격납고, 연료 저장고, 건선거(드라이 독), 그리고 특수 부대 훈련장 등을 건설하는 콘크리트 말이다. 동쪽에서 일본을 무릎 꿇린 미국은 위의 시설들을 그들이 어느 정도 소유한 태평양과 괌 전역에 건설할 기회를 잡았다. 이제 미국은 동중국해에서 일본의 오키나와 섬까지 직접 기지를 설치하기에 이르렀다.

미국은 육지에도 눈을 돌렸다. 미국은 1948년부터 1951년에 이르는 동안 마셜 플랜으로 유럽 재건 비용을 대는 대신 소련이 그 지역을 파괴하지 않고 대서양 연안에도 나서지 않겠다는 점을 분명히 해둬야 했다. 미군들은 귀향하지 않았다. 대신 그들은 독일에서 재건 사업을 시작했고 소련군이 북유럽평원을 넘어오지 못하도록 위압적으로 노려봤다.

1949년 워싱턴 정부는 북대서양조약기구, 즉 나토NATO의 창설을 주도했다. 이로써 미국은 독일에 잔류하는 서방 군사력의 지휘권을 효과적으로 넘겨받았다. 나토의 민간인 수장은 일년은 벨기에가, 다음해엔 영국이 맡게 되지만 군 사령관은 늘 미국인이 맡는다. 지금까지도 나토의 가장 큰 화력 부대는 미국이다.

조약의 내용이 무엇이든 간에 나토의 최고 사령관은 궁극적으로 워싱턴의 입장과 일치해야 한다. 영국과 프랑스는 1956년 수에즈 운하 위기 때 운하 지역 점령을 풀라는 미국의 압박에 굴복하고 말았던 경험을 통해 값비싼 교훈을 얻었다. 결국 중동 지역에서 자신들의 영향력 대부분을 상실한 나토 가입 국가들은 우선 워싱턴에 묻지 않고서는 해군 전략을 수립, 실행할 수 없다는 것을 깨달았다.

나토 창립 멤버인 아이슬란드, 노르웨이, 영국, 이탈리아도 자국의 기지에 대한 미국의 권한과 접근을 보장해 줌으로써 미국은 태평양뿐 아니라 북대서양과 지중해의 패권까지 쥐게 되었다. 1951년, 미국은 오스트레일리아와 뉴질랜드와 동맹을 맺고 남반구에도 세력을 확장했다. 그리고 1950년부터 1953년까지 이어진 한국전쟁 후에는 북쪽으로까지 영향력을 넓혔다.

유럽과 러시아는
과연 미국의 위협이 될 만한가?
—

오늘날에는 두 종류의 미국 지도가 있다. 익히 알려진 것은 태평양 연안의 시애틀에서 대각선으로 내려와 사르가소 해의 좁고 긴 돌출부까지 뻗어 있는 형태의 지도다. 이와는 별도로 미국의 지정학적 힘의 윤곽을 그린 실제적/개념적 부분을 담은 지도가 있다.

군사 기지들과 항구, 활주로들로 구성된 지도는 그 위에 표시를 할 수 있다. 하지만 개념적인 지도는, 다시 말해 B라는 지역에서 A라는 사건이 벌어졌을 때 C라는 국가가 미국 편에 의지할 수 있다거나 그 반대의 경우가 될 수 있음을 말해 준다. 만약 강대국이 어딘가에서 힘을 행사하고 싶다면 그 나라는 미국의 개입 여부에 따라 자신의 입장을 선택한다. 마침내 미국이라는 초강대국이 등장한 것이다.

1960년대에 베트남에서 겪은 실패로 신뢰에 타격을 입은 미국은 해외 문제에 개입하는 것에 좀 더 신중한 태도를 갖게 됐다. 하지만 실질적으로 그 패배가 미국의 세계 정책을 크게 바꾸지는 않았다.

이 시기 미국의 패권이 도전을 받을 만한 지역은 단 세 곳뿐이었다. 유럽, 러시아, 그리고 중국이었다. 이들 모두가 점점 강력해지겠지만 그 중 두 곳은 한계에 봉착하고 말 것이다.

한층 더 가까운 연합으로서의 유럽연합과, 공통적인 대외 및 방어 정책이라는 유럽인들의 두 개의 꿈이 조금씩 사그라지는 현실을 우리는 목격하고 있다. 그렇잖아도 적은 방위비만을 지출하는 유럽 국가들이다 보니 결국은 미국에 의존한 채로 있을 수밖에 없다. 게다가

2008년 경제 위기로 많이 위축된 유럽 강국들은 해외에서 모험을 시도할 의욕마저 줄어든 상태다.

1991년, 소련이 해체하자 러시아의 위협이 걷혀지는 것으로 보였다. 소련의 붕괴는 무능한 경제, 과잉 군비 확장, 강제 노동 수용소들과 농업 부문의 몰락, 국비 지원 트랙터의 과잉 생산 같은 계획경제에서 비롯된 산적한 문제들을 푸는 것에 실패한 데 따른 결과였다. 최근에 나타나는 러시아의 반발은 미국 측에게는 가시 같은 존재지만 그렇다고 미국의 지배력에 위협을 가할 정도는 아니다. 2014년에 오바마 대통령이 러시아를 "지역 강국에 불과하다."라고 말한 것은 쓸데없이 자극한 면이 없지는 않았지만 어쨌든 아주 틀린 건 아니었다. 러시아의 〈지리적 감옥의 창살〉은 지금까지도 견고하다. 러시아에게는 전 세계의 해상 항로로 진출하는 데 필요한 부동항이 여전히 부족하고 전시에 발트 해와 북해 또는 흑해와 지중해를 경유하여 대서양으로 진출할 군사 능력 또한 부족하다.

미국은 2014년 우크라이나의 정권 교체 배후에 부분적으로 관여했다. 민주주의가 전 세계로 확산되기를 기대하는 미국은 우크라이나를 러시아의 영향권에서 끌어내고자 했다. 이는 또한 푸틴 대통령의 힘을 빼려는 의도이기도 했다. 지난 10년 동안, 다시 말해 미국이 이라크와 아프가니스탄이라는 수렁에 빠져 허우적대는 동안, 러시아는 카자흐스탄 같은 곳에서 새로이 탄탄한 기반을 다졌는가 하면 조지아에서는 영토를 점령하는 등 이른바 옛 연방 시절 공화국들에서 이득을 취하고 있음을 워싱턴은 알고 있었다. 뒤늦게나마, 그리고 조금은 관망하는 방식으로 미국은 러시아의 이득을 끌어내려 보려는 시도를 하고 있었다.

미국은 유럽에 공을 들인다. 또한 나토에 공을 들이면서도 때로 미국의 국익과 관련된 일이라면 행동에 옮길 것이다. 그러나 현재 미국에게 러시아는 대체로 유럽의 문제 가운데 하나다. 물론 그렇다고 감시의 끈을 늦추진 않겠지만.

중국, 중국, 중국!
그리고 동아시아 태평양 지대
—

이제 남은 것은 중국이다. 떠오르는 중국 말이다.

분석가들이 지난 10년에 대해 쓴 것을 보면 대다수가 21세기 중반에 이르면 중국이 미국을 따라잡을 것이며 세계의 최강대국으로 부상할 것이라고 내다보고 있다. 그러나 1장에서 부분적으로나마 살펴본 이유로 인해 나는 그 의견에 전적으로 동의하지는 않는다. 적어도 1세기는 걸릴 거라고 본다.

경제로만 보면 중국은 미국에 견줄 만큼 성장했지만, 그리고 그 덕분에 국제사회에서의 영향력과 주빈석의 한 자리를 사들일 수 있었지만, 군사력과 전략적인 측면에서는 미국에 수십 년은 뒤처져 있다. 그 수십 년을 미국은 자국의 위치를 더욱 확고히 다지는 데 쓸 것이다. 물론 그 간격은 점점 줄어들 수밖에 없는 듯하지만.

이를 다지기 위한 콘크리트의 가격은 비싸다. 섞어서 쏟아 붓기 위해서만이 아니라 원하는 대로 섞고 부을 수 있는 권한을 얻어야 하기 때문이다. 앞서 영국과의 기지 협정을 위한 구축함의 사례에서 보았듯이 타국 정부에 대한 미국의 지원은 순수하게 이타적이지만은 않다. 콘크리트를 타설할 권리를 사는 군사적 원조는 경제 못지않게 중요하다. 추가 비용을 감수할 만큼 훨씬 더 중요할 수도 있다.

한 예를 들어보겠다. 워싱턴 정부는 적대국인 시리아에서 벌어지는 인권 유린 상황에 분개하면서 자국의 입장을 크게 떠들어대는데 반해 정작 바레인에서 벌어지는 인권 유린에 대해서는 잠잠하다. 바레인 정부의 허락하에 이곳에 정박 중인 미국 제5함대가 이를 덮어버린 것이다. 다른 한편으로 미국의 원조는 미얀마 정부에게 제안할 수 있는 권한을 사는 것인데 여기에는 곧 중국 정부의 접근을 거절하기를 바라는 의도가 포함돼 있다. 이 사례는 미국이 애매한 위치에 있는 특수한 경우인데 그 이유는 미얀마 정부가 최근에야 바깥 세계에 문호를 개방한데다 베이징 정부가 일찌감치 이곳에서 유리한 위치를 선점했기 때문이다.

하지만 일본, 태국, 베트남, 한국, 싱가포르, 말레이시아, 인도네시아를 비롯한 여타 국가들의 경우 미국은 일찌감치 문을 열고 있다. 이 나라들은 하나같이 거대한 이웃에 불안해하며 워싱턴과 관계 맺기를 열망하고 있기 때문이다. 물론 이 나라들 또한 제각기 이런저런 문제로 엮여 있다. 하지만 그들이 서로 협력하지 않으면 중국의 패권 아래 차례로 당할지도 모른다는 공통된 인식이 있는 한 그 문제들은 크게 부각되지 않을 것이다.

미국은 2011년 힐러리 클린턴 당시 국무장관이 〈중국으로의 회귀the pivot to China〉라 칭했던 단계에 들어서 있다. 이 표현이 관심을 끌었던 것은 혹자에게는 그 의미가 유럽의 포기로 읽혔기 때문이다. 하지만 어떤 한 지역을 향한 회귀가 반드시 다른 지역의 포기를 의미하지는 않는다. 그보다는 어느 쪽 발에 얼마만큼 더 힘을 실어주느냐의 문제다.

미국 정부의 대외전략 전문가들 중 다수는 21세기 역사는 아시아와 태평양이 주도할 것이라는 데 의견을 같이한다. 전 세계 인구의 절반이 이 지역에 거주한다. 특히 인도까지 포함하면 2050년경에는 이 지역이 세계 경제 생산의 절반을 차지할 것으로 예상된다.

따라서 동아시아 지역에 개입하고 목적을 이루기 위해 미국이 점점더 많은 시간과 돈을 이 지역에 투자하는 것을 볼 것이다. 그 한 예로 미국은 오스트레일리아 북부에 해병대 기지를 건설했다. 하지만 미국이 동아시아에서 진정한 영향력을 행사하려면 적대 행위가 발생했을 때 그들을 구하러 미군이 온다는 점을 우방국들이 확신하도록 제한적인 군사 행동에 투자해야 할 것이다. 일례로 중국이 일본의 구축함을 향해 포격을 시작했다고 치자. 이는 향후 더 큰 군사 행동으로 발전할 경우도 배제할 수 없다. 그렇다면 미 해군도 중국 해군을 향해 경고 사격을 하거나 혹은 직접 조준 사격을 가하는 것으로 만일의 경우 전쟁까지 감수하겠다는 신호를 줘야 한다. 마찬가지로 북한이 한국을 향해 발포를 하면 한국이 맞대응을 하지만 현재 미국은 그러지 않는다. 대신 미국은 군대의 경계 태세를 높이는 것 같은 공식적인 방식으로 신호를 보낸다. 하지만 만약 상황이 악화된다면 북한을 향해 경고 사격을 가한 다음 직접 발사를 할 것이다. 이는 선전포고 없이도 전쟁으로 확대되는 과정이다. 위험한 상황이 아닐 수 없다.

미국은 워싱턴 편에 서는 것이 최선의 이익이라는 것을 전 세계에 보여주려 하고 있다. 반면 중국은 반대로 나간다. 따라서 양측은 도전을 받았을 때 서로 응대를 해야 한다. 도전이 닥칠 때마다 미국이 회피하면 동맹국의 신뢰는 떨어지고 경쟁국들의 공포심도 점점 누그러져서 마침내 미국의 동맹 가운데서 진영을 갈아타는 사례가 발생할 수 있기 때문이다.

흔히 분석가들은 주눅이 들거나 체면이 손상당하는 것을 기피하는 일부 문화권의 특성을 강조하기도 한다. 그러나 이는 비단 아랍이나 동아시아 문화의 문제가 아니라 인간의 문제가 다른 방식으로 표현되는 것뿐이다. 물론 이 두 문화권에서 그 점이 유독 선명하게 부각될 수도 있다. 하지만 미국의 대외정책 전략가들은 다른 강대국 못지않게 이 점을 잘 인식하고 있다. 영어에도 이런 사고를 깊이 담고 있는 두 격언이 있다. "1인치를 주면 1마일을 얻을 것이다."와, 시어도어 루스벨트 대통령이 1900년에 한 말로 오늘날 주요 정치 어록에 들어간 "말은 부드럽게 하되 힘을 과시하라!"이다.

금세기에 치명적인 게임은 향후 중국과 미국, 그리고 그 지역 다른 국가들이 체면을 잃지 않고 서로 분노와 원망의 우물을 깊이 파는 법 없이 위기를 얼마나 잘 관리하느냐에 성패가 달려 있다.

쿠바 미사일 위기는 대체로 미국이 승리한 것으로 알려져 있다. 그런데 덜 알려진 사실은 러시아가 쿠바에서 미사일을 철수하고 몇 달 뒤 미국도 모스크바가 사정권에 드는 주피터 미사일을 터키에서 철수했다는 점이다. 이는 곧 양측이 〈타협〉했다는 얘기다. 다시 말해 자국 국민들에게는 자기들이 굴복하지 않았다고 내세울 수 있게 한 일종의 절충 행위였던 것이다.

21세기에 태평양에서는 강대국들 간에 이뤄야 할 타협들이 점점 더 많아지고 있다. 단기적으로는, 100퍼센트 장담할 수는 없지만, 다른 나라들에게 분쟁 지역 내로 들어오기 전에 통지할 것을 요구하며 방공식별구역을 선포한 중국과, 일부러 통지하지 않고 비행을 강행하는 미국 간의 타협 여부가 초기 사례로 부각할 가능성이 높다. 중국은 방공식별구역을 지정하고 쟁점화하면서 얻은 게 있다. 또 미국은 이를 준수하지 않는 것처럼 보임으로써 얻은 것이 있다. 결국은 기나긴 게임이 될 것이다.

일본에 관한 미국의 정책은 중국과 관련해 전략적 이해관계를 공유하면서 일본을 안심시켜 주는 것과 더불어 미군의 오키나와 연장 주둔을 보장받는 데 있다. 미국은 일본이 자위대 전력을 증강하는 데 도움을 줄 것이다. 그러면서도 일본의 군사력이 태평양에서 미국을 넘볼 만큼 성장하는 것은 제한한다.

거의 모든 국가들이 복잡한 외교적 퍼즐로 얽혀 있는 이 문제의 지역에서 핵심 국가들은 인도네시아, 말레이시아, 그리고 싱가포르인 것 같다. 이 세 나라들은 비좁은 말라카 해협에 걸터앉아 있는 형세다. 날마다 이 해협을 통해 1천2백만 배럴의 원유가 점점 더 목이 마른 중국과 이 지역 다른 나라들로 향한다. 이 세 나라들이 친미 성향을 버리지 않는 한 미국은 핵심적인 이익을 수호하고 있다고 봐야 한다.

그나마 다행이라면 중국이 정치적으로 이념을 내세우지 않는다는 점이다. 중국은 굳이 공산주의를 전파할 생각이 없다. 냉전시대 러시아처럼 보다 넓은 땅에 대한 욕망을 불태우지도 않는다. 중국은 자국의 상품들이 전 세계로 전달되는 항로 대부분의 경비를 미국이 담당하는 것을 받아들일 수 있다. 그러나 이는 어디까지나 미국의 영향력이 중국에 지나치게 근접하지 않는 선에서의 얘기다.

물론 논쟁의 소지가 없는 것은 아니다. 중국은 때로 민족주의를 국민의 단결을 공고히 하는 도구로 사용하는 경향이 있기 때문이다. 그래도 양측은 타협점을 찾을 것이다. 다만 서로의 입장을 잘못 해석하거나 지나친 도박을 걸 경우 사태는 위험해진다.

이 경우에도 발화점은 있다. 미국과 대만이 맺은 조약에 따르면, 중국이 자국의 23번째 성으로 주장하는 대만을 침공할 경우 미국은 개입하게 되어 있다. 중국의 대만 침공을 촉발할 임계점은 미국이 대만을 공식적으로 승인하는 경우나 대만의 독립선언이다. 그러나 아직 그럴 기미는 보이지 않아서 이 지역의 수평선에서 중국군이 쳐들어오는 장면은 보기 어려울 것 같다.

에너지마저 자급자족하게 된 미국, 그들은 중동 국가들과 어떻게 관계를 유지할까
—

외국의 원유와 가스에 대한 중국의 갈증은 날로 심해져 가는 것에 반해 미국의 경우는 오히려 점점 줄어드는 추세다. 이 국면은 미국의 대외관계에 큰 파장을 미칠 것이다. 특히 중동 지역 국가들과의 관계에 영향을 미칠 것으로 보인다.

연안 해역에서 벌어지는 해양 굴착과 광범위한 지하 시추 작업 덕분에 미국은 에너지 자급자족을 넘어 2020년 무렵에는 에너지 수출 국가가 될 것을 기대하고 있다. 이 사실의 핵심은 걸프 지역으로부터 원유와 가스 공급이 줄어들 수밖에 없다는 데 있다. 물론 그 지역에는 여전히 미국의 전략적 이해관계가 존재하지만 그 집중도는 아무래도 전보다는 떨어지게 마련이다. 미국의 관심이 약해지면 걸프 지역 국가들은 새로운 동맹을 찾아 나설 것이다. 그 한 후보가 이란이고 중국도 또 다른 후보다. 그러나 이 경우는 중국이 그만큼 비중 있는 대양 해군을 구축하고 전개시킬 준비가 되어 있을 때에나 가능하다.

미국 제5함대는 바레인에 있는 기지를 벗어나려 하지 않는다. 이것도 콘크리트 블록의 한 조각이어서 미국은 섣불리 포기할 생각이 없다. 하지만 사우디아라비아와 쿠웨이트, 아랍에미리트, 그리고 카타르의 원유가 미국의 불빛을 밝히고 자동차를 달리게 하는 데 더 이상 필요하지 않게 됐을 때 미국 국민과 의회는 물을 것이다. "무엇 때문에 바레인에 기지가 필요한가?" 만약 대답이 단지 "이란을 견제하기 위해서"라고만 하면 이는 논쟁을 불식시키기엔 역부족이다. 특히 이란의 핵 보유 문제를 두고 테헤란 정부와 협상하려는 오바마 대통령을 두고 보면 더 그렇다.

중동의 다른 곳에서 단기적인 미국의 정책은 이란이 지나치게 강력해지는 것을 견제하는 데 있다. 그러면서 동시에 핵 문제를 비롯한 여타 문제를 일괄적으로 타결하려는 시도를 한다. 다시 말해 두 나라가 대립하고 있는 여러 사안들을 한꺼번에 해결하고 30~40년에 걸친 적대 관계도 청산하는 협정을 맺는 것이다. 한편 무장 이슬람주의자들과 수십 년이 걸릴지도 모를 싸움에 착수한 아랍 국가들에 대해서 위싱턴 정부는 제퍼슨식 민주주의의 발현을 장려하려던 낙관적 기대는 접은 것처럼 보인다. 단지 미군 병사들이 사막에 발을 들이는 일이 없기만을 간절히 바라면서 상황을 관리하는 데 집중할 것으로 보인다.

이스라엘과의 긴밀했던 관계는 느리게나마 식어갈지 모른다. 미국의 인구 지형도가 바뀌어 가고 있기 때문이다. 히스패닉과 아시아계 이민자들이 늘어나면서 미국의 관심은 더는 국익에 필수적이지 않은 중동 끝자락의 작은 나라에서 라틴 아메리카와 극동 아시아로 옮겨가고 있다.

라틴 아메리카에 대한 정책은 파나마 운하의 개방을 연장하고, 파나마 운하의 대안으로 떠오른 니카라과 운하의 이해득실을 따지고, 브라질이 세력을 키워 카리브 해에서 영향력을 행사할 경우를 대비해 지속적으로 주시하는 것에 주안점을 두고 있다. 경제적인 면에서 미국은 라틴 아메리카에서의 영향력 확대를 놓고 중국과 경쟁하겠지만 쿠바에서만큼은 카스트로 사후 내지 공산당 이후의 지배권을 확고히 다지려고 갖은 공을 들이고 있다. 쿠바와 플로리다의 근접성, (비록 혼합된 것이지만) 역사적 관계, 그리고 중국의 실용주의로 볼 때 미국이 새로운 쿠바에서 반드시 지배 세력이 될 가능성은 충분하다.

아프리카에서도 미국은 천연자원을 찾고 있지만 그 대부분은 중국이 선점하고 있다. 중동 지역에서와 마찬가지로 미국은 북아프리카에서 이슬람주의자들의 투쟁을 관심 있게 지켜보면서도 지상 9천 미터 이상을 넘지 않는 선에서 지나친 개입은 피하려고 한다.

미국이 쇠락할 거라는 예측의 유행

—

해외에 허수아비 정권을 세우려는 미국의 실험은 어느 정도 막을 내린 것처럼 보인다.

이라크와 아프가니스탄, 그리고 그 외의 지역에서 미국은 약소국들과 부족들의 정신력과 지구력을 과소평가한 감이 있다. 물리적 보안과 통합이라는 자국의 역사 때문인지 미국은 자신들의 민주적이고 합리적인 논쟁의 힘을 과대평가했다. 그래서 수니파와 시아파, 쿠르드족, 아랍, 또는 무슬림이 됐든 기독교도가 됐든, 타협과 각고의 노력, 심지어 투표를 통해 인간 본연의 뿌리 깊은 타인에 대한 역사적 공포를 이겨낼 수 있다고 믿는다. 미국은 사람들이 하나로 통합되고 싶어 한다고 전제한다. 사실 많은 이들이 그럴 엄두를 내지 못하거나 경험적으로 떨어져 사는 것을 더 선호하는데도 말이다. 이는 인류의 슬픈 현실이지만 시기와 장소를 막론하고 역사에서 자주 드러났던 불행한 진실이기도 하다. 미국의 행동들은 당장은 진실을 밑바닥에 감춘 채 부글부글 끓고 있는 냄비 뚜껑을 열어젖힌 것과 다름없었다.

그렇다고 이 현실이 일부 교만한 유럽 외교관들이 믿고 싶은 대로 미국의 정책 입안자들을 나약하게 만들지는 않는다. 오히려 미국인들은 "할 수 있다."와 "고칠 수 있다."는 입장을 더욱 견지하는데 이 생각이 늘 맞아떨어지지는 않을 것이다.

근 30년 동안 미국의 쇠락이 임박했거나 진행 중이라는 예측이 유행해 왔다. 그러나 과거에도 그랬듯 현재도 이 예측은 빗나가고 있다. 지구상에서 가장 성공을 거둔 이 나라는 이제 에너지 자급자족마저 이룰 참이다. 여전히 탁월한 경제 대국으로 남아 있으며, 나머지 나토 국가들의 방위비를 합친 것보다 훨씬 많은 액수를 국방력 증강과 발전에 투입하고 있다. 게다가 미국의 인구는 유럽이나 일본처럼 고령화하지 않았다. 2013년 갤럽 조사에 따르면 전 세계 인구 25퍼센트가 이민을 갈 경우 가장 가고 싶은 나라로 미국을 꼽았다. 같은 해, 상하이 대학은 전문가들이 뽑은 세계 최고의 대학 20개를 발표했는데 그 가운데 17개 대학이 미국에 있다.

프로이센의 정치가 오토 폰 비스마르크는 1세기도 훨씬 전에 이중의 의미가 담긴 다음과 같은 말을 한 적이 있다.

"신은 바보들과 주정뱅이들, 그리고 미국에게 특별한 섭리를 베푸신다."

이 말은 지금도 여전히 유효해 보인다.

3

서유럽,
이념적 분열과 지리적 분열이
함께 감지되다

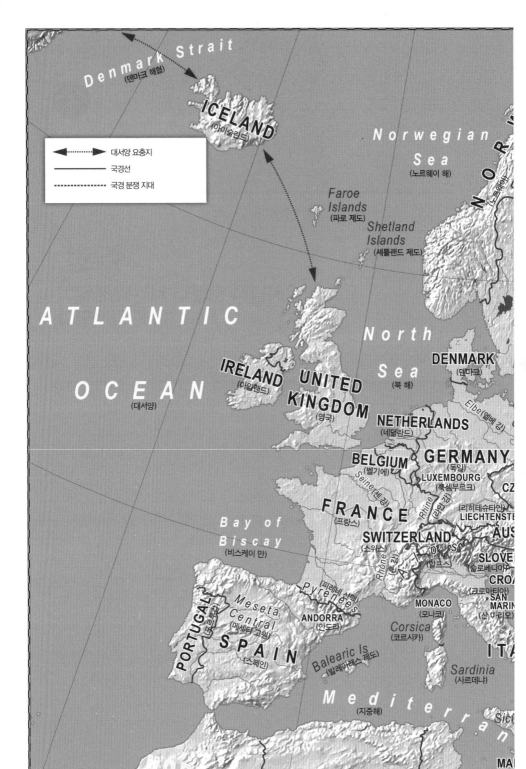

대서양 요충지

국경선

국경 분쟁 지대

Denmark Strait
(덴마크 해협)

ICELAND
(아이슬란드)

Norwegian
Sea
(노르웨이 해)

Faroe
Islands
(파로 제도)

Shetland
Islands
(셰틀랜드 제도)

ATLANTIC

OCEAN
(대서양)

North
Sea
(북 해)

DENMARK
(덴마크)

Elbe(엘베 강)

IRELAND
(아일랜드)

UNITED
KINGDOM
(영국)

NETHERLANDS
(네덜란드)

GERMANY
(독일)

BELGIUM
(벨기에)

LUXEMBOURG
(룩셈부르크)

Seine(센 강)

FRANCE
(프랑스)

Rhine
(라인 강)

(리히테슈타인)
LIECHTENSTE

CZ

Bay of
Biscay
(비스케이 만)

SWITZERLAND
(스위스)

AU

Rhône
(론 강)

ALPS
(알프스)

SLOVE
(슬로베니아)

CRO
(크로아티아)

SAN
MARIN
(산 마리오)

Pyrenees
(피레네 산맥)

ANDORRA
(안도라)

MONACO
(모나코)

PORTUGAL
(포르투갈)

Meseta
Central
(메세타 고원)

SPAIN
(스페인)

Corsica
(코르시카)

ITA

Balearic Is
(발레아레스 제도)

Sardinia
(사르데냐)

Mediterran
(지중해)

Sici

MA

근대 세계는 좋든 나쁘든 유럽으로부터 나왔다. 이 광대한 유라시아 대륙의 서쪽 전초 기지는 계몽주의를 탄생시켰고 이는 산업혁명의 모태가 되어 현재 우리가 일상적으로 영위하는 모든 것을 가능케 했다. 이런 연유로 우리는 고마워하거나 혹은 비난할 수 있다. 유럽이라는 지리적 위치를 말이다.

걸프 만이 키워준 〈기후의 축복〉을 받은 이 지역은 대규모 경작에 적합한 강수량과 생육에 좋은 토양을 지녔다. 이 같은 조건은 이 지역 인구가 느는 데 일조했다. 한여름은 물론이고 사시사철 일할 수 있으니 인구가 느는 건 당연하다. 겨울 또한 실질적으로 덤을 제공했다. 기온은 실내에서 일할 수 있을 만큼 온화하고 어떤 지역에서는 골칫거리 오염원인 세균들이 살 수 없을 만큼 춥기 때문이다.

수확량이 풍부하다는 것은 식량의 잉여분이 발생해 그로 인한 교역이 가능하다는 의미이기도 하다. 이를 위해 교역 중심지가 세워지면 또 이를 중심으로 도시들이 형성됐다. 그러자 사람들은 단순히 식량 생산을 넘어서서 사상이나 기술을 발전시키는 데 관심을 갖게 됐다.

서유럽에는 진정한 의미의 사막이 없다. 빙하는 일부 북쪽 지역에 한정돼 있는데다 지진이나 화산, 대규모 홍수 또한 드물다. 하천들은 길고 평탄해서 선박을 띄워 교역하기가 좋았다. 여러 바다나 대양으로 흘러들어가는 하천들은 서쪽, 북쪽, 남쪽의 연안지대로 흘러가면서 천연 항구를 여럿 만들었다.

알프스의 눈사태로 고립되었다거나 홍수로 넘친 다뉴브 강물이 빠지기만을 기다린다는 소식을 접하다 보면 실상 유럽의 〈지리적 축복〉도 그리 대단하지 않다고 생각할 수 있다. 하지만 아무리 그렇다 해도 지구상의 다른 지역과 비교해볼 때 유럽이 상대적으로 축복받은 곳임은 사실이다. 그리고 이러한 조건은 최초로 산업화된 민족 국가들이 세워지고 이어 역사상 처음으로 대규모 전쟁을 수행케 한 요인들이 되었다.

그렇다면 왜 이 지역에 유독 많은 민족 국가들이 존재하는가? 유럽 전체를 놓고 볼 때 눈에 띄게 많은 산맥과 강, 계곡들을 보면 이내 납득이 간다. 미국은 하나의 지배 언어와 문화 덕분에 발전이 빠를 수밖에 없었으며 거기에 적극적으로 서쪽으로 진출한 덕분에 거대 국가를 이룰 수 있었다. 반면 유럽은 기본적으로 천 년 이상의 시간을 두고 천천히 성장해온데다 오늘날에도 여전히 지리적, 언어적으로 분리돼 있다.

일례로 이베리아 반도의 다양한 민족들은 피레네 산맥 때문에 프랑스 쪽으로의 진입을 방해받았고 따라서 수천 년의 세월을 두고 차츰 안으로 모여들어서 스페인과 포르투갈을 형성했다. 그런데 오늘날 카탈루냐 지역의 독립 요구가 점점 높아가는 스페인조차 완전한 통일 국가로 보기는 어렵다. 또 프랑스도 피레네 산맥, 알프스 산맥, 라인 강, 대서양 같은 천연 방벽으로 인해 형성된 나라다.

베오그라드에서 다뉴브 강으로 흘러들어가는 사바 강을 제외하면 유럽의 주요 강들은 서로 만나지 않는다. 왜 유럽에 상대적으로 소규모 국가들이 많은지 이를 보면 이해가 갈 것이다. 대다수 강들이 연결되어 있지 않은 탓에 어떤 면에선 이 하천들이 천연 국경 역할을 했다. 그리고 저마다 권리에 따라 경제적 영향권을 형성했다. 이런 양상은 각 하천 유역마다 적어도 하나의 주요 도시를 발전시켰다. 그리고 여기서 성장한 일부 도시가 수도들이 되었다.

그 길이가 2,858킬로미터로 유럽에서 두 번째로 긴 다뉴브 강은 이를 적절히 보여주는 사례다. 다뉴브 강은 독일의 블랙 포리스트(Black Forest, 독일 남서부 삼림지대)에서 발원해서 남쪽으로 흘러 흑해로 간다. 이 여정을 거치는 동안 무려 18개 나라에 영향을 주는 다뉴브 강 연안은 그 자체로 천연 국경을 형성한다. 슬로바키아와 헝가리, 크로아티아와 세르비아, 세르비아와 루마니아, 그리고 루마니아와 불가리아의 국경선이 그것들이다. 2천 년도 훨씬 전에 다뉴브 강 유역은 로마 제국 국경의 일부였다가 이후 중세에 들어와서 주요 교역로로 정착되는 데 기여했다. 그리고 오늘날의 수도들인 비엔나, 브라티슬라바(슬로바키아의 수도), 부다페스트 그리고 베오그라드(세르비아의 수도)가 다뉴브 강 유역에 탄생했다. 한편 이 경로는 서로 이어지는 두 개

다뉴브 강 연안은 유럽 땅에 지리적 이득을 가져다주었다. 평지에서 서로 연결된 다뉴브 강의 지류들은 천연 국경 역할을 했고, 쉽게 항해할 수 있는 연결망은 교역 시스템의 발전을 부추겼다.

의 제국인 오스트리아-헝가리 제국과 오스만 제국의 천연 국경이기도 했다. 그러다가 제국의 세력이 약해지는 틈을 타 각 민족들이 부상하더니 마침내 민족 국가들로 형성되기에 이르렀다. 따라서 다뉴브 강 지역의 지리, 특히 최남단의 지리를 보면 북유럽평원의 큰 나라들에 비해 왜 유독 이 지역에 상대적으로 작은 나라들이 많은지 수긍이 간다.

지리의 축복을 받은 서유럽 vs.
지리의 차별을 받은 남유럽

—

서유럽 국가들은 일부 남유럽 국가들에 비해 훨씬 부유하다. 북쪽이 남쪽보다 일찍 산업화를 이룬 덕분에 경제적인 성공도 그만큼 크게 이루었다. 서유럽 국가들 상당수가 유럽의 심장부를 이루는데 이 덕분에 교역 라인을 지속하기도 훨씬 수월했다. 이는 곧 한 부자 이웃이 또 다른 이웃과 교역을 할 수 있었다는 얘기다. 이와 달리 스페인은 교역을 하려면 피레네 산맥을 넘거나 아니면 포르투갈과 북아프리카 같은 제한된 시장을 바라봐야만 했다.

북쪽 국가들의 프로테스탄트 노동 윤리가 그 나라들을 보다 높은 수준의 번영으로 끌어올린 반면, 남쪽에는 그곳의 지배적인 가톨릭 정서가 그 지역을 퇴보시켰다는 이론은 이견의 여지가 있어 보인다. 나 또한 바이에른 지방의 뮌헨을 방문할 때마다 이 이론을 새삼 떠올린다. 차를 몰고 가다 BMW, 알리안츠 생명, 지멘스 본사의 휘황찬란한 사옥들을 지나치다 보면 어찌 그 이론에 회의를 품지 않을 수 있겠는가. 독일 인구의 34퍼센트가 가톨릭 신자이고, 특히 바이에른은 가톨릭이 지배적인 지역이다. 그러므로 종교적 편향성이 남유럽 지역의 발전은 물론이거니와 그리스인들이 일을 더하고 세금을 더 내야 한다는 주장에 딱히 영향을 미칠 것으로 보이지는 않는다.

서유럽과 남유럽이 보여주는 대조적인 양상은 어디까지나 남쪽이 북쪽에 비해 농업에 적합한 연안 평야가 적고 가뭄이나 여타 자연재해의 피해를 더 많이 받았다는 사실에 부분적으로 기인한다. 물론 그 정도의 피해도 지구상 다른 지역에 비하면 현저히 작지만 북유럽평원은 프랑스에서 러시아의 우랄 산맥까지 뻗어 있고 북쪽은 북해와 발트 해와 인접해 있는 일종의 통로로서의 구실도 한다. 이 땅에서는 대규모 경작도 가능하지만 물길을 통해 작물과 다른 상품들의 이동도 쉽기 때문이다.

북유럽평원 지역에 속한 나라들 가운데 지리적 이점을 가장 많이 누리는 나라는 뭐니 뭐니 해도 프랑스일 것이다. 유럽에서 북쪽과 남쪽을 전부 아우르는 영향력을 행사하는 강국은 프랑스 말고는 없다. 프랑스에서 서유럽에 면한 지역에는 광대하고 비옥한 대지가 펼쳐져 있을 뿐 아니라 상당수의 강들이 서로 연결돼 있다. 서쪽으로 쭉 흘러가다 대서양에 이르는 강이 있는가 하면(센 강), 남쪽을 흐르는 론 강은 지중해로 흘러들어간다. 이 지리적 특징은 상대적으로 평탄한 지형과 어우러져 특히 나폴레옹 시대부터 지역 통합을 이루고 권력을 중앙으로 모으는 데 적합했다.

하지만 남쪽과 서쪽을 들여다보면 적지 않은 나라들이 유럽의 권력 지형도에서 제2선에 머물러 있는 경우가 많다. 그리고 이는 얼마간은 이들의 지리적 위치에 연유한다. 그 한 예가 발전이라는 측면에서 볼 때 북부에 한참 뒤처져 있는 이탈리아의 남부다. 1871년 이래 베네치아와 로마까지 포함한 통일 국가를 이뤘음에도 불구하고 오늘날 자국의 북부와 남부의 균열에서 오는 중압감은 제2차 세계대전 이래로 그 어느 때보다 이탈리아를 짓누르고 있다. 중공업과 관광업, 금융의 중심지인 북부는 오래도록 높은 생활수준을 누려왔다. 그리고 이를 바탕으로 남부에 대한 국고 보조금 삭감을 주장하는 정당들이 창설되더니 아예 남부와 분리하자는 주장까지 나오고 있다.

스페인 또한 고군분투하기는 마찬가지다. 스페인은 늘 지리적 조건으로 인한 어려움을 겪어왔다. 연안 평야는 토질도 형편없는데다 규모도 작았고 하천들의 길이도 짧은 탓에 국내 시장 곳곳으로 접근하기도 쉽지 않았으며, 산악지대로 에워싸인 고원 분지인 메세타 센트럴은 아예 내륙 일부 시장과의 연결을 막아 버렸다. 서유럽 지역과의 교역은 피레네 산맥이 버티고 있는 바람에 더욱 험난했다. 게다가 지중해 건너편인 남쪽 시장들은 제한된 수입만 보장해 주는 개발도상 국가들이다. 스페인은 제2차 세계대전 이후 프랑코 총통의 독재 아래서 뒤처졌고 정치 현실 또한 현대 유럽 국가들에 비해 경직된 편이었다. 1975년에 프랑코가 사망하고 난 뒤 새로이 민주 국가로 거듭난 이 나라는 1986년에 유럽연합에 가입한다. 1990년대에 이르러서는 나머지 서유럽 국가들을 따라잡기 시작했으나 이 나라에 내재한 지리적, 재정적 취약성은 지속적으로 발목을 붙잡았다. 결국 과잉 지출 문제가 심화되더니 급기야 중앙 정부는 통제권을 상실하기에 이르렀다. 스페인은 2008년에 전 세계를 강타한 경제 위기에 가장 큰 피해를 입은 나라들 가운데 하나가 되었다.

그리스 역시 비슷한 고통을 겪고 있다. 이 나라 해안은 가파른 벼랑들이 주로 차지하고 있는데다 농사를 지을 만한 연안 평야도 거의 없다. 내륙은 가파르기가 훨씬 더하고 하천들 또한 수송에 적합하지 않으며 폭이 넓고 토양이 비옥한 골짜기도 드문 형편이다. 그렇다면 이 나라에 고품질의 농경지가 있기나 한가? 문제는 그리스가 주요 농산물 수출국이 되기에는 그런 양질의 토지가 턱없이 부족하다는 점이다. 게다가 고등교육을 받은 고도의 숙련된 기술 인구를 보유한 대도시들도 기껏해야 몇 개 이상은 개발하기가 어렵다. 그리스의 처지는 그〈지리적 위치〉때문에 훨씬 악화되고 있다. 아테나 여신이 유럽과 교역이 이루어지는 땅과 단절된 반도의 끄트머리에 이 나라를 놓아둔 탓에 해상 교역로로 진출하려면 에게 해에 의지해야 한다. 그런데 문제는 건너편에 잠재적인 거대 적수인 터키가 버티고 있다는 것이다. 그리스는 19세기와 20세기 초반에 걸쳐 터키와 몇 차례 전쟁을 치렀고 이 때문에 가뜩이나 부족한 유로화를 현재까지도 어마어마하게 방위비에 쏟아 붓고 있는 실정이다.

그리스의 중심부는 산맥의 수호를 받고 있지만 섬들 또한 1천4백여 개에 이른다(에게 해를 벗어난 여러 암초들까지 넣으면 6천 개는 된다). 그 가운데 주민이 거주하고 있는 섬은 대략 2백 개 정도다. 이 섬들을 장악하려는 시도를 할 만큼 강한 세력들을 일일이 신경 쓰지 않는다 해도 단지 이 정도의 영해만을 순찰하는 데도 적잖은 해군력이 필요하다. 그 결과는 그리스로서는 감당키 어려운 어마어마한 액수의 방위비로 나타난다. 냉전 기간 동안 에게 해와 지중해에서 소련을 떨어뜨려 놓기 위해 미국과, 그보다 좀 적은 액수를 부담키로 한 영국은 그 지역에 대해 일부 군사 소요 경비를 분담하는 것에 동의했다. 하지만 냉전이 종식되자 그 지원도 끊겼다. 그런데도 그리스는 여전히 많은 방위비를 지출하고 있다.

그리스 위기,
유럽의 이념적 분열과 지리적 분열로

—

2008년 유럽을 강타한 재정 위기에 이어 유로존 내에서 〈이념적 균열〉
이 진행되는 지금, 유럽 역사에 깊이 뿌리 내린 분열은 여전히 그 영
향력을 발휘하고 있다. 2012년 그리스를 디폴트 위기에서 구하고 유
로화 사용국에 계속 붙잡아두기 위해 유럽에서는 구제금융이 실시되
었다. 그리스의 긴축정책이 결정되고 그 시행이 요구되었을 때 이내
〈지리적 분열〉이 가시화됐다. 기증자와 요구자는 북쪽 국가들이었고,
수령인과 탄원자는 남쪽 국가들이었다. 얼마 지나지 않아 독일 국민
들은 자신들이 최장 65시간씩이나 일하고 내는 세금이 그리스로 흘
러들어가고 자신들은 55세에 은퇴할 수도 있다는 점을 깨달았다. 독
일인들은 물었다. "우리가 왜 그래야 하는가?" 이에 대한 답변으로
돌아온 "아플 때도 있고 건강할 때도 있다."라는 그리스인들의 말은
그들의 불만을 잠재우기에는 역부족이었다.

독일은 이른바 긴축안이 전제된 구제금융을 제시하며 이끌었고 그
리스는 이에 반발했다. 독일 재무장관인 볼프강 쇼이블레는 이런 말
을 한 적이 있다.

"그리스 정치인들 전부가 자기 나라가 처한 어려운 상황에 대한 책
임을 제대로 인식하고 있는지 아직은 확신할 수 없다."

이 발언에 대해 제2차 세계대전 당시 나치와 싸웠던 그리스 대통령
카롤로스 파풀리아스는 이렇게 대답했다.

"쇼이블레가 내 조국을 모욕하는 것은 받아들일 수 없다. 그리스를

모욕하는 쇼이블레는 누구인가? 독일인들은 누구인가? 핀란드인들은 누구인가?" 그러면서 그는 제2차 세계대전에 대해 언급하는 것을 잊지 않았다. "우리는 우리의 자유와 조국을 지키는 것에 그치지 않고 유럽의 자유 또한 수호했다는 데 자부심을 갖고 있다."

낭비벽 심하고 나태한 남유럽인들과 신중하고 근면한 북유럽인들이라는 전형적인 비교가 부각되던 중에 그리스 언론은 콧수염을 붙인 메르켈 독일 총리 얼굴로 첫 페이지를 장식하거나 속된 표현을 써가며 독일의 과거사를 줄기차게 들추는 방식으로 응수하기 시작했다.

이 나라의 경제를 지탱하는 데 불충분한 그리스 납세자들의 입장은 분명히 다르다. 그들은 이렇게 묻는다.

"어째서 독일인들이 우릴 통치해야 하는가? 유로화로 인해 우리보다 더 큰 이득을 보는 게 그들인데 말이다."

이처럼 그리스를 비롯한 여러 곳에서는 북쪽이 부과한 긴축정책을 주권에 대한 침해로 보고 있다.

동쪽에서 일어나는 균열과 긴장의 조짐

—

이른바 〈유럽 가족family of Europe〉의 건물에서도 균열의 조짐은 보인다. 재정 위기는 서유럽 주변부에서 그리스를 절반은 유럽연합에서 탈퇴한 멤버로 여기게끔 했다. 한편 동쪽에서도 갈등의 양상이 재현되는 분위기다. 지난 70년에 걸친 흔치 않은 평화가 금세기에도 지속되려면 애정과 배려, 그리고 관심만이 답이다.

제2차 세계대전을 겪은 세대는 평화를 규범으로 여기며 성장했다. 이들은 평화가 깨지는 상황을 상상조차 하지 못하는 현세대와 다르다. 현세대는 오늘날의 전쟁은 유럽 아닌 다른 곳의 일이거나 과거에 벌어진 일, 또는 최악의 경우라 해도 유럽의 주변부에서나 벌어질 일로 여긴다. 그러나 두 차례 세계대전에서 얻은 트라우마, 그 뒤 이어진 70여 년간의 평화, 그리고 소비에트 연방의 붕괴를 목격한 많은 유럽인들은 서유럽이 〈포스트 분쟁 지역〉이라고 생각하고 있다.

물론 현재의 상황이 앞으로도 지속될 거라고 믿을 만한 이유들이 없지는 않다. 그러나 갈등의 잠재적 거품들이 수면 아래서 보글보글 피어오르고 있다. 게다가 유럽인들과 러시아인들 간의 긴장은 언제 갈등을 유발할지 모른다. 그 적절한 예가 역사와 지리적 형태 바꾸기라는 망령에서 벗어나지 못하는 폴란드의 대외정책이다. 현재 폴란드는 평화를 구가하고 있고 이제는 3천8백만 명에 달하는 인구를 보유한, 유럽연합 내에서도 대체로 큰 국가로 자리 잡고 있는데도 말이다. 물리적으로도 폴란드는 대형 국가군에 속하며 철의 장막 뒤에서 모습을 드러낸 뒤로 경제 규모 또한 두 배나 늘었다. 그런데도 미래의 안위를 도모하는 데에 여전히 과거의 기억을 떨쳐버리지 못하고 있다.

북유럽평원의 통로는 북으로는 폴란드의 발트 해 연안과 남으로는 카르파티아 산맥의 초입 사이, 즉 가장 좁은 곳에 위치한다. 러시아군의 편에서 보면 방어선을 구축하는 데 이보다 더 좋은 지점은 없다. 또 공격자들의 입장에서는 러시아로 진격하기 전에 병력을 바짝 집결할 수 있게 하는 지점이기도 하다.

폴란드인들은 양쪽 모두의 입장에서 보았다. 그들은 이 나라의 동과 서를 휩쓸며 지나간 군대들을 보아야 했고 국경선이 수시로 바뀌는 것도 경험했다. 『더 타임스 아틀라스 유럽사 *The Times Atlas of European History*』를 펼치고 플립 북처럼 페이지를 쫘르륵 넘겨보자. 폴란드는 대략 서기 1000년경에 처음 출현하는데 20세기 말 현재의 형태로 정착될 때까지 국토의 형태가 바뀌거나, 나라가 사라지거나, 다시 나타나는 것이 반복되는 것을 볼 수 있다.

독일과 러시아의 지리적 위치에 결부된 폴란드인들의 경험으로 인해 바르샤바 정부가 이들 나라와 자연스레 동맹 관계를 맺을 수 없는 건 당연했다. 프랑스와 마찬가지로 폴란드도 독일을 유럽연합과 나토의 틀 안에 묶어두기를 원한다. 우크라이나 사태를 목격한 폴란드인들은 코앞에 있는 러시아에 대한 그리 오래되지 않은 공포를 떠올렸다. 수세기 동안 폴란드는 밀물과 썰물처럼 러시아가 제 땅에 드나드는 것을 보아왔다. 소비에트 제국 말미에 마지막 썰물이 빠져나간 뒤 이 나라가 나아갈 수 있는 방향은 단 하나밖에 없었다.

유럽연합 내에서 독일과의 균형추로서 영국과 폴란드와의 관계는 1939년의 뼈아픈 배신에도 불구하고 어렵지 않게 회복되었다. 당시 영국과 프랑스는 폴란드가 독일로부터 침공을 당할 시 지원을 약속하는 조약에 서명했다. 하지만 막상 공격이 시작되자 독일의 전격전(기습 공격)에 대한 응답은 교착전, 소위 앉은뱅이 전쟁이었다. 영국과 프랑스 양 동맹국은 독일이 폴란드를 삼키는 동안 팔짱을 낀 채 마지노선 뒤에 앉아 있었다. 이러한 쓰라린 기억에도 불구하고 영국과 폴란드의 관계는 확고한 편이다. 물론 1989년 새로이 해방된 폴란드가 찾아 나선 주요 동맹국은 미국이지만.

미국은 폴란드를 두 팔 벌려 끌어안는가 하면 그러지 않을 때도 있다. 이 모두 러시아를 염두에 두고 있는 까닭이다. 1999년 폴란드가 나토에 가입하자 나토 동맹국들은 모스크바에서 불과 644킬로미터 앞까지 다가오게 되었다. 그 즈음 과거 바르샤바 조약기구 회원국들 일부가 북대서양동맹에 가입했다. 러시아로서는 동맹인 세르비아가 나토와 전쟁을 벌이는 것도 속수무책으로 바라볼 수밖에 없었다. 1990년대의 러시아는 당당하게 밀어붙일 만한 형편이 아니었다. 하지만 혼란스런 옐친의 시대가 가고 이어 등장한 푸틴은 좀 더 몸을 내밀고 흔들어대기 시작했다.

1970년대 미 국무장관이었던 헨리 키신저와 관련해서 널리 알려진 일화가 있다. 당시 언론에 따르면, 키신저는 이렇게 물었다고 한다. "내가 만약 유럽에 전화를 건다면 누구에게 걸어야 할까?" 이제 폴란드인들은 최신판으로 업그레이드된 질문을 한다. "러시아가 위협해 오면 우리는 브뤼셀(유럽연합의 수도)에 전화해야 하나, 워싱턴에 걸어야 하나?" 물론 이들이 정답을 모를 리 없겠지만.

발칸 지역 국가들 역시 소비에트 제국으로부터 해방됐다. 이 지역의 산악 지형은 많은 소규모 국가들을 탄생시켰다. 유고슬라비아로 알려진 남슬라브 연합과 같은 최선의 노력이 있었음에도 불구하고 이런 요인들은 통합을 저해하는 작용을 했다.

1990년대의 전쟁 기억을 뒤로하고 과거 유고슬라비아 연방을 구성했던 나라들은 이제 서방을 향해 시선을 돌리고 있다. 그러나 동쪽의 주요 세력인 세르비아만은 정교회와 슬라브 민족의 정서가 여전히 강하게 남아 있다. 1999년에 세르비아를 폭격하고 코소보를 분리시킨 서방 국가들에 대해 아직 분이 풀리지 않은 러시아는 아예 세르비아를 합병해서 언어와 민족, 종교, 그리고 에너지 문제까지도 자기네와 같은 궤도에 편입시키려는 시도를 포기하지 않고 있다.

비스마르크가 남긴 유명한 말 중에 "큰 전쟁은 발칸 반도에서 벌어지는 바보 같은 짓거리로 촉발될 것"이라는 말이 있다. 아니나 다를까 이 말은 사실로 증명되었다. 이 지역은 지금 유럽연합과 나토, 터키, 러시아가 너도나도 영향력을 행사하려고 경쟁을 벌이는 〈경제적, 외교적 각축장〉이 되었다. 슬로베니아를 비롯해 알바니아, 불가리아, 크로아티아, 루마니아는 나토와 유럽연합 체제 안에 편입되는 길을 선택했다. 다만 나토 회원국인 알바니아만이 아직 유럽연합 멤버로 받아들여지지 않고 있다.

이 긴장감은 저 위 북쪽의 스칸디나비아 반도까지 뻗어 올라간다. 덴마크는 이미 나토에 가입했고, 최근 스웨덴에서는 근 2세기 동안 이어온 중립국의 지위를 포기하고 나토에 가입하는 문제를 두고 논쟁이 벌어졌다. 이 논쟁을 촉발한 계기는 2013년 한밤중에 러시아 제트기들이 스웨덴에 모의 폭탄을 투하한 사건이었다. 당시 스웨덴 방공망은 깊은 잠에 빠진 것처럼 제트기들의 출현을 감지하는 데 실패했다. 정작 러시아 전투기들의 궤적을 감시하고 영공을 지킨 측은 덴마크였다. 하지만 이런 사건에도 불구하고 스웨덴에서는 나토 가입에 반대하는 입장이 여전히 우세하다. 이 논쟁이 진행되는 와중에 모스크바는 스웨덴이든 핀란드든 어느 쪽이든 나토에 가입할 경우 응분의 조치를 취할 수밖에 없다는 발언을 한 것으로 전해진다.

이러한 도전에 직면한 유럽연합과 나토 동맹국들에게 필요한 것은 통일된 전선의 수립이다. 하지만 프랑스와 독일이라는 유럽연합 내의 핵심 관계가 손상되지 않고 존속되는 한 러시아가 도전하기는 어려울 것이다.

프랑스는 독일을 두려워하고,
독일은 프랑스를 두려워한다
—

앞서 봤듯이 프랑스는 유럽의 기후와 교역로 그리고 천연 국경선의 수혜를 가장 많이 누리는 최적의 위치를 점한 나라다. 하지만 프랑스는 현재 독일 땅이 된 북유럽평원의 평야지대로 인해 지리적으로 완전히 보호받는다고 보기는 어렵다. 사실 독일이 단일 국가가 아닐 때는 이것이 큰 문제가 되지 않았다. 프랑스는 러시아에서도 꽤 멀고, 몽골 유목민들과도 엄청나게 멀리 떨어져 있으며, 영국과는 해협이 가로막고 있다. 이는 곧 전면적인 공격 시도나 프랑스 전 국토에 대한 점령 시도는 격퇴할 수 있다는 의미이기도 하다. 실제로 프랑스는 모스크바 턱밑까지 치고 들어가 세력을 과시할 수 있었을 정도로 유럽 대륙에서는 막강한 나라였다.

그런데, 독일이 통일되고 말았다.

원래 독일은 일종의 개념으로만 존재해 오고 있었다. 그런 상태가 수세기 동안 이어졌다. 즉 10세기에 신성로마제국이 되는 동프랑크족의 지역이 이후 5백 년 동안 게르만 군소 왕국들이 모여 있어 때로 게르마니아라는 이름으로 불리곤 했던 것이다. 1806년 신성로마제국이 와해된 뒤 1815년 비엔나 회의에서 39개 소규모 주들의 연합체가 독일 연방이라는 이름으로 모였다. 이는 북독일 연방의 결성으로 이어졌고, 독일의 승전부대가 파리를 점령하면서 보불전쟁이 끝나자 1871년 마침내 독일의 통일이 이루어졌다. 그리하여 프랑스는 지리적으로는 자신보다 몸집이 크고 인구는 같은, 그러나 산업화에서 훨씬 앞서서 더 높은 성장을 자랑하는 이웃을 곁에 두게 되었다.

독일의 통일 선언은 프랑스를 무릎 꿇리고 난 직후 파리 베르사유 궁에서 행해졌다. 이로써 프랑스의 방어선에서 가장 취약한 지점이었던 북유럽평원이라는 틈을 메우기는 더 어려워졌다. 그로부터 70년 뒤 제2차 세계대전 당시 이런 일이 한 번 더 일어난다. 프랑스가 전쟁 대신 외교를 통해 동쪽으로부터의 위협을 중립화하려는 시도를 하려 했다가 또 다시 독일에게 당하기 때문이다.

독일은 독일대로 항상 프랑스보다 훨씬 심각한 지리적 문제를 겪고 있었다. 북유럽평원의 평야지대는 독일이 발 뻗고 잘 수 없는 이유 두 가지를 안겨주었다. 서쪽에는 통일 강국 프랑스가 오랫동안 버티고 있으며, 동쪽에는 러시아라는 거대한 곰이 웅크리고 있었다. 독일에게 최악의 상황은 이 둘이 통로인 북유럽평원을 건너 한꺼번에 침공해 오는 것이다. 물론 실제로 이런 일이 발생할지는 알 수 없는 노릇이지만 이에 대한 공포는 재앙 수준의 결과를 예상한다.

프랑스는 독일을 두려워하고, 독일은 프랑스를 두려워한다. 1907년 프랑스가 러시아, 영국과 손을 잡고 3자동맹을 맺었던 것도 이런 배경에서였다. 독일이 이 세 나라 모두를 두려워했기 때문이다. 당시 영국 해군은 필요할 경우 독일의 북해와 대서양 접근을 차단할 수 있는

범위를 추가했다. 그래서 독일의 해결책은 또 다시 프랑스를 선제공
격하는 것밖에 없었다.

독일이 처한 지리적 위치라는 딜레마와 호전성은 흔히 독일 문제로
알려진 상황을 야기했다. 제2차 세계대전의 공포 이후 실제로는 수세
기에 걸친 전쟁을 뒤로하고 유럽이 이에 대한 해답으로 삼은 것은 유
럽 땅에서 유일한 압도적인 세력, 즉 나토 설립을 주도하고 향후 유럽
연합의 태동을 가능케 한 미국이라는 존재를 인정하는 거였다. 전쟁
으로 만신창이가 된, 그러나 미군에 의해 보장받은 안전으로 유럽인
들은 경이로운 실험에 착수했다. 바로 서로를 믿으라는 요구를 실천
하는 것이었다.

유럽연합 안에서 감지되는 지리의 복수

—

유럽연합의 설립에는 프랑스와 독일이 더 이상 서로에게 주먹을 날
리지 못하도록 서로를 꼭 끌어안게 하려는 의도가 깔려 있었다. 이 생
각은 멋지게 들어맞았고 이윽고 세계 최대의 경제권을 아우르는 드
넓은 지리적 공간이 태어났다.

무엇보다 이 국면은 1945년의 잿더미를 딛고 일어나 한때 그토
록 두려워했던 지리적 특성을 이용하게 된 독일에게 보탬이 되었다.
독일은 유럽 최고의 제조업 국가 자리에 올랐다. 독일은 평원 너머
로 군대를 보내는 대신, 일류를 상징하는 〈메이드 인 저머니Made in
Germany〉 상표를 붙인 상품들을 보낸다. 그리고 이 상품들은 라인 강

과 엘베 강을 따라 내려가서 고속도로를 달려 유럽과 전 세계로 내보내진다. 북쪽, 남쪽, 서쪽은 물론 1990년대부터 수요가 늘기 시작한 동쪽으로도 보낸다.

1951년에 6개국으로 시작한 유럽석탄철강공동체는 〈보다 긴밀한 연합〉이라는 이념을 핵심으로 삼아 이윽고 28개국의 유럽연합으로 성장했다. 하지만 처음으로 유럽연합을 강타했던 재정 위기 이후 이 이념은 비틀거리기 시작했고 그들을 묶고 있던 끈도 조금씩 헐거워지고 있다. 로버트 카플란이 지적하듯이 유럽연합 안에서 〈지리의 복수〉 신호가 감지되고 있는 것이다.

보다 긴밀한 유럽연합의 28개 회원국 가운데 19개국의 주도로 마침내 단일 통화 체제인 유로화 체제가 출범했다. 덴마크와 영국을 제외한 회원국 모두는 요건이 충족된다면 단일 통화 체제에 가입하기로 했다. 그때나 지금이나 확실한 것은, 1999년 단일 통화 체제가 출범했을 당시 여기에 참여한 많은 나라들의 준비가 부족했다는 것이다.

1999년, 많은 나라들은 미심쩍어하면서도 마지못해 이 새롭게 짜인 판에 발을 들였다. 이들 모두에게는 저마다 일정한 수준의 부채와 실업 그리고 인플레이션이 있었으리라. 하지만 그리스의 사례가 극명하게 보여주는 것처럼 문제는 회계장부가 조작된다는 것이었다. 대다수 전문가들은 유로화가 단순한 통화 공동체를 넘어선 하나의 이념이었기에 회원국들도 눈을 감아줬다는 것을 알고 있었다.

유로존 국가들은 그리스가 강조하듯 〈아플 때나 건강할 때를〉 막론하는 경제적 혼인을 맺었지만, 정작 2008년 위기가 터지자 부유한 나라들이 가난한 나라들에 구제금융을 지원해야 할 상황에 처하면서

부자 국가들 내부에서 격렬한 반발이 일어났다. 그리고 이 배우자들은 아직도 서로 으르렁대며 상대방에게 접시를 던지고 있다.

유로존 위기와 더불어 한층 확대된 경제 문제는 〈유럽이라는 집〉에 (특히 남과 북이라는 낡은 단층선을 따라) 생성되는 균열을 드러내 보였다. 보다 긴밀한 연합이라는 꿈은 어쩌면 얼어붙었거나 오히려 뒤집어져 버린 것 같다. 정말로 그렇다면 독일 문제가 다시 부상할지 모른다. 물론 70여 년간의 평화라는 프리즘을 통해 보면 이런 우려는 쓸데없는 기우에 지나지 않을지도 모른다. 독일이야말로 유럽의 가족들 가운데 가장 평화롭고 안정적인 일원이 아니던가. 하지만 근 7세기에 걸친 유럽의 전쟁사를 보면 이는 그리 만만한 문제가 아니다.

독일은 선량한 유럽 국가로 남아 있기로 했다. 독일인들은 유럽이 분열되면 자신들에 대한 해묵은 공포가 다시금 고개를 들 것이라는 걸 본능적으로 알고 있다. 특히나 현재로선 8천만 명의 인구와 세계 4위의 경제 대국으로서 인구로 보나 경제 규모로 보나 가장 큰 유럽 국가이니 더욱 그렇다. 실패한 유럽연합은 독일 경제에도 좋을 것이 없다. 세계 3위의 수출 대국인 독일로서는 가장 가까운 시장이 보호주의로 인해 분해되는 것이 반갑지 않다. 2015년 여름에 그리스를 두고 벌어진 골치 아픈 논쟁 이후 유로존 국가들이 진정한 재정 연합을 이루어야 할지에 대한 논의를 독일이 이끌어간 이유도 바로 여기에 있다. 여기에는 이제껏 유럽에서 볼 수 없었던 회원국들 간의 예산 공유 같은 주권들을 일정 수준 단일 체제 안에 모으는 형태가 요구될 것이다. 만약 이 작업이 진행된다면 여전히 독일이 통솔하는 연방화한 유럽 국가들과 나머지 국가들로 구성된 이른바 〈서로 상반된 경제 양상이 동거하는 유럽〉의 윤곽이 보다 선명해질 것이다.

그 역사가 채 150년이 안 됐음에도 불구하고 독일 민족 국가는 유럽에서는 없어서는 안 될 강대국이 되었다. 특히 경제 부문에서의 영향력은 독보적이다. 독일은 나긋나긋한 목소리 한편으로 유로화라는 무기를 내세우며 으름장을 놓는다. 전 유럽 대륙은 독일을 따를 수밖에 없다. 그런데 독일은 세계를 대상으로 하는 대외정책에서만은 얌전하기 그지없다. 가끔은 아예 실력 행사 자체를 혐오하는 것 같은 모습을 보이기도 한다.

제2차 세계대전의 그림자는 여전히 독일에 드리워져 있다. 미국과 서유럽은 소련의 위협 때문에 결국은 독일의 재무장을 용인해 주려 했다. 하지만 독일은 거의 울며 겨자 먹기 식으로 재무장을 했으며 그나마 갖고 있는 무력을 사용하는 것조차 꺼린다. 독일은 코소보와 아프가니스탄에서는 미약한 역할만을 담당했으며 리비아 사태 때는 아예 뒤로 물러앉아 있었다.

비경제적 위기에서 독일이 보여준 가장 진지한 외교적 시도는 우크라이나 사태일 것이다. 이 당시 독일이 보여준 행동은 현재 독일이 무엇을 보고 있는지, 그들의 관심이 어디에 있는지에 대해 적잖은 시사점을 던져주었다. 2014년에 당시 우크라이나 대통령 야누코비치를 끌어내리는 교묘한 술책에 관여한 독일은 이 사태가 있고 나서 곧장 크림 반도를 합병한 러시아를 강력하게 비난했다. 하지만 러시아로부터 공급받는 가스 파이프라인을 염두에 두지 않을 수 없었던 베를린 정부는 눈에 띄게 비난 강도를 줄이는가 싶더니 러시아에 대한 에너지 의존도가 훨씬 덜한 영국에 비해 현저히 낮은 수준의 제재안을 지지하기에 이른다. 유럽연합과 나토를 통해 독일은 서유럽에 닻을 내릴 수 있었지만 폭풍우 심한 날에는 이 닻 또한 다른 쪽으로 내릴 수 있음을 보여주었다. 그리고 독일 정부는 필요할 경우 초점을 동쪽으로 맞추고 모스크바와 훨씬 가까워질 수 있는 지리적 위치에 있다.

영국, 영광스러운 고립?

—

대서양을 마주보는 대륙에서 벌어지는 이 모든 술수들을 지켜보는 영국은 때론 유럽 대륙에 발을 들이밀기도 하고 때론 〈영광스러운 고립splendid isolation〉을 택하면서 향후 유럽에서 자기들보다 더 강한 세력이 부상할 수 없음을 입증하는 데 열중하고 있다. 하기야 아쟁쿠르 전투와 워털루 전투 또는 발라클라바 전투의 주인공이 영국이었던 만큼 유럽 외교가에서도 이를 부인키는 어려울 것이다.

영국은 할 수만 있다면 유럽연합 내에서 프랑스-독일 동맹 사이에 끼어들려고 한다. 만약 이 시도가 실패하면 영국이 동의하지 않는 사안에 반대하고 나설 만한 보다 작은 나라들과의 동맹을 모색한다.

지리적으로 보면 영국의 조건은 훌륭한 편이다. 질 좋은 농지, 훌륭한 하천들, 최적의 해양 접근성, 유럽 대륙과 교역하기에 부족함 없는 어획량이 있다. 게다가 섬나라 민족이라는 덕도 본다. 유럽의 이웃들이 전쟁과 혁명의 소용돌이에 휩싸이는 동안 영국은 그 지리적 조건에 고마워했던 때가 수차례는 있었다.

영국이 전쟁에서 입은 손실과 경험이 과소평가될 만한 것은 아니지만 20세기 그리고 그 이전에 유럽 대륙에서 벌어진 일들에 비하면 크지 않은 것은 사실이다. 어쨌거나 영국인들은 자잘한 침공과 국경 변경이라는 역사적 집단 기억과 더불어 사는 일에는 한 발짝 동떨어져 있다.

과거 몇 백 년 동안 영국이 누렸던 상대적 안정에 대한 이론은 해협 건너편 나라들에 비해 그들이 보다 큰 자유를 누리고 폭정이 적었던 이유를 설명해 주고 있다. 이 이론에 따르면, 영국에 강력한 인물이나 독재자가 거의 필요치 않았던 것은 1215년 마그나 카르타로부터 시작해 1258년 옥스퍼드 조례를 통해 다른 나라들보다 앞서서 민주주의 시대로 이끌었기 때문이라는 것이다.

비록 입증할 수 있는 것은 아니지만 위 이론은 핵심을 잘 짚은 지적으로 보인다. 어쨌거나 부인키 어려운 것은 섬을 에워싸고 있는 물과, 훌륭한 해군을 구축하게 한 나무들, 그리고 대영제국이 세계를 제패하게 이끈 산업혁명을 촉발케 한 경제적 조건들이다. 브리튼은 유럽에서는 가장 큰 섬이긴 하나 엄청나게 넓은 면적은 아니다. 비록 20세기 이후 이 나라의 지위가 점점 내리막길을 걷고 있다지만 18, 19, 20세기에 걸쳐 전 세계에 걸친 영국의 세력 확장은 어마어마한 것이었다.

이러한 지리적 입지는 영국에게 여전히 일정한 전략적 이점을 보장해 주는데 그 가운데 하나가 그린란드Greenland-아이슬란드Iceland-영국UK을 잇는 해상 항로의 요충지인 이른바 GIUK 갭이다. 물론 이곳이 호르무즈 해협이나 말라카 해협만큼 중요하다고 할 수는 없지만 이를 통해 전통적으로 북대서양에서 영국이 덕을 본 것은 사실이다. 벨기에, 네덜란드, 프랑스까지 포함한 유럽 해군이 대서양으로 진출하려 할 때 대체로로 삼을 수 있는 것이 영국 해협을 통과하는 것인데 이곳의 도버 해협은 너비 33킬로미터에 불과할 정도로 좁은데다 철저히 방어되고 있다. 또한 북극해에서 출발하는 어떤 러시아 해군 함정도 이 GIUK 갭을 통과하지 않고는 대서양으로 나갈 수가 없다.

영국 해군의 역할과 위상이 축소되면서 이러한 전략상의 이점 또한 줄어드는 추세지만 그래도 전쟁이 발발한다면 다시 영국에게 도움이 될 것이다. 2014년에 실시된 스코틀랜드 독립을 묻는 투표에서 결과가 독립 찬성으로 나올 가능성을 두고 영국 정부가 공포에 빠질 수밖에 없었던 여러 이유들 가운데 하나도 이 GIUK 갭이었다. 북해와 북대서양에서 주도권을 상실한다는 것은 영국에게 무엇이 남아 있든 간에 전략적 타격이자 위신의 손상이기 때문이다.

현재도 영국인에게는 〈위대함에 대한 집단적 기억〉이 남아 있다. 이 기억에 따르면 세계가 그렇게 되길 원하는 무언가가 있다면 영국은 그것을 해야 할 나라들 가운데 하나가 되어야 한다. 그리고 이 생각은 여전히 많은 영국인들에게 설득력을 지닌다. 영국은 유럽 가운데 남아 있으면서도 여전히 유럽 바깥에 있다. 그리고 이것은 해결해야 할 숙제다.

영국을 유럽연합의 바깥쪽으로 자꾸 내모는 두 가지 쟁점은 서로 연결돼 있다. 그것은 바로 〈주권〉과 〈이민자 문제〉다. 일부 유럽 통합 회의론자들의 지지를 받는 반反유럽연합 정서는 유럽연합이 정하는 엄청난 분량의 법률과 그 내용에 반발한다. 하지만 회원국들 간의 합의의 일부이므로 영국도 이를 준수할 수밖에 없었다. 영국의 언론은 언론대로 유럽인권보호조약 때문에 강제로 추방할 수 없는 외국인들이 영국에서 저지른 심각한 범죄들을 대서특필한다.

중동과 아프리카에서 몰려오는 경제적 이민과 난민의 물결 속에서 영국에 오기를 희망하는 이민자들이 많아지면 많아질수록 반유럽연합 정서 또한 더욱 거세지고 있다. 영국인들은 다른 유럽연합 국가들이 더 많은 이민자들을 영국으로 보내려 한다고 믿고 있다.

이민자들에 대한 편견은 최근 유럽이 겪고 있는 경기 침체로 인해 더욱 깊어지고 있다. 그 영향은 대륙 전체에 걸쳐 우파 정당의 약진 등 범민족주의에 반대하는 일체의 행위로 나타나고 있다. 이는 결과적으로 유럽연합이라는 구조도 약화시킨다.

유럽의 전통적인 백인 인구는 점점 고령화되어 가는 추세다. 현재 인구 추계가 다수의 노인 인구가 상부를 차지하고 이들을 돌보거나 세금을 내는 젊은이들은 적은 역삼각형 구조임에도 불구하고 너무 빠르게 변해가는 세계를 보는 영국 토박이 주민들의 반이민 정서 기세는 누그러질 기미가 보이지 않는다.

이런 인구학적 변화는 연이어 각 민족 국가들의 대외정책에도 영향을 미치고 있다. 특히 중동 지역에 대해서 그렇다. 이제 이라크 전쟁이나 이스라엘과 팔레스타인 분쟁 같은 이슈들에서 많은 유럽 정부들은 정책을 입안할 때 자국 내 무슬림 주민들의 정서를 고려할 수밖에 없게 되었다.

유럽 국가들의 성격과 내부 사회 규범 또한 영향을 받을 수밖에 없는 상황이다. 여성 인권이라든지, 여성들의 얼굴 가리기(히잡 착용), 신성모독법, 언론 자유를 비롯한 많은 이슈들이 공론화되었을 때 유럽의 도시 지역에 거주하는 다수의 무슬림 집단의 입김이 강하게 작용하고 있다. 비록 어떤 말이 공격적이라 해도 죽을 때까지 하고 싶은 말을 할 권리를 옹호했던 볼테르의 주장은 유럽에서 당연시되고 있었다. 그런데 지금 하고 싶은 말을 한 많은 이들이 모독을 저질렀다는 이유로 목숨을 잃고 있는데도 논의의 방향이 바뀌어가고 있다. 종교를 모독했다는 것이 도리를 벗어난 일이고 심지어 불법이라는 얘기를 듣는 것이 이제는 드문 일이 아니게 되었다.

예전에는 단호하게 볼테르 편에 섰을 자유주의자들에게도 이제는 상대주의라는 그림자가 드리워져 있다. 2015년에 프랑스 풍자 잡지 《샤를리 엡도 *Charlie Hebdo*》의 만평가들을 살해한 사건은 많은 비난과 혐오를 불러일으켰다. 그럼에도 불구하고 자유주의자들의 비난의 바탕에는 "풍자가 조금은 많이 나간 것 같다."는 어감이 깔려 있었다. 이것이 현대 유럽에 나타난 새로운 문화 전쟁의 일부 양상이다. 그리고 이 모든 것이 유럽의 정치 구도에 대한 태도에 수렴된다.

유럽은 과연 20세기 초로 회귀할까?

—

나토 또한 유럽연합과 마찬가지로 가장자리부터 솔기가 슬슬 풀려가고 있다. 양쪽 모두 대충 수선할 수는 있겠지만 만약 실패하거나 때를 놓치면 양 기구 모두 무용지물이 되거나 힘을 발휘하지 못하게 될 수도 있다. 이렇게 되면 유럽은 주권을 가진 민족 국가들의 형태로 회귀해서 세력 시스템의 균형 안에서 자국의 이익에 부합하는 동맹을 찾는 모습을 보일 것이다. 그때엔 독일인들도 자신들을 에워싸고 있는 러시아와 프랑스라는 존재에 불안해할 것이고, 프랑스 또한 자신보다 더 큰 이웃에 부담을 가질 것이다. 그러면 우리는 모두 다시 20세기 초반의 세계로 돌아간다.

이 형국은 특히 프랑스에게는 악몽이나 다름없다. 프랑스는 독일을 유럽연합의 틀 안에 묶어두는 데 큰 기여를 했다. 프랑스는 독일이 재통일되자 독일과 함께 유럽을 움직이는 쌍발 엔진의 하위 파트너라도 되기를 희망했다. 그런데 문제는 프랑스에게 문제 해결 능력이 그다지 있어 보이지 않는다는 점이다. 베를린 정부가 유럽의 상황을 좌지우지하는 것을 프랑스가 고분고분 받아들이지 않는다면 향후 유럽연합의 힘은 약화될 위험이 있다. 반대로 프랑스가 독일의 주도권을 인정한다면 그땐 프랑스 자신의 힘이 줄어들게 된다.

사실 프랑스에게 독자적인 대외정책을 수립할 능력이 없는 것은 아니다. 실제로 막강한 핵전력과 해외 영토, 항공모함 등과 같은 배후 군사력만 보면 독자적으로 움직일 능력은 충분히 있어 보인다. 하지만 이 군사력도 동쪽이 안전한 게 확실하고 눈을 들어 수평선을 바라볼 여유가 있을 때나 힘을 쓸 수 있다.

프랑스와 독일 양측 모두 유럽연합을 존속시키기 위해 노력하고 있으며 유로존 내에서 서로를 묶는 방식들에 대해 논의하고 있다. 현재 두 나라는 상대를 자연스레 동반자로 인식하고 있다. 하지만 독일에게는 플랜 B가 있으니, 그것은 바로 러시아다.

냉전이 종식되자 대다수 유럽 국가들은 방위비를 감축하고 군대의 규모 또한 줄였다. 그러나 2008년 러시아와 조지아의 전투, 그리고 2014년에 러시아에 의한 크림 반도 합병은 충격 그 자체였다. 그리고 이는 유럽에서 해묵은 전쟁 가능성을 다시금 부각시켰다.

현재 러시아는 유럽의 대공 방어망을 체크하려는 목적으로 정기적인 탐지 활동을 벌이는 한편 남오세티아, 아브하지아, 크리미아, 트란스니스트리아, 그리고 동우크라이나 등과의 통합을 부지런히 모색하고 있다. 러시아는 이처럼 발트 해 지역에서 러시아계 주민들과 유대의 끈을 놓지 않으면서 칼리닌그라드 같은 비지(飛地, 한 국가의 지배하에 속하는 영토로서 지역적으로 연속되어 있지 않고 다른 국가의 영토에 둘러싸여 존재하는 영토)를 여전히 두고 있다.

유럽인들은 이제 방위 비용을 진지하게 다시 계산해 보기 시작했다. 하지만 쓸 돈이 그리 많지 않은 상태라 그들은 어려운 결정에 직면해 있다. 이 결정을 놓고 토론을 벌이던 그들은 묵혀두었던 지도를 다시 꺼내들었다. 그리고 외교관들과 군사 전략가들은 샤를마뉴, 나폴레옹, 히틀러, 소련의 위협은 사라졌을망정 북유럽평원과 카르파티아 산맥 그리고 북해는 여전히 그 자리에 있다는 사실을 새삼 깨달았다.

역사학자 로버트 케이건은 『미국 VS. 유럽 *Of Paradise and Power*』에서, 서유럽인들은 낙원에서 살고 있지만 일단 그들이 권력의 세계로 이동하고 나면 더 이상 그 낙원의 법칙에 따라 운영하려 해서는 안 된다고 주장했다. 유로존 위기가 진정되면서 우리는 낙원을 둘러보게 된다. 옛날로 돌아가는 것은 상상조차 할 수 없는 일처럼 보인다. 불과 수십 년 만에 얼마나 많은 것이 변했는지 역사는 말해 주고 있다. 그리고 지리는 인류가 〈지리의 법칙〉을 극복하려고 지속적으로 노력하지 않는 한 그 법칙들이 우리를 이길 거라는 것을 말해 주고 있다.

1998년에 헬무트 콜이 독일 총리직에서 물러나면서 했던 경고도 이런 의미를 담고 있었다. 제2차 세계대전을 겪은 마지막 세대의 총리로서 그는 전쟁이 초래한 공포를 누구보다 잘 알고 있었다. 2012년 콜은 독일의 최대 일간지인《빌트Bild》에 기고한 글에서, 재정 위기를 겪는 현재의 유럽 지도자들 세대가 전후 유럽인에게 맡겨진 〈서로간의 신뢰〉라는 실험을 성공시킬 가능성이 여전히 낮은 건 사실이라고 썼다.

　　"특히 전쟁 시절을 겪어보지 않고 현재의 위기를 맞은 이들은 유럽의 통합이 무슨 이득을 가져다주는지 의문을 갖는다. 하지만 유럽은 지난 65년 이상 유례없는 평화의 시기를 누려왔다. 비록 우리 앞에는 여전히 극복해야 할 문제와 난관이 있지만 해답은 그것밖에 없다. 평화 말이다."

4

러시아,
가장 넓은 나라지만
지리에게 복수의 일격을 당하다

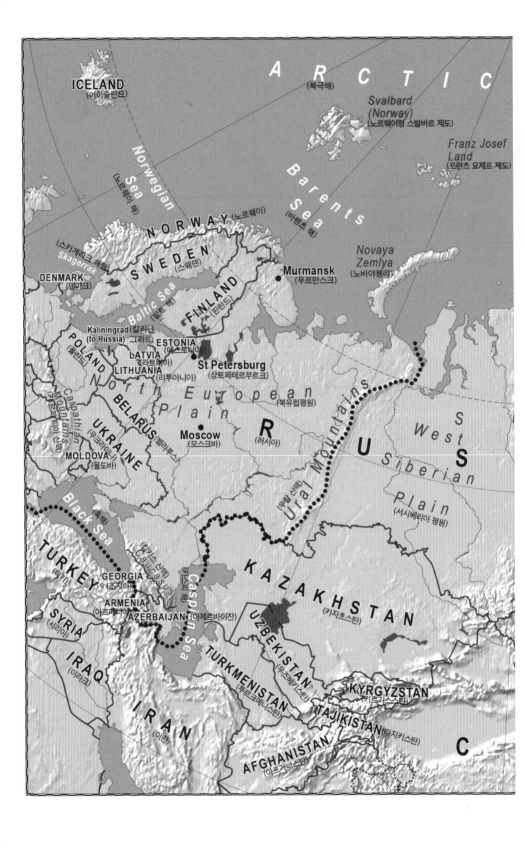

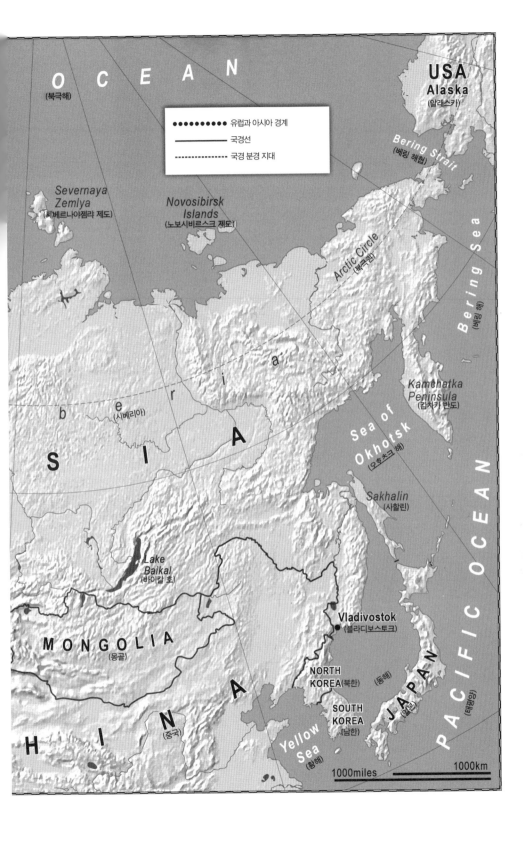

ARCTIC OCEAN
(북극해)

유럽과 아시아 경계 ●●●●●●●●●
국경선 ─────
국경 분경 지대 ┈┈┈┈┈

USA
Alaska
(알래스카)

Bering Strait
(베링 해협)

Severnaya
Zemlya
(세베르나야젬랴 제도)

Novosibirsk
Islands
(노보시비르스크 제도)

Arctic Circle
(북극권)

Bering Sea
(베링 해)

SIBERIA
(시베리아)

Kamchatka
Peninsula
(캄차카 반도)

Sea of
Okhotsk
(오호츠크 해)

Sakhalin
(사할린)

PACIFIC OCEAN
(태평양)

Lake
Baikal
(바이칼 호)

Vladivostok
(블라디보스토크)

MONGOLIA
(몽골)

CHINA
(중국)

NORTH
KOREA(북한)

(동해)

JAPAN
(일본)

SOUTH
KOREA
(남한)

Yellow
Sea
(황해)

1000miles   1000km

러시아는 넓다. 가장 넓다. 아니 넓다 못해 광활하다. 면적이 무려 1천 7백9만 제곱킬로미터에 달하며, 표준시간대time zone 또한 무려 11개나 되는 지구상에서 가장 넓은 나라다. 이 나라의 숲과 호수, 얼어붙은 툰드라, 스텝, 타이가, 산맥 또한 마찬가지로 넓다. 이 어마어마한 규모는 오래도록 우리의 집단의식에 스며들어 있었다. 어느 쪽으로 가도 러시아다. 동서남북 어디를 둘러봐도 러시안 베어Russian Bear가 산다.

그러고 보면 이 광활한 나라의 상징이 곰이라는 것은 순전한 우연이 아니다. 이 땅에 웅크리고 앉은 곰은 겨울잠을 자기도 하고, 때로는 위엄 있게 그러나 험악하게 으르렁거리기도 한다. 곰이라는 러시아 단어가 있지만 정작 러시아 사람들은 이 짐승을 그렇게 부르는 것을 꺼린다. 그 이름에 내포된 어두운 부분을 두려워해서다. 그래서 러시아

사람들은 곰을 가리켜 〈꿀을 좋아하는 자〉라는 뜻의 메드베디medved
라 부른다. 유럽과 아시아에 걸쳐 있는 이 나라에는 적어도 12만 마
리의 메드베디가 서식하고 있다. 우랄 산맥의 서쪽은 유러피언 러시
아European Russia이며, 동쪽 땅은 시베리아로 베링 해와 태평양까지
뻗어 있다. 21세기인 지금도 기차로 이 나라를 횡단하려면 족히 엿새
는 잡아야 한다. 러시아의 지도자들이라면 이 넓디넓은 거리와 그에
따른 차이를 살피고 그에 맞는 정책을 입안할 수 있어야 한다. 수세기
동안 그들은 모든 방향을 기웃거려 보았지만 현재는 주로 서쪽에 치
중하고 있다.

이 곰의 속내를 알아내고픈 작가들이 흔히 인용하는 유명한 말이
있다. 1939년에 영국의 윈스턴 처칠은 러시아를 관찰하고 나서 이런
말을 했다. "러시아라는 〈수수께끼〉는 〈미스터리〉라는 포장지로 여러
겹 싸매져서 〈불가사의〉 안에 있다." 그러나 이 말이 제대로 완성되
려면 몇 마디 더 덧붙여져야 한다. "하지만 열쇠가 없는 것은 아니다.
그것은 바로 러시아의 국익이다." 이 말을 한 지 7년 뒤에 처칠은 이
수수께끼를 푸는 열쇠로 본인의 답을 사용했다. 그러면서 이렇게 단언
했다.

"확신하건대, 강인함만큼 러시아인들이 경외하는 것은 없으며 나
약함보다 경시하는 것은 없다. 특히 군사력에서 말이다."

처칠의 말은 겉으로는 민주주의라는 망토를 두르고 있으면서 안으
로는 국익 추구라는 권위주의 잔재가 남아 있는 현 러시아 정권에도
여전히 해당된다.

러시아를 지켜주는 건 지리였건만

블라디미르 푸틴은 신과 산악지대를 생각하지 않을 때는 무엇을 생각할까? 바로 피자다. 요컨대 피자 한 조각, 즉 V자 모양으로 된 지역을 생각한다.

이 지역의 맨 끝에 폴란드가 있다. 이곳, 즉 북유럽평원은 프랑스에서부터 우랄 산맥까지 남북으로 장장 1천6백 킬로미터나 뻗어 있어 자연스럽게 유럽과 아시아를 가르는 경계가 되고 있지만 그 폭은 482.8킬로미터에 불과하다. 북쪽의 발트 해부터 남쪽의 카르파티아 산맥까지 내달리고 있는 이 북유럽평원은 프랑스, 벨기에, 네덜란드, 독일의 북서 지역을 아우르는 한편 폴란드 국토의 거의 전부를 차지하고 있다.

러시아 입장에서 이는 〈양날의 칼〉이다. 폴란드는 러시아가 군대를 이동시켜야 할 때는 상대적으로 좁은 통로지만, 반대로 적군이 모스크바로 진격하는 것을 저지시킨다. 그런데 V자가 넓어지기 시작하는 지점부터 러시아 국경까지 거리는 장장 3천2백 킬로미터가 넘는다. 게다가 모스크바와 그 너머는 평지다. 이쯤 되면 제아무리 대군이라 해도 전선 전체를 효과적으로 방어하는 데 애를 먹을 수밖에 없다. 그럼에도 러시아는 어찌 보면 이 전략적 깊이 덕분에 이 방향으로부터 정복당해본 적이 없다. 만에 하나 모스크바로 접근해 온다 해도 적군은 이미 길어질 대로 길어진 보급로를 감당키 어려울 것이다. 1812년에 나폴레옹이 그랬고 1941년에는 히틀러가 이 실수를 되풀이했다.

마찬가지로 러시아의 극동 지역에서도 러시아를 지켜주는 건 지리다. 일단 아시아에서 아시안 러시아Asian Russia 내로 군대를 이동시키는 건 여간 어려운 일이 아니다. 하지만 끝도 없는 눈벌판 말고는 달리 공격할 대상도 없으니 적은 저 멀리 우랄 산맥까지도 갈 수 있다. 물론 그렇게 해서 거대한 땅덩어리를 손에 넣을 수는 있다. 단, 지나치게 길어진 보급로와 러시아군의 반격 가능성이라는 악조건을 견딜 수만 있다면 말이다.

이런 환경에서 누가 감히 러시아를 침공하겠느냐고 생각할 수도 있다. 그러나 러시아인들의 생각은 다른 모양이다. 그도 그럴 것이 지난 5백 년간 러시아는 서쪽으로부터 몇 차례 침략을 받았다. 1605년에 폴란드가 북유럽평원을 건너 들어왔고 1708년에는 카를 12세 치하의 스웨덴이 침공해 왔다. 또 나폴레옹의 프랑스가 1812년에, 그리고 독일도 1914년과 1941년 두 번의 세계대전에서 러시아를 침공했다. 1812년 나폴레옹의 침공부터 시작해 1853년부터 1856년 사이의 크림 전쟁과 1945년까지 두 차례의 세계대전을 포함한 시기에 러시아인들은 평균 33년에 한 번꼴로 북유럽평원 내부 또는 그 주변에서 전투를 치러야 했다.

1945년 제2차 세계대전이 종식될 즈음 러시아는 중동부 유럽을 독일로부터 빼앗아 점령하고 훗날 이 지역을 소비에트 연방의 일부에 포함시켰다. 이를 기점으로 러시아는 과거 러시아 제국에 버금가는 영토를 확장해 가기 시작했다. 그러자 1949년, 소련의 침공 위협에 맞서 유럽과 북미 국가들은 북대서양조약기구, 즉 나토를 출범시켰다. 그러자 이에 대한 대응으로 1955년, 러시아의 영향력 아래 있던 유럽의 대다수 공산국가들이 군사적 방어와 상호 호혜를 내세우는 바르샤바조약기구를 결성했다. 그러나 쇠처럼 단단하다고 여겨졌던 이 조약도 뒤늦은 깨달음이 작용했는지 1980년대 초반부터 조금씩 녹이 슬기 시작했다. 그리고 1989년 베를린 장벽이 무너진 것을 시작으로 아예 산산조각이 나버렸다.

푸틴 대통령은 소비에트 연방의 마지막 대통령인 미하일 고르바초프를 썩 좋게 보지 않는다. 그는 고르바초프 때문에 러시아의 안보가 취약해졌다고 원망한다. 푸틴은 1990년대의 소비에트 연방 붕괴를 두고 금세기의 주요한 〈지정학적 재앙〉이라고 말한다.

연방 붕괴 이후 러시아는 나토에 가입하지 않기로 약속한 나라들과 협력을 다지는 한편으로 나토의 접근을 초조하게 지켜보았다. 하지만 1999년의 체코공화국에 이어 헝가리와 폴란드, 2004년에는 불가리아, 에스토니아, 라트비아, 리투아니아, 루마니아, 슬로바키아가, 그리고 2009년에는 알바니아까지 나토에 가입한다. 이에 대해 나토는 나토대로 나토에 가입하지 않기로 했다는 약속에 대해 들은 바가 없다고 말하고 있다.

여느 강대국들처럼 러시아도 향후 100년 안에 어떤 일이라도 벌어질 수 있음을 인식하고 있다. 1세기 전만 해도 미국의 군대가 모스크바에서 겨우 몇 백 킬로미터 떨어진 폴란드와 발트 해 국가들에 버젓이 주둔하리라고 그 누가 상상이나 했겠는가? 또한 1989년 베를린 장벽 붕괴가 있은 지 고작 15년이 지난 2004년 무렵에 러시아를 제외한 거의 모든 바르샤바조약기구 회원국들이 나토나 유럽연합에 가입하리라고 그 누가 생각했겠는가?

이런 현실로 인해, 또 러시아가 밟아온 역사에 의해 모스크바 정부의 입장은 더욱 굳건해졌다.

무궁무진한 영토 확장,
미국에 대적할 초강대국이 되다
—

러시아라는 개념이 성립된 시기는 9세기로 거슬러 올라간다. 현재 우크라이나인 드네프르 강 연안의 도시들과 키예프 공국으로 알려진 동슬라브 부족들의 느슨한 연합 형태가 그 기원이다. 그러나 당시 한창 제국을 확장해 나가던 몽골인들이 남부와 동부 지역을 끊임없이 괴롭혔다. 13세기 무렵이 되자 이들의 공세는 정점에 치달았다. 결국 당시 막 걸음마를 떼기 시작한 러시아는 모스크바 북동쪽과 그 주변에 다시 터를 잡았다. 모스크바 대공국으로 알려진 초기 러시아는 방어력이 취약하기 짝이 없었다. 산지는 물론 사막도 없고 변변한 하천도 드물었다. 사방이 허허벌판인데다 남쪽과 동쪽의 스텝 지대를 넘어서면 몽골인들의 땅이었다. 침입자는 맘만 먹으면 언제든 진격해 올 수 있었다. 하지만 러시아에게는 점령할 만한 천연 방어 진지들도 거의 없었다.

최초의 차르인 이반 4세는 〈방어로서의 공격〉 개념을 실전에 도입한 인물이었다. 일단 내부를 공고히 평정하고 확장한 다음에야 비로소 바깥으로 움직이는 것이다. 이 방침은 멋지게 성공했다. 이반 4세야말로 개인이 역사를 바꿀 수 있다는 이론을 증명하는 데 손색이 없는 인물이었다. 극도의 무자비함과 뛰어난 선견지명이 혼재된 이 인물이 없었다면 러시아 역사는 다른 식으로 흘러갔을 것이다.

신생국 러시아는 이반의 조부인 이반 대제Ivan the Great 아래서 조심스레 확장의 발걸음을 내딛었다. 1533년 권좌에 오른 이반 대제는 확장의 속도를 부쩍 높였다. 러시아는 동쪽의 우랄 산맥지대와 남쪽의 카스피 해, 그리고 북으로는 북극권 한계선까지 잠식해 갔다. 카스피 해에 대한 접근 권한을 획득한 것을 시작으로 흑해까지 손을 뻗었고, 이윽고는 몽골 제국을 부분적으로 차단하기 위해 캅카스 산맥을 활용할 수 있기에 이른다. 그 즈음 러시아는 몽골의 황금 군단이든, 오스만 제국이든, 페르시아든, 누가 됐든 장래의 침입자들을 지연시키려는 목적으로 체첸에 군사 기지를 설치했다.

다소 주춤한 시기도 있었지만 다음 세기에도 러시아의 확장은 멈추지 않았다. 러시아 군주들은 우랄 산맥 쪽으로 밀어붙이고 시베리아 쪽으로도 파고 들어가더니 마침내는 저 멀리 동쪽 태평양 연안의 모든 땅을 손에 넣었다.

이제 러시아는 부분적인 완충지대와 외부의 침공을 받았을 때 대비책이 될 전략적 깊이 역할을 할 후배지도 확보했다. 그 누구도 북극해로부터 무력으로 러시아를 넘볼 생각을 못했고 우랄 산맥을 넘어 싸우러 나서는 적수도 없었다. 현재 우리가 알고 있는 러시아 영토가 확립된 시기가 바로 이 즈음이었다. 남쪽으로부터 혹은 남동쪽에서 이곳에 닿으려면 엄청난 대군과 긴 보급로를 확보해야 함은 물론 수많은 방어 진지들을 지나면서 싸울 수밖에 없다.

18세기에 들어서자 러시아 제국을 설립한 표트르 대제에 이어 1721년 예카테리나 여왕이 즉위했다. 이제 비로소 러시아는 서쪽으로 눈을 돌리기 시작했다. 러시아는 무역을 장려하고 민족주의를 고취시키면서 유럽의 맹주들 가운데 하나로 세력을 키워갔다. 이제 보다 안전해지고 강력해진 러시아는 우크라이나를 점령하고 카르파티아 산맥에까지 이르렀다. 그리고 현재 발트 해 국가들인 리투아니아, 라트비아, 에스토니아를 손에 넣었다. 그리하여 육로는 물론이고 발트 해 방면의 침략으로부터도 안전하게 보호받을 수 있게 되었다.

이제 러시아의 심장이라 할 수 있는 모스크바를 에워싸는 거대한 고리가 형성되었다. 이 고리는 북극에서 시작한다. 이어 발트 해 지역으로 내려와서 우크라이나를 지나고 카르파티아 산맥, 흑해, 캅카스 산맥과 카스피 해, 우랄 산맥을 두루 돌아 다시 북극권 한계선까지 뻗어 올라간다.

20세기에 공산주의 러시아는 소비에트 연방을 결성했다. "만국의 노동자여, 단결하라!"라는 구호 뒤에 있는 소비에트 연방은 러시아 제국 그 자체였다. 제2차 세계대전이 종식된 뒤에도 러시아는 태평양부터 베를린까지, 북극에서 아프가니스탄 국경에 이르기까지 확장을 꾀했다. 정치, 경제, 군사적으로 미국에 대적할 만한 명실상부한 초강대국 반열에 올라선 것이다.

한쪽 발은 유럽에, 다른 한쪽 발은 아시아에

—

그렇다면 세계에서 가장 크다는 이 나라는 도대체 얼마나 큰 것일까? 러시아의 면적은 미국이나 중국의 2배, 인도의 5배, 영국의 25배에 이른다. 그럼에도 인구는 1억 4천4백만 명으로 상대적으로 적은데 이는 나이지리아나 파키스탄보다도 적은 수다. 러시아는 작물의 생장 기간이 짧아서 모스크바의 11배나 되는 전 지역에 작물을 적절하게 배분하는 것 또한 상당한 어려움을 겪는다.

우랄 산맥으로 유럽 대륙과 맞닿아 있다는 점에서 러시아는 유럽의 강대국으로 받아들여지고 있다. 하지만 카자흐스탄, 몽골, 중국, 북한은 물론이고 일본과 미국을 포함한 여러 나라들과 해상 경계선을 마주하고 있음에도 아시아의 맹주로 간주되지는 않는다.

일전에 미국의 부통령 후보였던 사라 페일린이 이런 말을 했다고 해서 비웃음을 산 적이 있다. "실제로 여기 알래스카에서도 러시아가 보인답니다." 매스컴은 이를 "여기 우리 집에서도 러시아가 보인다니까요."로 바꿔놓았지만 말이다. 실제로 그녀가 한 말은 "여기 알래스카 땅에서도, 알래스카의 한 섬에서도 러시아를 볼 수 있어요."였다. 맞는 말이다. 베링 해협에 소재한 러시아의 한 섬은 베링 해의 미국령 소 다이오미드Little Diomede 섬에서 채 1.6킬로미터도 떨어지지 않았으니 육안으로도 볼 수 있을 정도다. 미국에서도 러시아를 볼 수 있는 것이다.

우랄 산맥의 드높은 지점 한 곳에는 유럽이 끝나고 아시아가 시작되는 점을 표시하는 십자 이정표가 우뚝 솟아 있다. 맑게 갠 날, 이 아름다운 곳에 서면 동쪽으로 몇 킬로미터씩이나 펼쳐진 전나무 숲이 한눈에 들어온다. 겨울에는 마치 시베리아 평원을 연상시키는 예카테린부르크 시를 향해 펼쳐진 설원을 볼 수 있다. 이곳을 찾는 관광객들은 한쪽 발은 유럽에, 다른 한쪽 발은 아시아 땅에 딛고 선 채 즐

거워한다. 그런데 이 이정표가 고작해야 이 나라에서 4분의 1 들어간 지점에 있다는 것을 알게 되는 순간 우리는 러시아가 얼마나 큰 나라 인지 새삼 깨닫게 된다. 러시아 서부를 지나 우랄 산맥에 도달하려면 상트페테르부르크에서 무려 2천4백 킬로미터 더 가야 하며, 사라 페 일린이 말한 알래스카에서 러시아를 볼 수 있는 지점인 베링 해협에 도달하려면 장장 7,242킬로미터를 더 가야 한다.

소비에트 연방이 붕괴되고 얼마 지나지 않았을 때 나는 러시아 촬 영팀과 우랄 산맥, 정확히는 유럽이 아시아로 바뀌는 그 지점에 간 적 이 있다. 러시아인 촬영기사는 과묵하고 냉철한 사람이었는데 이미 머리가 희끗희끗해져 가던 그 분야의 베테랑이었다. 그의 부친은 독 일이 스탈린그라드(볼고그라드의 옛 이름)를 점령했을 당시의 궤적을 상 당 부분 촬영했던 구소련 붉은 군대의 촬영기사였다고 한다. 나는 그 에게 물었다.

"그렇다면 당신은 유럽인인가요, 아시아인인가요?"

그는 잠깐 생각을 하더니 이렇게 대답했다.

"그 어느 쪽도 아닙니다. 난 러시아인이니까요."

유럽 맹주의 자격이 무엇이든 간에 러시아가 아시아의 맹주가 아 닌 이유는 꽤 있다. 먼저 이 나라 영토의 75퍼센트는 아시아 지역에 속하지만 그곳에는 인구의 22퍼센트만이 거주하고 있다는 점을 꼽을 수 있다. 상당량의 광물 자원과 원유, 가스가 매장된 시베리아는 러시 아의 보물상자임이 분명하지만 일년에 수개월은 얼어붙어 있고, 타 이가(우랄 산맥에서 오호츠크 해에 이르는 침엽수 삼림지대)는 광활한 삼림, 부족한 경작지, 드넓은 습지대가 펼쳐져 있는 혹독한 땅이다. 또 서부에서 동부로 가는 철도는 시베리아 횡단 철도와 바이칼 아무르 철도 단 두 개뿐이다. 게다가 북과 남을 잇는 운송로는 전무하다시피 하니 러시아로서는 현대의 몽골이나 남쪽인 중국 내륙에 영향력을 행사하기도 쉽지 않다. 그러기 위해 필요한 인력이나 물자 보급선 모두가 부족하기 때문이다.

장기적으로 보면, 시베리아의 일부는 중국의 영향권 안에 들어갈 가능성이 높다. 이 가정이 실현되려면 러시아의 출산율이 하락하고 중국이 북방으로의 이민을 더 늘려야 한다. 하지만 우랄 산맥과 동쪽으로 1천6백 킬로미터는 떨어진 예니세이 강 사이에 펼쳐진 습지대인 서부 시베리아 평원 같은 오지에서도 웬만한 마을이나 도시에서는 지금도 어렵지 않게 중국 음식점들을 발견할 수 있다. 이 외에도 중국은 여러 사업들에 진출하고 있다. 인적마저 드문 러시아의 외딴 극동 지역에서 중국 문화의 영향력은 한층 두드러지는데 이는 결국 〈정치적 지배〉로 이어질 가능성이 높다.

러시아의 심장부 바깥으로 눈을 돌려보면 러시아 연방의 주민 대다수는 러시아 민족도 아니고 모스크바 정부에 대한 충성도도 한층 낮다. 이는 소비에트 연방 시절의 공격적이고 강제적인 지역 안보 체제의 소산이다. 당시에도 러시아는 지도자와 일말의 동질감도 느끼지 못하는 연방국들과 주민들을 실질적으로 지배했던 일종의 식민 세력이나 마찬가지였다. 특히 캅카스 지역의 체첸과 다게스탄은 러시아 연방의 일원이지만 아직도 이런 정서가 지배적으로 자리 잡고 있는 곳이다.

부동항의 부재,
러시아의 지리적 아킬레스건

—

20세기 후반 감당할 수 있는 수준 이상의 돈을 쏟아 부었기만 했지 인민을 위해 고안된 것이 아닌 복마전 경제와, 아프가니스탄 산악지대에서의 패배는 결국 소비에트 연방의 해체로 이어졌다. 러시아 제국의 유럽 경계선은 에스토니아, 라트비아, 벨로루시, 우크라이나, 조지아, 아제르바이잔에서 종결됐고 공산주의 이전과 비슷해진 형태로 위축되었다. 1979년 소련의 아프가니스탄 침공은 반反공산주의 무슬림 게릴라들을 소탕하려는 당시 아프간 공산 정권의 지지하에 이뤄졌지만 정작 아프간 국민들에게 마르크스-레닌주의의 희열을 알게 해주는 것과는 거리가 멀었다. 늘 그랬듯이 이는 만일의 사태를 막기 위해 그 지역의 통제를 공고히 하려는 모스크바 정권의 의도일 뿐이었다.

소련의 아프가니스탄 침공은 한편으로는 러시아군의 오랜 숙원을 이룰 절호의 기회이기도 했다. "인도양의 따뜻한 물에 군화를 씻을 수 있을 것"이라는, 극렬 민족주의자였던 블라디미르 지리노브스키의 말마따나 이제껏 한 번도 이뤄보지 못했던 꿈이 성취될 수 있으리라는 희망이 다시 고개를 든 것이다. 겨울에도 얼지 않는 따뜻한 물이 들어오는 항구를 통해 세계의 주요 교역로들에 자유롭게 접근하고픈 열망이 실현되는 것이다. 무르만스크 같은 북극해의 항구는 일년에 몇 달씩은 얼어붙어 있다. 태평양과 맞닿아 있는 가장 큰 항구인 블라디보스토크조차 일년에 4개월은 얼음에 갇히는데다 한국과 일본의 영향권 안에 있는 동해에 에워싸여 있는 상황이다. 이는 단지 교역의 중단만을 의미하지는 않는다. 무엇보다 강대국으로서 러시아 함대가 작전을 행사하는 것을 방해한다. 게다가 해상 운송이 육로나 항공 운송보다 훨씬 싸게 먹힌다는 점도 무시할 수 없다.

그런데 〈따뜻한 물이 흐르는 해상 교통로〉를 여는 숙원은 2백 년이 지난 오늘날까지도 러시아가 완전히 이루지 못한, 그래서 여전히 버릴 수 없는 열망이다. 종종 러시아가 아프가니스탄에서 겪은 힘겨웠던 경험을 두고 미국이 베트남 전쟁에서 겪은 경험에 빗대어 아프가니스탄을 〈러시아의 베트남〉이라고들 하는데 실은 그 이상이었다. 칸다하르 평원과 힌두쿠시 산맥은 아프가니스탄이야말로 제국의 무덤이라는 법칙을 증명했다.

대양으로 바로 접근할 수 있는 〈부동항의 부재〉는 늘 러시아에게는 아킬레스건이었다. 북유럽평원만큼이나 전략적으로 중요한 의미를 가진다는 점에서 더욱 그렇다. 러시아는 지리적 약점을 지녔지만 그나마 석유와 천연가스 덕분에 더 약한 나라로의 추락만은 모면했다. 일찍이 1725년에 표트르 1세가 후손들에게 다음과 같은 충고를 남긴 이유도 납득이 간다.

"할 수 있다면 콘스탄티노플과 인도로 가까이 접근하라. 누가 되든 그곳을 통치하는 자야말로 세계의 진정한 통치자가 되리라. 그러므로 꾸준히 싸움을 도발하라. 터키뿐 아니라 페르시아에서도! 할 수 있는 한 페르시아 만 멀리 침투할 것이며, 할 수 있는 한 인도의 안까지도 깊숙이 들어가라."

친서방 국가, 친러시아 국가, 그리고 중립 국가

붕괴된 소비에트 연방은 15개 국가들로 나뉘어졌다. 소비에트 이념이 지리에게 복수의 일격을 당한 뒤 보다 논리적인 지도가 등장했다. 이 지도는 사람들이 어디에 사는지, 어떻게 분리되는지, 어떻게 저마다 다른 언어와 문화를 발전시켰는지를 산과, 강과, 호수와 바다를 통해 알려준다. 그런데 이 지리적 법칙에도 예외가 있으니 바로 타지키스탄처럼 이른바 이름이 〈-스탄〉으로 끝나는 국가 집단이다. 이들의 국경선은 스탈린에 의해 치밀하게 그어졌다. 이를 통해 스탈린은 거대한 소수 민족 집단을 다른 지역으로 유입시킴으로써 각 나라의 힘을 약화시키려고 했다.

혹시 우리가 외교관이나 군사 전략가들처럼 긴 안목으로 역사를 바라본다면 소비에트 연방을 만들었던 국가들, 그리고 바르샤바조약의 군사 동맹 이전의 일부 국가들에게 기대를 걸어볼 만한 게 여전히 있다는 점을 알게 된다. 이들 국가들은 세 가지 성격으로 구분할 수 있다. 중립 성향, 친서방 그룹, 그리고 친러시아 진영이다.

먼저 중립 성향의 국가들로는 우즈베키스탄, 아제르바이잔과 투르크메니스탄을 꼽을 수 있다. 이 나라들에는 러시아나 서방과 손을 잡을 명분이 별로 없다. 에너지를 자급자족하고 있으며 안보나 무역을 위해 굳이 어느 편의 신세를 질 일이 없기 때문이다.

친러시아 진영에는 카자흐스탄, 키르기스스탄, 타지키스탄, 벨로루시, 그리고 아르메니아를 넣을 수 있다. 이 나라들의 경제는 동우크라이나처럼 (봉기의 또 다른 이유가 되는) 러시아와 상당 부분 맺어져 있다. 이들 가운데 가장 큰 카자흐스탄의 경우 외교적으로 러시아에 기울어 있으며 이 나라에 살고 있는 꽤 많은 러시아계 소수 민족 집단과의 통합도 성공적으로 이루었다. 이 다섯 국가들 중 카자흐스탄과 벨로루시가 러시아와 합심해서 일종의 빈곤 국가들의 유럽연합이라 할 수 있는 유라시아연합Eurasian Union을 결성했다. 그리고 다섯 나라 모두 이른바 집단안전보장기구라는 명칭으로 러시아와 군사적 동맹 관계를 맺고 있다. 하지만 집단안전보장기구는 한 단어로 줄일 만한 중심축이 부재하다는 것과 바르샤바조약기구 블록을 희석시킨 형태라는 고민을 안고 있다. 러시아는 키르기스스탄과 타지키스탄, 아르메니아에도 군대를 배치해 두고 있다.

다음은 친서방 성향의 국가들로, 지난 시절 바르샤바조약 체제의 일원이었다가 현재는 나토나 유럽연합에 가입한 나라들이다. 폴란드, 라트비아, 리투아니아, 에스토니아, 체코공화국, 불가리아, 헝가리, 슬로바키아, 알바니아, 루마니아가 여기에 해당된다. 이들 가운데 많은 나라들이 소비에트 압제 시절 큰 고통을 받았던 것은 우연이 아니다. 이 나라들 외에 조지아, 우크라이나, 몰도바를 더할 수 있는데 이들은 서방의 양대 기구에 가입을 원하면서도 일정한 거리를 유지하고 있을 수밖에 없다. 러시아와의 지리적 인접성도 그렇거니와 러시아 군대나 친러시아 군대가 그들 나라에 상주하고 있기 때문이다. 이 세 나라 가운데 한 나라만 나토에 가입하더라도 즉시 전쟁이 발발할 수 있다.

우크라이나의 노선을 두고 갈등이 고조되던 2013년 무렵, 모스크바가 이 문제에 유독 심하게 몰입했던 것도 이 같은 현실을 설명해 준다.

서방에도 추파를 던지고,
모스크바의 당근도 받으려는 우크라이나

—

우크라이나의 친러시아 정부가 수도 키예프를 계속 지배하는 한 러시아는 자국의 완충지대가 손상되거나 북유럽평원을 지키지 못할 거라는 걱정은 하지 않아도 된다. 러시아는 우크라이나가 유럽연합이나 나토에 가입하지 않을 것이며 부동항인 크림 반도의 세바스토폴항의 임대차 계약을 지키겠다는 약속을 하는 등 신중한 중립국의 행보만 보인다면 우크라이나를 용인할 수 있다. 러시아 입장에서는 러시아에 에너지를 의존하고 있으면서도 중립적 행보의 폭을 점차 넓혀가는 우크라이나가 괘씸하더라도 그 정도는 봐줄 수 있다. 그런데 만약 우크라이나에 친서방 정부가 들어서고 나토와 유럽연합이라는 서방의 양대 기구에 가입하려는 야심을 품고 러시아 선박의 흑해 항구 입항에 반대한다면? 한 술 더 떠 우크라이나가 나토의 군함을 받아들이는 날이 온다면? 물론 이는 현재로서는 어불성설에 가깝다.

빅토르 야누코비치 우크라이나 대통령은 양측을 오가는 게임을 하고 싶어 했다. 그는 서방에 추파를 던지면서도 모스크바에 경의를 표하는 것도 잊지 않았다. 푸틴이 그를 용인한 것은 여기까지였다. 야누코비치 대통령이 유럽연합과의 대규모 무역 협정에 서명을 앞두고 조만간 유럽연합 회원 가입으로 이어질지 모를 상황이 되자 푸틴은 나사를 조이기 시작했다.

러시아의 외교 정책 엘리트가 보기에 유럽연합 가입은 나토 가입의 위장에 지나지 않는 것이었다. 러시아는 우크라이나의 나토 가입을 일종의 레드 라인(red line, 불화나 협상 시 한쪽 당사자가 양보하지 않으려는 쟁점이나 요구)을 넘는 행위로 본다. 푸틴은 야누코비치를 압박하는 한편으로 도저히 거절하기 어려운 당근을 제시했다. 그러자 야누코비치는 유럽연합과의 협상을 깨고 모스크바 쪽과 협정을 맺으려 했다. 결국 이 행태는 우크라이나 국민들의 격렬한 반발을 불러일으켰고 야누코비치 대통령의 사임으로까지 몰고 갔다.

독일과 미국은 우크라이나의 반정부 시위를 지지했다. 특히 독일 쪽에서는 전前 세계 복싱 챔피언이었다가 정치가로 변신한 비탈리 클리츠코를 내세웠다. 서방 측은 서부 우크라이나의 반정부 민주 세력을 육성하고 자금을 대면서 지식인 사회와 경제계를 자기들 편으로 끌어들이려 했다.

수도 키예프에서 시작된 반정부 시위는 우크라이나 전역으로 번져 갔다. 그러자 이에 대한 반대급부로 동부에서는 대통령을 지지하는 친정부 성향의 주민들이 몰려나왔다. 지난날 옛 폴란드 영토였던 서부 리비프 같은 도시에서는 친러시아 영향력을 제거하기 위해 안간힘을 쓰고 있었다.

2014년 2월 중순에 이르자 리비프를 비롯한 여타의 도회 지역들에 더 이상 정부의 통제가 미치지 않는 상황이 되어 버렸다. 결국 키예프에서 수십 명의 사망자들이 발생하자 2월 22일, 신변의 위협을 느낀 야누코비치 대통령은 급히 피신했다. 이어 친서방파와 파시스트파가 주축을 이루는 반러시아 파벌들이 우크라이나 정권을 장악했다. 주사위는 던져진 것이나 다름없었다. 푸틴 대통령에게는 선택의 여지가 별로 없었다. 일단 러시아어를 쓰는 우크라이나인들이 많이 거주하는 크림 반도를 합병하는 수밖에 없었다. 2014년 4월 우크라이나의 자치공화국이었던 크림 반도는 러시아와의 합병을 결정하는 주민 투표에서 90퍼센트 이상이 찬성을 함에 따라 러시아에의 합병을 결정했다. 또한 러시아에게는 무엇보다 크림 반도에 있는 세바스토폴 항을 손에 넣는 것이 절실했다.

크림 반도,
신이 러시아에게 선사한 지리적 패
—

러시아에게 세바스토폴은 단 하나밖에 없는 진정한 부동항이다. 그렇지만 흑해를 나서서 지중해로 진출하려면 1936년 몽트뢰 협정으로 보스포루스 해협의 관리를 위임받은 나토 회원국 터키의 간섭을 받을 수밖에 없다. 러시아 군함들은 그 해협을 항해할 수는 있지만 제한된 인원만이 가능하며 분쟁 시에는 이마저도 허용되지 않는다. 혹시 러시아 군함이 보스포루스를 통과했다 하더라도 지중해에 도달하려면 에게 해도 건너야 한다. 마찬가지로 대서양에 도달하려면 지브롤터 해협을 통과해야 한다거나 인도양으로 나가려면 수에즈 운하로 내려가는 것까지 허락받아야 하는 규정이 여전히 유효하다.

러시아는 시리아의 지중해 연안인 타르투스에 소규모 함대를 배치해 두고 있다. 이것은 2011년 시리아에서 내전이 발발했을 때 러시아가 시리아 정부를 지원하고 있음을 부분적으로 보여주는 단면이다. 하지만 본격적인 주력 부대를 투입하기보다는 군수품 보급 정도를 담당하는 제한적인 역할에 머무르고 있다.

전시 상황에서 러시아가 발트 해에서 빠져나오기 힘든 전략상의 제약이 하나 더 있다. 바로 북해를 연결해 주는 스카게라크 해협이다. 현재 이곳은 나토 회원국인 덴마크와 노르웨이의 관할하에 있다. 만에 하나라도 러시아 선박들이 이 해협을 통과할 수 있더라도 대서양으로 가는 항로는 북해에 있는 GIUK 갭과 다시 마주쳐야 한다.

크림 반도를 합병한 러시아는 마음이 급하다. 그들은 세바스토폴 항에 흑해 함대를 구축하고 흑해와 접한 러시아 서남부 노보로시스크 시에는 새로운 해군 기지를 건설하고 있다. 노보로시스크는 수심이 그리 깊다 할 수는 없지만 러시아에게 추가 능력을 선사할 것이다. 또한 러시아는 잠수함 몇 대와 선박 80척을 새로 건조 중이다. 물론 이 함대가 전시에 흑해를 돌파할 수 있을 만큼 위력적인 것은 아니지만 어쨌든 러시아의 방위력은 증가일로에 있다. 2015년 7월, 러시아는 새로운 해군 독트린을 발표했다. 여기서 러시아는 국익을 위협하는 세력들의 목록 맨 꼭대기에 나토를 올려놓았다. 물론 나토의 부대 배치와 러시아 국경선에 점점 더 가깝게 장비를 배치하는 행위를 "용인할 수 없다."는 투지에 넘치는 말에 그치고는 있지만.

이에 맞서 향후 10년 내에 미국은 보스포루스 해협의 저지선을 담당하고 있는 터키에 더해 현재 나토의 파트너인 루마니아를 부추겨 흑해 주둔 함대를 보강하는 것도 예상해볼 수 있다.

크림 반도는 흐루시초프 소련 공산당 서기장이 1954년에 우크라이나 소비에트 사회주의 공화국에 양도하기 전까지는 2백 년 동안 러시아의 지배 아래 있었다. 당시 소련은 소련 국민이 크림 반도에 항구적으로 거주하는 한 두고두고 그곳을 모스크바의 통제권 밑에 둘 수 있을 거라 생각했을 것이다. 그러나 이제 우크라이나는 더 이상 소비에트의 일부가 아니며 러시아와 친하지도 않다. 푸틴은 사정이 바뀌었다는 것을 깨달았을 것이다. 그렇다면 서방 외교관들은 알고 있었을까? 혹시 몰랐다면 이는 그들이 다음의 수칙 A, 즉 초심자를 위한 외교의 제1교훈을 숙지하고 있지 않았던 탓이리라. "실재하는 위협으로 간주되는 것과 맞닥뜨릴 때 강대국은 힘을 사용한다." 이 점을 숙지하고 있다면 그들은 푸틴의 크림 반도 합병은 서구가 우크라이나를 근대 유럽과 서구 영향권으로 끌어넣은 행위의 대가로 봐야 한다.

온건한 입장에서는 미국과 유럽이 우크라이나를 자유로운 제도와 법규 체제의 온전한 일원으로 받아들이자는 의견도 나온다. 여기에는 만약 그렇게 되면 모스크바라도 어쩌지 못할 거라는 기대도 작용한다. 그러나 이 입장은 21세기에도 여전히 지정학이 존재하고 있으며, 러시아가 서구 주도의 법규를 순순히 따를 리 없다는 사실을 고려하지 않은 데서 나온 것이다.

당장의 승리에 우쭐해진 우크라이나 과도정부는 경솔하게도 미련한 성명들을 발표했다. 그 중에는 여러 지역에서 제2의 공용어로 사용하고 있는 러시아어의 지위를 폐지하겠다는 사항이 들어 있었다. 그 지역들에 러시아어 사용자들의 대다수가 살고 있고 친러시아 정서 또한 강하다는 점과 실제로 크림 반도가 포함되어 있다는 점을 고려할 때 이 성명이 반발을 불러올 것은 불을 보듯 뻔했다. 게다가 이는 푸틴 대통령에게 우크라이나 내의 러시아계 주민들을 보호할 필요성을 공공연히 떠들어대는 격이었다.

크렘린은 각국 정부에게 〈러시아 민족ethnic Russians〉을 보호할 것을 강제하는 원칙을 세우고 있다. 그런데 이 러시아 민족이라는 정의를 규정하는 게 그리 간단한 일이 아니다. 왜냐하면 과거 소비에트 연방에서 위기가 발발했을 때마다 러시아 정부가 무엇을 선택했는가에 따라 그 정의 또한 달라졌기 때문이다. 이 정의가 크렘린의 입장과 적절하게 들어맞는 때란 제1언어로 러시아어를 쓰는 사람들을 총칭할 때다. 또한 조부모가 러시아에서 살았고 러시아어를 모국어로 사용하는 경우에도 러시아 시민권을 수여한다고 명시된 새로운 시민법이 적용되기도 한다. 따라서 위기가 고조되면 만일의 경우를 대비해 사람들은 러시아 여권을 취득하려 할 것이다. 그리고 이는 러시아가 분쟁에 개입하는 것을 판단할 지렛대 역할을 한다.

크림 반도 인구의 60퍼센트가 민족학적으로 러시아인이라고 하니 크렘린으로서도 문을 열 수밖에 없는 상황이다. 푸틴은 우크라이나 반정부 데모를 지원하면서 동시에 러시아어를 제1언어로 쓰는 주민들까지 포함해서 러시아인들을 보호한다는 명분으로 해군 기지로 활동폭이 제한된 러시아 병력을 결국 거리로 내보낼 수밖에 없게끔 우크라이나의 혼란을 가중시켰다. 시민들과 러시아군 양쪽 모두를 감당할 능력이 없었던 우크라이나 군대는 결국 재빨리 철수해 버리고 말았다. 크림 반도는 또 다시 러시아의 실질적인 영토가 되었다.

어쩌면 푸틴 대통령이 선택을 할 수 있었다고 주장할 수 있겠다. 그는 우크라이나의 영토 보전 권리를 존중할 수 있었을 것이다. 하지만 신이 러시아에게 준 〈지리적 패〉를 다루는 상황임을 감안한다면 이를 결코 선택의 문제로 볼 수만은 없다. 푸틴은 〈크림 반도를 잃어버린

자〉가 되고 싶지 않았다. 그곳이 있어야 러시아는 유일한 부동항으로 접근할 수 있기 때문이다.

지리를 무기로 도박을 하는 러시아

우크라이나가 벨기에나 미국의 메릴랜드에 버금가는 영토를 잃었는데도 아무도 도와주러 달려오지 않았다. 우크라이나와 그 이웃 국가들은 이른바 지리적 진실을 알고 있었던 것이다. 예컨대 나토에 속해 있지 않다면 모스크바가 가까울 것이요, 워싱턴 D. C.는 한참 멀다는 것이다. 러시아에게 이는 생존이 걸린 문제였다. 그들은 크림 반도를 잃었을 때 대처할 방도가 없지만, 서방에는 있다.

유럽연합은 러시아에 대해 제한적인 제재만을 가했다. 이 제재가 제한적일 수밖에 없었던 것은 독일을 포함한 여러 유럽 국가들이 겨울용 난방 연료를 러시아에 의존하고 있기 때문이다. 유럽의 동과 서를 가로지르는 가스 파이프라인을 열거나 닫는 권한은 크렘린에 있다.

정치적 무기로써 에너지는 시간을 벌게 해주며, 러시아 민족이라는 개념은 향후 러시아가 저지르는 그 어떠한 행동도 정당화하는 데 이용될 것이다.

2014년에 푸틴 대통령은 〈노보로시야(Novorossiya, 새로운 러시아!)〉라는 표현을 살짝 언급한 적이 있다. 크렘린의 전문가들은 깊이 숨을 들이마셨다. 푸틴이 현재 우크라이나 남부와 동부의 원래 지리적 명칭을 되살렸기 때문이다. 그곳은 18세기 후반 예카테리나 여왕 치하에서 오스만 제국을 제압하고 빼앗은 땅이었다. 예카테리나 여왕은 이 지역에 러시아인들을 지속적으로 정착시키면서 러시아어를 제1언어로 쓰게 했다. 노보로시야는 1922년에 이르러서 새로 건국된 우크라이나 소비에트 사회주의 공화국에 양도되었다. "대체 왜 그랬는가?" 푸틴은 과장된 몸짓으로 물었다. "신께서 그들을 판결하게 하자." 푸틴은 이 연설에서 카르키프, 루한스크, 도네츠크, 헤르손, 니콜라예프, 그리고 오데사에 이르는 우크라이나의 여러 지역을 열거하면서 덧붙였다.

"러시아는 이런저런 이유로 이들 지역을 잃었다. 하지만 러시아 민족은 여전히 그곳에 남아 있다."

수백만 명에 이르는 러시아 민족이 한때 소련이었던, 그러나 지금은 러시아 바깥인 땅에 남아 있다.

이런 배경에서 러시아가 크림 반도를 점령하자마자 우크라이나 동부 공업지대 중심부인 루한스크와 도네츠크에서 친러시아 봉기를 부추겼던 것도 놀랄 일은 아니다. 당시 러시아는 키예프를 흐르는 드네프르 강의 동쪽 제방으로 어렵지 않게 군대를 밀어붙일 수도 있었다. 하지만 굳이 그렇게까지 하느라 골치를 썩일 필요가 없었다. 일단 우크라이나 동부 국경지대를 흔들어 혼란을 조성하고 키예프 정권에게는 에너지 공급권을 누가 쥐고 있는지 깨닫게 한 다음, 우크라이나가 서방에 추파를 던진다고 해서 유럽연합이나 나토의 회의실에서 결혼이 성사되는 일은 없을 거라는 점을 환기시키는 것이 훨씬 덜 고되고 비용도 덜 들기 때문이다.

논리적으로도 우크라이나 동부의 소요를 은밀히 지원하는 것이 간단했다. 게다가 국제무대에서 잡아뗄 수도 있으니 일석이조인 셈이었다. 누가 봐도 확실한 증거를 상대방이 내놓지 못한다면 유엔안전보장이사회에서 능청스럽게 오리발을 내미는 것쯤이야 간단하다. 하지만 보다 중요한 것은 그에 대해 어떤 조치를 취해야 할 입장인 자들이 오히려 상대에게 확실한 증거를 요구하지 않는다는 점이다. 서방의 많은 정치인들은 안도의 한숨을 내쉬면서 이렇게 중얼거렸다.

"우크라이나가 나토 회원국이 아닌 게 얼마나 다행인지. 만약 그랬다면 또 무슨 조치를 취해야 하잖아."

크림 반도 합병은 옛 소련 연방국들이라 부르는 곳에서 러시아가 국익을 수호하기 위해서라면 군사 행동도 서슴지 않을 거라는 것을 보여주었다. 자국의 능력 밖에서는 함부로 개입하지 않는 러시아에게 크림 반도는 해봄직한 〈합리적인 도박〉이었다. 일단 크림 반도는 러시아와 거리가 가까워서 흑해와 아조프 해를 가로질러 보급로를 확보할 수 있다. 또한 반도 내의 주요 집단들의 내부 지원도 기대할 수 있었다.

나토 vs. 러시아, 그리고 발트 해 국가들

—

현재 러시아는 우크라이나는 물론 다른 어느 곳과도 관계를 단절하지는 않고 있다. 조지아를 제외하고는, 자국이 위협받는다고 느끼지 않는 한 러시아가 발트 해 여기저기에 군대를 파견할 가능성은 높지 않다. 다만 조지아에서는 힘으로 밀어붙일 가능성이 높고 그렇게 되면 이 불안한 시기에 군사 행동이 확대될 가능성을 배제할 수는 없다.

하지만 2008년에 조지아와의 전쟁에서 러시아가 보여준 행동은 어디까지나 나토의 접근에 대한 경고의 성격이 짙었다. 이에 맞서 2014년 여름에 나토가 러시아에 보낸 메시지는 "서쪽으로 오는 것은 여기까지. 더 이상은 안 됨."이었다. 그 당시 한 무리의 나토 전투기들이 발트 해 인접국들로 날아갔으며, 폴란드에서는 군사 훈련 계획이 발표되고, 미국은 가능한 러시아에 가까운 지역에 별도의 군사 장비들을 선배치하는 계획을 수립하기 시작했다. 이와 동시에 미 국방장관과 국무장관이 조지아와 몰도바를 비롯한 발트 해 국가들을 방문해서 확고한 지원을 다짐하는 등 한바탕 외교적 광풍이 휘몰아쳤다.

이런 대응을 두고 비난하는 목소리도 있었다. 기껏해야 여섯 대의 영국 공군 유로파이터 타이푼 기가 발트 해 비행 구역을 날아다닌다 해서 러시아의 군단을 제지할 수 있겠느냐고. 그러나 그 대응은 일종의 외교적 시그널이었으며 메시지는 명백했다. 즉 나토는 싸울 태세가 돼 있다는 것이다. 만에 하나 회원국에 대한 공격에 대응하지 못하면 나토라는 조직은 곧바로 무용지물이 된다. 한편 기존 구조가 느슨해지고 있고 새로운 구조를 다져야 할 필요성을 인식하는 미국은 벌써부터 새로운 대외정책으로 이동해 가고 있는 중이었다. 이런 상황에서 미국은 유럽 국가들의 방위비 분담 액수에 불만이 많았다.

발트 해 3국(에스토니아, 리투아니아, 라트비아)에 대한 나토의 입장은 분명하다. 이 나라들이 동맹국으로 있는 한 러시아의 어떠한 무력 공격에도 나토의 창립헌장 5조가 발동된다. 5조는 다음과 같이 명시하고 있다.

"유럽 혹은 북미의 하나 혹은 그 이상의 나토 회원국에 대한 무력 공격은 모든 회원국에 대한 공격으로 간주한다."

또한 필요한 경우 나토는 회원국을 구하기 위해 나설 것이라고 덧붙이고 있다. 이 5조는 2001년 9월 11일 미국에서 테러가 발생하자 나토의 아프가니스탄 개입을 정당화하는 데에도 적용됐다.

푸틴 대통령은 역사 공부를 게을리하지 않는 듯하다. 그는 러시아가 지나친 팽창을 추구하다가 수축할 수밖에 없었던 구 소련 시절의 교훈을 잊지 않은 것 같다. 발트 해 국가들에 대한 지나친 공격은 과잉 확장으로 여겨질 소지가 있다. 특히 나토와 그 정객들에게 푸틴이 그들의 메시지를 이해하고 있다는 확신을 못 줄 수도 있다.

러시아는 라트비아, 리투아니아, 에스토니아 등지에 기갑 사단을 보내 영향력을 행사할 필요는 없지만 혹시 그럴 일이 생긴다면 먼저 그 지역에 남아 있는 대규모 러시아인 공동체에 대한 차별적 대우에 대응한다는 구실로 자신들의 행위를 정당화하려 할 것이다. 에스토니아와 라트비아 인구의 4분의 1이 러시아계이며 리투아니아의 경우 전체 인구의 5.8퍼센트를 러시아계 주민이 차지하고 있다. 에스토니아에서 러시아어를 사용하는 주민들은 공직 진출에 불이익을 받고 있으며 시민권을 얻지 못하고 있는 사람도 수천 명이 된다고 한다. 그렇다고 그들이 러시아의 일부가 되기를 바란다는 뜻은 아니다. 그러나 이들이 러시아가 영향력을 행사할 수 있게 하는 일종의 지렛대가 될 수는 있다.

발트 해 지역에서 러시아어를 사용하는 주민들 사이에서는 자신들의 처지를 바꾸려는 분위기가 고조되고 있다. 이 지역에는 이들을 대표하는 정당들도 이미 조직돼 있다. 또 러시아는 발트 해 지역의 가정용 난방 가스 공급권을 쥐고 있다. 러시아는 주민들이 매달 지불하는 난방비 가격을 조정할 수 있고 맘만 먹으면 파이프라인을 닫아버릴 수도 있다.

러시아가 발트 해 국가들에서 국익 추구를 중단할 리는 없다. 이들 국가들은 소비에트 연방 붕괴 이후 느슨해진 러시아 안보 체계의 일부다. 원래는 발트 해부터 시작해서 남쪽 그리고 동남쪽으로 우랄 산맥에 연결되는 이른바 무지개 모양을 그렸어야 할 벽이 붕괴된 또 다른 사례이기 때문이다.

모스크바는 가까이 있고, 워싱턴은 멀리 있다
—

이렇듯 균열이 생긴 벽에는 또 다른 틈이 생긴다. 따라서 모스크바는 또 다른 잠재적인 완충국을 주목한다. 이때 크렘린의 눈에 띈 곳이 바로 몰도바다.

몰도바는 어느 모로 보나 호락호락하지 않은 지역이다. 러시아가 이곳을 공격하려면 먼저 드네프르 강을 건너서 우크라이나를 통과해야 한다. 그러고 나서도 몰도바 내로 진입하려면 또 다른 주권 국가의 국경을 넘어야 한다. 막대한 인명 손실을 감수하고 우크라이나의 오데사를 정기 기착지로 삼는다면 안 될 것도 없다. 다만 나중에 발뺌할 명분은 없어진다. 물론 나토가 직접적으로 개입하지는 않겠지만(몰도바는 나토 회원국이 아니므로) 모스크바 정부는 이제껏 볼 수 없었던 고강도 제재 조치에 직면하게 될 것이다. 내가 이 점을 장담하는 것은 러시아와 서방의 냉랭한 관계는 이미 신냉전기에 들어선 거나 다를 바 없다고 믿기 때문이다.

그렇다면 러시아는 왜 그토록 몰도바에 눈독을 들이는 것일까? 카르파티아 산맥이 굽이쳐 돌아가는 남서부는 이른바 트란실바니아 알프스를 형성하고 있고, 남동부는 흑해로 내려가는 평야지대이기 때문이다. 이 평야지대가 러시아로 진입하는 평탄한 복도로 여겨질 수 있다. 따라서 러시아는 폴란드에서 폭이 좁아지는 북유럽평원의 통제권을 확보하기를 갈망하는 것과 마찬가지로, (몰도바라고도 할 수 있는) 흑해를 확보해서 과거 베사라비아로도 알려진 지역의 통제권을 쥐려는 것이다.

러시아와 서유럽 연합군이 오스만 투르크를 두고 싸웠던 크림 반도 전쟁이 종식된 후 1856년에 조인된 파리조약에서 러시아령이었던 베사라비아를 몰도바에게 돌려주라고 결정했다. 이로써 러시아는 다뉴브 강과 확실하게 단절됐다. 러시아가 이 지역에 다시 접근하기까지는 근 1세기가 걸렸다. 그러나 소비에트 연방이 이미 붕괴된 뒤라 러시아는 다시 한 번 동쪽으로 퇴각할 수밖에 없었다.

하지만 러시아는 우크라이나 국경과 인접한 드네스테르 강 동쪽, 즉 몰도바의 일부인 트란스니스트리아라는 지역을 점령하고 있으니 몰도바 일부를 지배하고 있는 거나 다름없다. 스탈린은 선견지명이 있었는지, 타타르인들을 대거 쫓아내고 크림 반도를 지배했던 것처럼 다수의 러시아인들을 트란스니스트리아에 정착시켰다.

오늘날 트란스니스트리아에는 러시아어나 우크라이나어를 사용하는 친러시아 성향의 주민들이 적어도 50퍼센트는 된다. 그러나 1991년에 몰도바가 독립하자 러시아어 사용 주민들이 봉기를 일으켰다. 친러 성향의 주민들과 몰도바 주민들 간에 단기간의 전투가 벌어진 뒤 몰도바로부터 분리를 선언한 친러시아 성향의 트란스니스트리아공화국 설립이 선언됐다. 이 사태를 빌미로 러시아는 그 지역에 병사들을 배치했다. 현재 이곳에는 2천 명의 러시아 병사들이 주둔하고 있다.

물론 러시아군이 몰도바로 밀고 들어갈 가능성은 높지 않다. 그러나 몰도바 정부가 유럽연합이나 나토에 가입하지 못하도록 영향력을 행사하려고 트란스니스트리아 사태 같은 상황을 조장하거나 자국의 경제력을 이용할 수도 있다. 실제로도 그렇게 하고 있다.

몰도바 역시 러시아에게 연료를 의존하고 있는 형편이다. 몰도바의 작물이 동쪽으로 들어가고 러시아는 질 좋은 몰도바산 와인도 수입한다. 그러나 이 규모 또한 양국 관계에 따라 그때그때 변한다.

몰도바에서 흑해를 건너면 또 다른 와인 산지가 펼쳐진다. 바로 조지아다. 그러나 조지아는 두 가지 이유로 러시아의 통제 지역 목록 상위에 올라와 있지 않다. 첫째, 2008년에 벌어졌던 조지아와 러시아와의 전쟁으로 조지아 영토의 상당 부분이 러시아 군대에 점령당했다. 현재도 아브하지아와 남오세티아 전역은 러시아 군대의 통제하에 있다. 둘째, 조지아는 캅카스 산맥 남쪽 지역이고 러시아는 인접한 아르메니아에 부대를 주둔시키고 있다. 모스크바로서는 여분의 완충지를 더 늘리고 싶겠지만 굳이 조지아의 나머지를 취하지 않고도 견딜 수는 있다. 다만 조지아의 나토 가입 가능성이 높아진다면 지금의 형국은 달라질 소지가 있다. 나토 회원국 정부들이 이제껏 조지아에게 퇴짜를 놓았던 것도 굳이 러시아를 건드리고 싶지 않은 이유도 있다.

과거 소비에트 연방의 일원이었던 여러 국가들은 이제 유럽에 손짓한다. 하지만 몰도바의 트란스니스트리아처럼 친러시아 성향을 강하게 보이는 몇몇 지역들은 잠재적으로 분쟁 지역이 될 가능성이 높다.

조지아 국민들의 다수는 유럽연합 국가들과 더 가깝게 지내는 것을 반길 테지만 2008년 전쟁의 여파로 많은 이들이 〈양다리 걸치기〉야말로 훨씬 안전한 방편이라고 여기게 되었다. 당시 조지아의 미하일 사카슈빌리 대통령은 순진하게도 자신이 러시아를 자극하면 미국이 득달같이 구하러 올 거라고 믿었다. 결국 2013년 조지아 국민들은 새 정부를 구성하고 러시아에 회유적인 기오르기 마르그벨라슈빌리를 신임 대통령으로 뽑았다. 우크라이나와 마찬가지로 조지아 국민들도 이웃이 인정하는 자명한 진리를 깨달은 것이다. 워싱턴은 멀리 떨어져 있고, 모스크바는 가까이 있다는.

가스와 석유,
지리를 이용한 경제 전쟁
—

현 단계에서 핵무기는 제쳐 두고 러시아가 보유한 가장 강력한 무기라면 육군이나 공군이 아니라 바로 〈가스와 석유〉다. 세계 최대 천연가스 공급 국가인 미국에 이어 제2의 천연가스 생산국인 러시아는 당연히 이를 국익 증진을 위한 권력으로 사용하고 있다. 러시아와 사이가 좋으면 좋을수록 연료비를 절약할 수 있다. 일례로 핀란드는 발트해 국가들보다 훨씬 좋은 조건으로 러시아로부터 가스를 들여온다. 하지만 러시아가 이 정책을 지나치게 공격적으로 행사하면서 유럽의 에너지 공급을 좌우하다 보니 한편에선 그 충격을 줄이려는 움직임도 보이고 있다. 많은 유럽 국가들은 보다 덜 공격적인 나라들에 대체 송유관을 연결하는 것뿐 아니라 선박 운송을 위한 항구를 짓는 등 러시아에 대한 가스 의존도를 줄이기 위해 애쓰고 있다.

유럽 내의 가스와 원유 수요의 평균 25퍼센트를 러시아가 공급하는데 대개는 러시아와 친한 나라들의 의존도가 더 높다. 이는 곧 그 나라의 대외정책 선택지가 축소될 수밖에 없다는 얘기이기도 하다. 라트비아, 슬로바키아, 핀란드, 에스토니아는 가스 수요의 100퍼센트를 전적으로 러시아에 의존하고 있다. 체코공화국, 불가리아, 리투아니아는 80퍼센트, 그리스, 오스트리아, 헝가리는 60퍼센트에 이른다.

독일의 경우도 대략 50퍼센트를 러시아로부터 공급받고 있다. 따라서 러시아 의존도가 13퍼센트에 불과한 데다가 9개월치 비축량까지 포함하여 자체 생산시설을 확보한 영국과 비교해 보면 독일 정치인들이 크렘린의 공세에도 왜 비판의 수위를 점점 낮추어 가는지 부분적으로나마 이해가 간다.

러시아 바깥으로 몇 개의 주요 파이프라인들이 동과 서를 가로지르며 달리고 있는데 일부는 원유용이며, 일부는 천연가스용이다. 물론 중요한 것은 가스 라인이다.

발트 해를 경유하는 북쪽의 노르 스트림 라인은 독일과 직접적으로 연결돼 있다. 그 아래, 즉 벨로루시를 뚫고 지나가는 야말 파이프라인은 폴란드와 독일에 에너지를 공급한다. 남쪽의 블루 스트림은 흑해를 경유해 터키에 가스를 공급한다. 2015년 초반까지는 기존의 루트를 활용하되 헝가리와 오스트리아, 세르비아, 불가리아와 이탈리아까지 라인을 확장하는 사우스 스트림이라는 계획이 있었다. 사우스 스트림은 우크라이나와 분쟁이 발생해도 서유럽과 발칸 반도라는 큰 시장으로 가는 주요 통로를 여전히 쥐고 있으려는 러시아의 확고부동한 의지의 표현이었다. 하지만 유럽연합 내 몇몇 국가들은 인접국들에게 그 안을 거절하라는 압력을 넣었고 이에 부응하여 불가리아는 사우스 스트림 라인이 자국의 영토를 통과하게 할 수 없다면서 이 계획에 제동을 걸었다. 그러자 푸틴 대통령은 투르크 스트림이는 새로운 계획안을 터키 측에 내놓았다.

사우스 스트림과 투르크 스트림 프로젝트는 2005년부터 2010년에 이르는 우크라이나와의 분쟁 기간 동안 수차례에 걸쳐 18개 나라들에 가스 공급이 중단되는 대가를 치른 러시아가 우크라이나 경유를 피하기 위해 궁여지책으로 세운 것이었다. 결국 사우스 스트림의 혜택을 보고 있는 유럽 국가들은 2014년 크림 반도 사태 때 러시아에 대한 비난을 현저히 자제할 수밖에 없었다.

미국은 유럽 국가들과의 윈윈 전략을 통해 나름의 이익을 챙기고 있다. 가스를 원하면서도 러시아의 대외정책에 주눅 들고 싶어 하지 않는 유럽 국가들의 사정을 잘 아는 미국은 나름의 해법을 갖고 있는 것 같다. 미국에서 불고 있는 셰일 가스 생산 붐은 미국의 에너지 자급을 가능케 할 뿐 아니라 잉여분을 거대 에너지 소비국들 중 하나인 유럽에 팔 수 있게 한다.

이를 위해서는 일단 가스를 액체 형태로 만들어서 선적한 뒤 대서양을 건너야 한다. 그리고 유럽 국가들은 이 액화천연가스인 LNG를 받아서 가스 형태로 되돌리려면 유럽 연안에 터미널들과 부두들을 건설할 필요가 있다. 워싱턴은 일찌감치 수출될 설비들에 대한 면허를 승인했으며 유럽 또한 보다 많은 LNG 터미널을 건설하려는 장기 프로젝트에 착수한 상태다. 폴란드와 리투아니아가 이미 LNG 터미널을 짓고 있으며, 체코공화국은 미국뿐 아니라 북아프리카와 중동 지역으로부터도 공급받을 수 있게 이러한 터미널과 연결되는 파이프라인을 건설하기를 희망하고 있다.

이러한 장기적인 위험 요인을 모를 리 없는 러시아는 파이프 수송 가스가 액화가스보다 비용이 덜 든다는 점을 강조한다. 그리고 "대관절 내가 뭘 잘못했는데?"라고 묻는 듯한 억울한 표정의 푸틴 대통령은 멀리 볼 것도 없이 유럽(즉 러시아)에 훨씬 싸고 믿을 만한 가스원이 있음을 역설하고 있다. 물론 LNG가 러시아산 가스를 완전히 대체할 가능성은 높지 않지만 가격 협상이나 대외정책 측면 모두에서 위축된 유럽에 힘을 불어넣을 것만은 분명하다. 이처럼 잠재적인 가스 판매 수입 축소에 대비해서 러시아는 아예 파이프라인을 남동쪽으로 보내서 중국에 대한 판매를 늘릴 계획도 세우는 중이다.

위의 사례는 지리적 특성에 바탕을 둔 〈경제 전쟁〉이자 이 지리적 특성에 휘둘렸던 전 시대의 제약들을 타개하기 위해 기술을 이용하려는 현대적 사례들 가운데 하나다.

2014년 유가가 배럴당 50달러 밑으로 추락하자 러시아는 큰 고통을 겪었다. 유가가 1달러씩 떨어질 때마다 러시아 수입은 대략 20억 달러씩 줄어든다고 보는데 예상대로 러시아 경제는 타격을 입었고 특히 일반 서민들이 극심한 고통을 겪었다. 하지만 국가 자체가 붕괴될 것이라는 예측은 빗나갔다. 러시아는 대규모로 방위비를 증액하기 위해 안간힘을 쓰고 있는 가운데 최근 몇 년간 어려움을 겪을 것이라는 세계은행의 예측에도 불구하고 경제는 조금씩이나마 성장하고 있다. 북극의 카라 해에서 거대한 유전이 발견되었고 원유를 육지로 끌어올 수 있게 되면 좀 더 안정적으로 성장할 거라는 전망도 있다.

군사 협력까지 가능한
러시아와 중국의 밀월 관계
—

러시아는 자국의 심장부에서 멀리 떨어진 곳까지 정치적 영향력을 행사하고 있다. 특히 라틴 아메리카의 베네수엘라처럼 미국과 사이가 별로 좋지 않은 남아메리카 국가라면 어느 나라와도 친하게 지내려고 한다. 또 이런 흐름을 중동에서도 읽고 있는 러시아는 적어도 참견할 권리 정도는 확보하려고 애쓰고 있다. 이와 더불어 북극에 주둔하는 군대에도 막대한 비용을 쏟아 붓고 있다. 특히 향후 영유권을 주장하기 위해 그린란드에 지속적인 관심을 두고 있다. 아프리카에 대한 관심은 공산주의가 몰락한 뒤로 이전보다는 줄어든 건 사실이다. 하지만 비록 중국과의 경쟁에서 밀리긴 했어도 할 수 있는 한 아프리카에 영향력을 행사하려 하고 있다.

러시아와 중국이라는 두 거대 공룡들은 경쟁 관계이긴 하나 다양한 차원에서 협력도 이어가고 있다. 장기적으로 러시아에 대한 에너지 의존을 벗어나려는 유럽 국가들의 야심을 모를 바 없는 모스크바는 그 대안으로 중국을 기대하고 있다. 일단 구매자 시장에서 우위를 점한 중국이 주도권을 행사하고 있지만 두 나라의 소통은 대체로 화기애애한 가운데 이뤄지고 있다. 이런 배경에서 2018년부터 러시아는 한 해에 380억 세제곱미터에 달하는 가스를 향후 30년간 4천억 달러에 공급하는 계약을 중국과 체결했다.

러시아가 중국에 군사적 위협이 되었던 시절은 이제 옛말이 되었다. 1945년에 러시아 군대가 만주를 점령한 것 같은 상황은 오늘날에는 생각조차 할 수 없다. 물론 카자흐스탄에서 차후 어떤 세력이 주도권을 쥘지 두 나라 모두 촉각을 곤두세우고는 있지만 말이다. 하지만 두 나라는 공산주의 이념의 리더십을 두고 경쟁하지 않는다. 그리고 이 점 때문에 양측의 이해관계가 맞아떨어지자 군사적 차원의 협력까지 가능했다. 이 흔치 않은 사례가 바로 2015년 5월에 두 나라가 지중해에서 실시한 합동 군사 훈련이었다. 거의 1만 4천5백 킬로미터나 떨어진 해역까지 진출한 베이징의 이 같은 결정은 자국의 해군력을 전 세계로 확대하려는 시도의 일환이었다. 반면 지중해에서 발견된 가스전에 은근히 눈독을 들이는 모스크바는 그리스에게 구애의 손길을 내밀면서 동시에 시리아 쪽 연안의 소규모 해군 기지를 수호하길 희망하고 있다. 러시아와 중국은 나폴리에 주둔하는 미국의 제6함대를 포함해서 이 지역에서 나토의 영향력을 제거하자는 데 의기투합했다.

러시아는 자국 내에서도 많은 도전들에 직면하고 있는데 특히 심각한 것이 인구 문제다. 가파른 인구 감소는 어느 정도 잡은 것 같지만 여전히 문제는 남아 있다. 러시아인의 평균 수명은 65세 이하로 193개 유엔 회원국들 가운데 하위권에 머물고 있다. 크림 반도를 제외한 러시아 인구는 현재 1억 4천4백만 명 정도다.

모스크바 대공국을 시작으로 표트르 1세, 스탈린, 푸틴에 이르기까지 러시아 지도자들은 한결같은 문제들에 직면했다. 통치 이념이 전제주의든, 공산주의든, 정실 자본주의든 간에, 항구들은 반드시 얼어붙었고 북유럽평원은 여전히 평지로 남아 있는 것이다.

민족 국가들의 국경선이 다 지워진 오늘날, 블라디미르 푸틴은 이반 4세가 마주했던 것과 똑같은 지도를 보고 있다.

5

한국,
지리적 특성 때문에
강대국들의 경유지가 되다

일본,
최대 고민인 중국을 견제하기 위해
미국과 군사적 동맹을 맺다

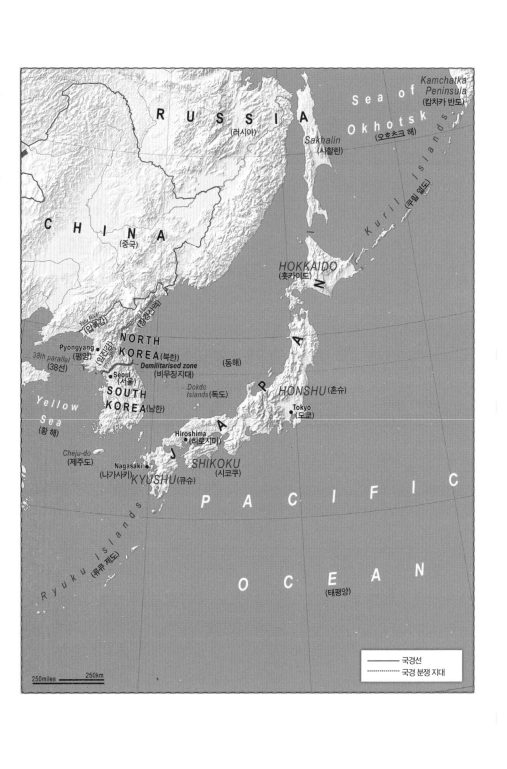

RUSSIA (러시아)

Kamchatka Peninsula (캄차카 반도)

Sea of Okhotsk (오호츠크 해)

Sakhalin (사할린)

Kuril Islands (쿠릴 열도)

CHINA (중국)

HOKKAIDO (홋카이도)

Yalu River (압록강)

Hamgyong Mountains (함경산맥)

NORTH KOREA (북한)

Pyongyang (평양)

Imjin (임진강)

38th parallel (38선)

Demilitarised zone (비무장지대)

(동해)

JAPAN

Seoul (서울)

SOUTH KOREA (남한)

Dokdo Islands (독도)

HONSHU (혼슈)

Yellow Sea (황 해)

Tokyo (도쿄)

Hiroshima (히로시마)

Cheju-do (제주도)

Nagasaki (나가사키)

KYUSHU (큐슈)

SHIKOKU (시코쿠)

Ryuku Islands (큐큐 제도)

PACIFIC

OCEAN (태평양)

250miles   250km

——— 국경선

·········· 국경 분쟁 지대

한반도라는 문제를 어떻게 풀어야 할까? 풀 수 없다. 그냥 관리만 할 일이다. 무엇보다 전 세계에는 이 문제 말고도 관심이 필요한 시급한 일들이 널려 있다.

말레이시아에서 러시아의 블라디보스토크 항에 이르는 지역 전체는 초조하게 남북한을 주시하고 있다. 만에 하나 그들의 코앞에서 이 문제가 폭발하기라도 하면 인접국들까지 말려들게 되고 그 여파가 당장 경제적 피해로 이어질 거라는 걸 그들은 알고 있다. 중국은 북한의 행위 때문에 전쟁이 일어나는 건 바라지 않지만 그렇다고 통일 한국의 국경, 즉 자신들의 코앞에 미군이 주둔하는 것도 바라지 않는다. 미국도 남한을 위해 싸우고 싶은 마음은 털끝만큼도 없지만 그렇다고 우방을 저버리는 짓을 할 수도 없다. 한반도 개입에 있어서는 오랜 역사를 지닌 일본은 어떤 사태가 벌어지더라도 모른 체할 수는 없는 입장이기에 되도록 조심스럽게 행동할 것처럼 보여야 한다.

해결책은 타협이겠지만 남한은 이에 대한 관심이 크지 않고 북한의 지배층 또한 이를 받아들일 기미가 보이지 않는다. 향후 전망은 누구도 알 수 없다. 언제나 그랬듯 이 상황은 마치 지평선 너머에 있는 보이지 않는 풍경과도 같다.

수년 동안 미국과 쿠바는 서로의 주위를 조용히 맴돌기만 했다. 2015년 국교 정상화가 이루어지기까지 그들은 부분적인 돌파로 이어지는 탱고만을 추었을 뿐이다. 복잡하게 스텝이 꼬이지만 않도록 슬쩍슬쩍 눈치만 주면서 말이다. 그러나 북한은 혹시 플로어로 나가자고 할 신청자가 있는지 목을 빼고 주시하고 있는 중이다. 가끔은 표정을 일그러뜨리기도 하면서 말이다.

북한은 2천5백만 인구를 가진 빈곤 국가다. 도덕적 부패, 공산주의 일당 체제의 폐해를 겪고 있는 이 나라는 혹시라도 수백만 명의 난민 물결이 압록강을 넘어올까 두려워하는 중국의 지원을 받고 있다. 미국은 거의 3만 명에 달하는 남한 주둔 병력을 철수하는 것이 잘못된 신호로 비쳐져서 북한이 대담한 모험을 감행할까 우려한다. 그리고 한국은 통일로 인해 현재 누리는 번영에 위험이 갈지 몰라 선뜻 손을 쓰지 못하고 있다.

동북아에서 펼쳐지는 이 드라마에 참여하는 모든 배우들은 안다. 잘못된 순간에 답을 냈다간 자칫 일을 그르칠 수도 있다는 것을. 게다가 이만저만 크게 망치는 게 아니다. 두 나라의 수도가 잿더미로 변하고 내전과 인도주의적 재앙이 발생하고 도쿄 시내나 주변에 미사일이 떨어지거나 한쪽이 핵무기를 가진 한반도 땅에서 중국군과 미군이 대치하는 것과 같은 상황을 두려워하는 것이 전혀 터무니없는 걱정은 아니다. 만약 북한이 갑작스레 붕괴하거나 하면 이 국민은 국경을 넘는 전쟁, 테러리즘, 난민 등의 사태를 초래할 수 있다. 그렇게 되면 그 후폭풍은 이 드라마의 배우들을 강타해서 해결은 차세대 지도자들의 몫으로 넘어갈 것이고 그러면 또 다시 다음 세대로 넘겨질 것이다.

사실 전 세계 지도자들로서는 공공연히 북한 정권이 붕괴되는 날을 대비하자고 떠들다가 정말로 그날이 앞당겨져도 큰일이다. 그날에 대해 준비조차 제대로 하고 있지 못한 지금의 상태에서는 일단은 입을 다물고 있는 것이 최선이다. 현재는 이도저도 할 수 없는 상황이다.

연약한 것 같되 위험한 약자의 역할을 하고 있는, 북한
—

북한은 여전히 광적인데다 곧잘 효과가 있는 〈강력한 약자 역할〉을 계속하고 있다. 이들의 대외정책은 본질적으로 중국 말고는 그 누구도 믿지 않는 데 있다. OEC(Observatory of Economic Complexity)의 통계에 따르면, 북한 수입품의 84.12퍼센트를 공급하고 북한 수출량의 84.48퍼센트를 수입하는 중국조차도 그들은 온전히 믿지 않는다. 북한은 자신들과 맞서는 통일 전선을 가로막기 위해 모든 외부 세력들이 서로 반목하게 하는 데 노력을 경주한다. 여기에는 중국도 예외일 수 없다.

북한 지배층은 볼모나 다름없는 주민들에게 조국은 온갖 역경과 외국 악마들에 당당히 맞서는 강력하고 너그러우며 위엄 있는 나라라고 말한다. 그러면서 스스로를 조선민주주의인민공화국Democratic People's Republic of Korea이라 칭한다. 북한은 강력한 민족주의와 공산주의, 그리고 자주정신을 혼합한 주체사상이라는 유일무이한 정치철학을 통치의 기조로 삼고 있다.

실상 북한은 세계 최악의 민주 국가다. 나라가 인민을 위해서도, 공화국을 위해서도 존재하지 않는다. 이 나라는 한 가족과 하나의 당이 소유한 왕조 국가다. 아마 독재의 수준을 테스트해 보면 항목이란 항목엔 죄다 해당될 것이다. 제멋대로의 체포, 고문, 여론 조작용 재판, 수용소, 검열, 공포의 법칙, 부패 그리고 21세기에 유례가 없는 대규모의 공포 통치까지 말이다. 위성사진과 목격자들의 증언에 미루어 볼 때 북한에는 적어도 15만 명의 정치범들이 거대한 노동 교화 수용소에 수감되어 있는 것으로 추정된다. 북한은 인류 양심의 오점이다. 그런데 아직도 그곳에서 벌어지는 잔혹한 실상의 전체 규모를 아는 사람조차 드물다.

뉴스는 권력에서 밀려난 북한 엘리트들이 박격포로 처형을 당했다거나 굶주린 개들의 먹잇감으로 전락했다는 말들을 전하지만 사실로 확인된 바는 없다. 하지만 그런 얘기들의 사실 여부를 떠나 독재 정권이 저지르는 일련의 극악한 행위들이 실제로 주민들에게 가해지고 있다는 데는 의심의 여지가 없다. 온 나라에 폭행과 고문, 수용소 감옥, 그리고 즉석 재판에 의한 처형 등이 만연해 있다.

이 나라는 고립을 자초한 데다 국가가 거의 모든 정보를 통제하기 때문에 국민들이 자기 나라와 제도, 지도자들을 지지하는가에 대한 것은 막연히 짐작만 할 뿐이다. 이는 선글라스를 낀 채 뿌연 유리창을 통해 저 안쪽에서는 정치적으로 무슨 일이 벌어지고 있는지, 그리고 그 이유는 무언지 분석하는 꼴이다. 전 평양 주재 대사가 내게 이런 말을 한 적이 있다.

"그건 마치 창문 한쪽을 애써 열었는데 그 안에서 아무것도 보지 못한 것과 같습니다."

기록에 따르면 한국은 하늘의 뜻에 따라 기원전 2333년에 건국되었다고 한다. 옥황상제가 아들인 환웅을 이 땅에 보냈다. 환웅은 오늘날의 백두산으로 내려와서 곰이었다가 사람이 된 여자와 결혼해서 단군이라는 아들을 낳았다. 그리고 단군은 이 나라 건국의 초기 작업에 참여했다.

이 건국 신화에 대한 가장 오래된 기록은 13세기로 거슬러 올라간다. 어떤 의미에서 이 신화는 한 공산 국가에서 세습으로 지배하는 한 가족이 신격화될 수 있었던 이유를 설명해 준다. 일례로 평양의 선전 매체에서 김정일은 〈경애하는 지도자〉, 〈지도자가 가져야 할 미덕의 완벽한 화신〉, 〈태양과 같은 영도력〉, 〈백두산의 빛나는 별〉, 〈21세기 세계를 이끄는 지도자〉, 〈하늘이 내린 위대하신 분〉 내지는 〈뜨거운 사랑의 영원한 가슴〉 등으로 묘사된다. 그의 아버지 또한 비슷한 칭호를 얻었고 아들인 김정은 또한 예외가 아니다.

이러한 칭호에 대해 일반 주민들은 어떤 생각을 할까? 이에 대해선 전문가들도 정확히 짐작하지 못한다. 다만 2011년 김정일이 사망했을 때 북한 주민들이 보여준 집단적 광기와 다름없는 추도 분위기에서 흥미로운 점이 발견되었다. 일단 대성통곡하는 앞줄이 지나가면 비통함의 강도가 점점 줄어드는 것이 보였다. 하기야 앞줄에 선 사람들로서는 카메라가 자신들을 비추는 마당에 자신의 안전을 위해서라도 마땅히 해야 할 일을 하지 않을 까닭이 있겠는가! 아니면 당에 충성하는 이들을 앞줄에 세워놓았거나. 그도 아니면 정말로 슬퍼하는 북한의 일반 주민들일 수도 있다. 어쨌거나 그것은 다이애나비 사망 직후 영국 국민들이 보여주었던 감정 분출이 북한식으로 확대된 경우였다.

그럼에도 불구하고 조선민주주의인민공화국은 광기에 가깝도록 위험하고, 연약한 것 같되 위험스럽기 짝이 없는 역할을 해내고 있다. 이는 일종의 트릭인데 중국과 일본이라는 두 거대 국가 사이에 끼여 있는 한국의 위치와 역사에 그 뿌리를 두고 있다고 볼 수 있다.

손가락 하나로 가른 인위적인 38선

—

18세기에 한국이 얻은 〈은자의 왕국Hermit Kingdom〉이라는 별칭은 수세기에 걸친 정복과 점령, 약탈 혹은 어디론가 가기 위한 경유지의 대상이 된 뒤에 이 나라가 스스로 고립을 택한 데서 나온 명칭이다. 만약 다른 나라나 다른 민족이 북쪽에서 내려오면 일단 압록강을 건넌 뒤 해상까지 진출하는 데 걸림돌이 되는 천연 장벽은 거의 없다. 반대로 해상에서 육로로 진입한다 해도 상황은 마찬가지다. 이런 배경에서 몽골이 한반도에 들어왔다 나갔고 이어 명나라, 만주족의 청나라 그리고 일본도 수차례나 침입했다. 한국이 여러 교역로들과 단절하고 홀로 있기를 희망하면서 바깥 세계와 엮이지 않는 편을 택했던 것도 이런 이유에서였다.

하지만 이마저도 뜻대로 되지 않았다. 20세기에 들어서 일본이 다시 들어왔고 1910년에는 아예 이 나라를 통째로 합병해 버렸다. 그러고 나서 일본은 한국 문화 전체를 말살하는 정책을 개시했다. 한국어 사용이 금지됐고 한국 역사를 가르치는 것 또한 금지됐다. 신사참배도 의무적으로 시행됐다. 일제 강점기는 오늘날까지도 한일 양국의 관계에 영향을 끼치고 있다.

1945년 일본이 패망하자 한국은 북위 38도선을 따라 분단되었다. 북쪽은 소련의 관리를 받는 공산주의 정권이 들어섰고, 남쪽은 대한민국으로 부르는 친미 독재 정권이 세워졌다. 이곳이야말로 상대편의 독자적인 실재성을 인정하지 않고 곳곳에서 부딪히고 호시탐탐 영향력과 주도권을 노리던 초기 냉전시대의 축소판이었다.

역사학자 돈 오버도퍼Don Oberdorfer 교수는 38도선에 따라 이 나라를 남북으로 임의로 분할한 것은 여러 모로 불운한 일이라고 말한다. 그에 따르면 1945년에 미국 정부는 8월 10일의 일본 항복에만 정신이 팔려서 한반도에 대한 명확한 전략을 수립하지 않은 상태였다. 그런데 한반도 북쪽에서 소련군의 이동이 포착되자 미 백악관은 한밤중에 다급하게 회의를 열었고 오로지 《내셔널 지오그래픽》에서 발간한 지도만을 지참한 두 명의 하급 관리는 북위 38도선을 손으로 찍었다. 즉 이 나라를 반쯤 내려온 소련군의 남하를 중단시킬 지점으로 북위 38도선을 찍은 것이다.

이 자리에는 어떤 한국인도 또는 한국 전문가들도 없었다. 만약 있었다면, 당시 트루먼 대통령과 국무장관인 제임스 번스에게 그 선은 약 반세기 전인 1904년에서 1905년에 치른 러일전쟁 이후 러시아와 일본이 서로의 영향력이 미치는 범위를 상의하던 선이었다는 것을 알려주었을 것이다. 미국이 그때그때 임기응변으로 정책을 수립하고 있다는 것을 꿈에도 몰랐던 소련은 미국 측이 러일전쟁 당시 소련의 주장을 사실상 승인했으며 따라서 한반도의 분단과 북쪽의 공산 정권도 용인하는 것으로 생각했던 것도 무리가 아니었다. 결국 거래는 성사됐고 이 나라는 분단되었다. 주사위가 던져진 것이다.

소련군이 1948년 북쪽에서 철수하자 이듬해인 1949년, 이번에는 미국이 남쪽에서 철수했다. 그리고 1950년 6월, 미국의 냉전시대 지정학 전략을 치명적으로 오판한 북한군은 한반도를 적화통일하기 위해 38선을 넘어왔다. 북한군이 거의 남해안 부근까지 일사천리로 남하하자 워싱턴 정부는 그때서야 큰일났다 싶었다.

엄밀하게 군사적인 개념으로만 보자면 북한 정권과 그 후원자인 중국은 제대로 한 셈이었다. 한국은 미국에게 우선적인 핵심 국가가 아니었으니 말이다. 그런데 북한 정권과 중국이 간과한 게 있었다. 만약 미국이 우방인 남한의 편에 서지 않으면 전 세계 다른 국가들의 신망도 잃을 수 있다는 점을 미국이 주지하고 있었다는 점이다. 냉전의 정점에서 혹시라도 미국의 동맹들이 양다리를 걸치거나 공산 진영으로 갈아타기라도 하면 미국의 세계 전략은 심각한 위험에 빠질 수 있다. 미국의 전략은 동아시아와 동유럽을 동일 선상에서 다룬다. 예컨대 폴란드, 발트 해 국가들, 일본 그리고 필리핀 등은 러시아와 중국과의 관계를 정립하는 데 있어 미국이 자신들 뒤에 버티고 있음을 확신할 필요가 있다.

이런 배경에서 1950년 9월, 연합군을 앞세운 미군이 한반도에 상륙했다. 연합군은 북한군을 38선 이북까지 밀어붙이면서 중국과 국경을 마주한 압록강 부근까지 일사천리로 진격했다.

그러자 이번에는 중국이 결정을 내려야 할 차례가 되었다. 미군이 한반도에 발을 디뎠다는 것은, 특히 38선 이북까지 와 있다는 것은 또 다른 문제였다. 실제로 함흥 위쪽의 북쪽 산악지대는 곧장 중국에게 타격을 입힐 수 있는 거리였다. 결국 중국군은 압록강을 넘어 밀려들어왔다. 36개월에 걸친 치열한 전투 끝에 양측 모두 엄청난 인명 손실을 입었다. 그러다가 현재의 경계선을 중심으로 전투는 서서히 소강상태에 머물더니 결국 휴전이 성립되기에 이르렀다. 하지만 이는 평화 조약이 아니었다. 그리고 북위 38도선에 갇힌 이들은 여전히 이 상태로 남아 있다.

한반도에서 전쟁이 일어나면
미국, 중국, 일본, 러시아는 어떤 선택을 할까
—

한반도의 지리는 그다지 복잡하지 않다. 남과 북 사이에 인위적인 분단이 가능했던 것도 이 때문이다. 오히려 지리상으로 실질적인 분단은 동쪽과 서쪽이다. 반도의 서쪽 지형은 동쪽보다 훨씬 완만하며 인구의 다수도 이곳에 모여살고 있다. 동쪽은 북한에는 함경산맥이, 남쪽에는 좀 더 낮은 산맥들이 누워 있다. 한반도를 절반으로 가르고 있는 비무장지대도 부분적으로는 임진강 및 한강의 물길을 따라가지만 이 물길이 남과 북 사이의 천연 장벽이 되지는 못한다. 이 강은 외부 세력의 침탈을 너무 자주 받은 이 통합된 지리적 공간 안에 있는 하나의 하천에 불과하다.

남북한은 엄밀히 말하면 여전히 전쟁 상태다. 일촉즉발의 긴장 상태임을 감안해 보면 이 갈등은 단지 포격 몇 번을 주고받는 것으로 끝나지 않을 수도 있다.

일본, 미국, 남한 모두 북한의 핵무기를 우려한다. 특히나 남한은 머리 위에 그 위협을 안고 산다. 북한이 핵탄두를 소형화해서 성공적으로 발사할 수 있을지는 확실치 않다. 다만 1950년의 사례가 보여주듯 재래전 형식으로 선제 기습 공격을 할 가능성 또한 높다.

남한의 수도인 거대 도시 서울은 휴전선과 비무장지대에서 불과 50킬로미터밖에 떨어져 있지 않다. 남한 인구의 거의 절반이 서울을 비롯한 수도권에 모여 살 뿐 아니라 여러 기업들과 금융 기관들 또한 북한포의 사정거리 안에 놓여 있는 셈이다.

비무장지대 248킬로미터를 따라 고지대에는 1만 기의 북한 포들이 배치돼 있는 걸로 추정된다. 이 무기들은 잘 숨겨져 있는데다 일부는 강화된 벙커와 지하 저장 시설 안에 배치되어 있다. 이 모두가 서울 한복판까지 도달할 수 있는 건 아니지만 수도권까지는 도달할 수 있다. 한국군과 미 공군이 협력하면 2-3일 안에 이들 상당수를 파괴할 수 있다는 데는 이견이 없지만 문제는 그동안에 서울이 불바다가 될 수도 있다는 점이다. 1만 기에서 발사되는 포탄 가운데 단 한 발이라도 도심과 부도심에 떨어진다면 그 충격은 수십 배 이상일 것이다.

북한 전문가인 빅터 차와 데이비드 강은 《포린 폴리시*Foreign Policy*》

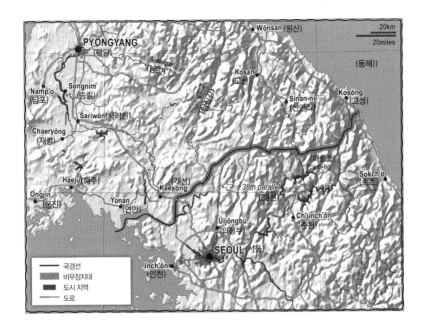

남한의 큰 걱정은 서울과 수도권이 휴전선과 너무 가깝다는 것이다. 서울은 위치상으로 북한의 기습 공격에 취약할 수밖에 없다. 반면 북한의 평양은 휴전선에서 훨씬 멀리 떨어져 있는데다 부분적으로 산악지대의 보호를 받는다.

에서 개전 초기에 북한군은 서울을 향해 50만 발 이상을 발사할 수 있을 것으로 예상했다. 이는 상당히 높은 예상 수치지만 이를 5분의 1로 줄인다 해도 그 결과는 여전히 어마어마하다. 이 경우 남한 정부는 남쪽으로 밀려 내려오는 수백만 명의 북한 주민들을 관리하는 동시에 주요 전투를 치러야 하는 상황에 처하게 된다. 수도 이남에 배치해 놓은 부대를 동원해서 아무리 국경을 단단하게 틀어막는다 해도 이는 쉽지 않을 일이다.

비무장지대를 내려다보는 고지대는 그리 높지는 않은데 이곳과 서울 사이에는 꽤 많은 평지가 있다. 북한군은 기습 공격 시 북한이 남쪽으로 뚫어 놓았다고 남한이 믿고 있는 지하 터널을 이용한다면 신속하게 남하할 수 있을 것이다. 북한의 전투 계획 중에는 잠수함을 이용해 특공대를 서울 이남에 상륙시키고 남한 내에 심어둔 잠복 조직원을 이용한다는 계획도 포함된 것으로 여겨진다. 북한군 특수 부대는 줄잡아 10만 명으로 추산된다.

북한은 동해와 태평양으로 대륙간탄도미사일을 수차례 발사하면서 도쿄는 물론이고 일본 영토도 훌쩍 넘을 수 있음을 보여주었다. 북한군은 100만 명이 넘는, 세계에서 가장 규모가 큰 군대 가운데 하나다. 물론 상당수는 제대로 훈련을 받지 않았고 전쟁이 확대될 경우 평양 측의 총알받이로나 유용하겠지만.

미국은 남한 편에서 싸울 것이다. 그러면 바짝 긴장한 중국군이 압록강 부근으로 모여들 것이고 러시아와 일본은 이 국면을 초조하게 지켜볼 것이다.

한반도에서 또 다른 대규모 전쟁이 터지는 것을 반길 자는 아무도 없다. 양측 모두 엄청난 피해를 입게 되는 것은 당연지사인데도 과거에는 그런 전쟁을 막지 못했다. 1950년 북한군이 38선을 넘어 내려올 때 이 전쟁이 3년에 걸쳐 4백만 명에 달하는 인명 피해를 내고도 교착 상태로 끝나리라는 것을 그 누가 예상이나 했겠는가. 오늘날의 전면전은 그보다 훨씬 큰 재앙을 부를 것이다. 한국의 경제 규모는 북한보다 80배나 크고 인구도 2배나 많다. 한국과 미국의 연합군은 궁극적으로는 북한군을 압도하겠지만, 이는 중국이 한반도에 다시 개입하겠다는 결정을 내리지 않는다는 것을 가정할 때다.

만약 전면전이 벌어진다면 어떤 상황이 발생할까? 그런 사태를 염두에 두고 진지한 계획을 세우는 데는 한계가 있다. 남한은 컴퓨터 시뮬레이션으로 분석한 적이 있는데 대체로 혼돈 그 자체라는 게 일반적인 결론이다. 한국이 문제를 야기하든 외부에서 터지든 그 결과로 전쟁이 벌어진다면 그 파장은 몇 배는 클 것이다. 일단 많은 국가들에 영향을 미쳐서 그들 또한 결심을 해야 하는 상황에 이를 것이다. 심지어 전투에는 개입하고 싶어 하지 않는 중국조차 미군과 자국 사이의 완충지를 지키기 위해서라도 국경을 넘어 북한을 지키러 와야 할지 모른다. 중국 입장에서는 통일된 한국이 미국과 합세하면, 다시 말해 일본의 동맹인 미국과 합세해서 잠재적 위협이 되는 것만은 용인할 수 없으므로 결정을 하지 않을 수 없다.

미국 또한 결정해야 한다. 비무장지대를 넘어 얼마나 더 북진해야 할지, 예컨대 핵을 비롯한 다른 대량 살상 무기의 원료를 보유하고 있는 북한 전역을 포괄해야 할 것인지를 말이다. 중국도 이와 비슷한 고민을 할 수밖에 없다. 특히 북한의 핵시설이 북한과 중국 국경에서 고작 217킬로미터밖에 떨어지지 않은 상황이니 더 그렇다.

일본도 정치적인 선에서 결정해야 한다. 동해를 넘어 영향력을 발휘할 강력한 통일 한국을 자신들이 원하는지를. 일본과 한국 간의 불안정한 관계를 비추어보면 일본이 이 문제에 촉각을 곤두세우는 것은 당연하다. 하지만 일본에게는 정작 중국이 더 큰 고민거리다. 따라서 일본은 한국의 통일을 지지하는 편에 서게 될지도 모른다. 이전 세기에 오랫동안 한반도를 지배한 탓에 재정적으로 보조하라는 요구를 받게 될지 모를 시나리오에도 불구하고 말이다. 게다가 서울이 알고 있는 것을 일본이 모를 리 없다. 통일에 드는 대부분의 경제적 비용을 남한이 감당해야 하며 이럴 경우 독일 통일 이후처럼 경제가 위축될 수 있다는 것 말이다. 동독의 경우 서독보다 뒤처져 있었는지는 모르나 그래도 일정 수준의 발전을 이루었고 역사와 산업 기반 그리고 교육 받은 인구를 보유하고 있었다. 하지만 북한의 경우는 거의 맨땅에서 시작해야 할 처지다. 이에 소요되는 비용 때문에 통일된 한반도의 경제는 한동안 후퇴할 수밖에 없다. 하지만 이 시기만 잘 넘기면 석탄, 아연, 구리, 철과 같은 북쪽의 풍부한 천연자원과 현대화된 프로그램 등이 시동을 걸 것이다. 다만 그 기간 동안 세계 최고로 발전된 국가 가운데 한 곳이 번영을 포기할 위험을 감수해야 하는가에 대한 복잡한 입장들이 있다.

물론 이런 결정들은 미래를 위한 것이다. 지금 당장은 양측 모두 전쟁 가능성에만 촉각을 곤두세우고 있다. 파키스탄과 인도처럼, 남북한은 두려움과 의심의 틀 안에 서로를 꼭꼭 가두어 두고 있다.

오늘날 대한민국은 국제사회에 적극적으로 참여하는 일원이며 대외정책 또한 이를 지향한다. 동, 서, 남 3면은 바다에 면해 있고 천연자원도 부족한 이 나라는 지난 30여 년간 대한민국의 이익을 수호하기 위해 동해와 동중국해로 진출할 현대식 해군을 구축하는 데 공을 들였다. 일본과 마찬가지로 한국 또한 에너지를 해외에 의존하고 있는 까닭에 그 지역 전체 해상 교통로의 정세에 늘 촉각을 곤두세우고 있을 수밖에 없다. 그러므로 일종의 양다리 전략을 구사해서 러시아와 중국과도 잘 지내려고 공을 들인다. 이는 그만큼 평양 정권의 짜증을 돋우는 일이다.

남북한 두 나라의 오판은 전쟁으로 이어질 수 있다. 이는 한반도에 사는 주민들에게는 엄청난 재앙을 가져올 것이며 그 지역의 경제는 물론 미국 경제에도 막대한 영향을 미칠 것이다. 애초에 러시아를 겨냥해 미국이 고수했던 냉전적 태도는 미국 자신의 경제는 물론 다른 국가들의 경제까지도 전략적 중요성을 갖는 사안으로 만들어 버렸다.

섬나라 일본,
과거에는 고립을, 이제는 군사적 개입을 선택하다
—

한국은 일제 강점기 문제로 돌아가면 여전히 일본과 해결해야 할 게 많다. 두 나라의 관계는 거의 드물기는 했지만 심지어 가장 좋았을 때조차도 단지 의례적인 수준을 넘지 않았다. 2015년 초반에 미국, 한국, 일본 세 나라는 북한에 대해 각자 수집한 군사 정보를 상호 교환하는 문제를 놓고 본격적으로 세부 협상에 들어갈 참이었다. 그때 한국 정부는 일본을 통해 워싱턴으로 가는 기밀 정보는 제한된 양만 넘길 것이라는 입장을 밝혔다. 이는 곧 한국은 일본과 직접적으로 협상하지 않을 거라는 얘기였다.

한일 양국은 아직도 영토를 놓고 분쟁 중이다. 그 대상은 한국 측에서는 독도(외로운 섬)라 부르고 일본에서는 다케시마(죽도, 즉 대나무 섬)라 부르는 섬이다. 현재 한국이 실효적 지배(국가가 토지를 유효하게 점유하고 구체적으로 통치하여 지배권을 확립하는 일)를 하고 있는 이 바위섬 주변에는 훌륭한 어장이 형성돼 있는데다 부근에는 가스전도 있을 것으로 추정된다. 한일 양국 사이에 깊숙이 박혀 있는 가시와 아직도 생생히 남아 있는 식민 지배의 기억에도 불구하고 두 나라는 어두운 과거를 뒤로하고 서로 협력해야 할 필요가 있다.

일본은 한국과는 아주 다른 역사를 걸어왔다. 이 또한 이 나라의 지리적 특성에 부분적으로 기인한다.

일본인은 섬 종족이다. 1억 2천7백만 명의 인구 대다수가 동해를 사이에 두고 한국과 러시아를 마주하고 있는 네 개의 큰 섬에 살고 있으며 6,848개의 군소 섬들에는 소수의 주민들이 거주하고 있다. 일본 열도 가운데 가장 큰 섬은 혼슈로, 무려 3천9백만 명이 거주하는 세계 최대의 메가시티인 도쿄가 이곳에 있다.

최단거리로만 봐도 일본은 유라시아 대륙으로부터 193킬로미터나 떨어져 있다. 이 때문에 일본은 웬만해선 침략을 받지 않았다. 중국만 해도 동중국해를 사이에 두고 804킬로미터가량 떨어져 있다. 물론 러시아 영토가 좀 더 가깝지만 혹독한 기후에다 오호츠크 해 너머는 거주민마저 희박해서 러시아군은 주로 멀리 떨어진 곳에 있다.

1300년대에 중국 대륙은 물론 만주와 한반도까지 휩쓴 몽골은 일본을 침공하려고 했다. 하지만 첫 번째 침공 때는 혼이 나서 돌아갔고 두 번째 때는 폭풍우가 몽골의 함대를 집어삼켰다. 이를 두고 일본인들은 신풍(神風, 즉 가미가제)이 대한해협의 바다를 노하게 했다고 말한다.

따라서 서쪽과 북서쪽으로부터의 위협은 제한적일 수밖에 없었고 남동쪽과 동쪽으로는 태평양밖에 없었다. 이런 시선은 일본인들이 스스로에게 닛폰Nippon, 즉 〈태양의 근원〉이라는 명칭을 부여하게 했다. 동쪽을 바라보면 수평선과 자신들 사이에는 아무것도 없다. 매일

아침 그 수평선에서 떠오르는 것은 바로 태양이었다. 가끔 한반도를 침략한 것을 제외하곤 일본은 근대 세계가 도래할 때까지 국내 문제에만 신경 써도 됐다. 그리고 근대 세계가 다가오자 처음에는 밀어냈지만 결국은 만나러 나섰다.

언제 그 많은 섬들의 무리가 일본이라는 나라가 되었는지 그 시기에 대해서는 의견이 분분하다. 서기 617년 중국의 황제에게 한 일본 고관이 보냈다는 다음과 같은 유명한 편지가 하나의 단서가 되어 준다.

"태양이 떠오른 곳의 황제인 내가 태양이 지는 곳의 황제에게 편지를 보내오. 건강하신지요?"

기록에 따르면 중국 황제는 이런 뻔뻔스러운 태도에 기분이 상했다고 전해진다. 일본이 주요 섬들로 여전히 느슨하게 묶여져 있을 때 중국의 황제는 광활한 제국을 통치하고 있었으니 말이다. 이 상황은 거의 16세기에 이를 때까지 바뀌지 않았다.

일본 영토는 남북한을 합친 것보다 넓으며 유럽과 대비해 보면 핀란드나 독일보다 넓은 면적이다. 하지만 국토의 4분의 3은 사람이 거주하기가 어렵다. 특히 산악 지역은 13퍼센트만이 집약 농업에 적합하다. 이런 환경 때문에 일본인들은 연안 평야와, 산등성이에 약간의 논농사를 지을 수 있는 제한된 내륙 지역에 밀집해 살았다. 일본에 산악 지역이 많다는 것은 물이 풍부하다는 의미이기도 하지만 평지가 부족해 배가 다닐 만한 하천이 많지 않다는 뜻이기도 하다. 이처럼 서로 연결된 강들이 부족하다 보니 교역을 하는 데도 어려움이 많았다.

그러므로 일본인들은 해양 민족이 될 수밖에 없는 운명이었다. 숱하게 많은 섬들의 해안을 따라 교역을 하면서 서로를 연결하거나 약탈하는가 싶더니 수세기의 고립 시기를 끝내자 한반도를 정복하러 나섰다.

20세기 초반에 일본은 이미 세계 3위의 해군을 보유한 산업 강국이 되었다. 1905년에는 해양과 육지에서 벌어진 전투에서 러시아마저 무릎 꿇렸다. 그러나 이 나라를 고립 상태로 머물러 있게 했던 바로 그 섬나라라는 지리적 특성이 이제는 세계에 뛰어들지 않고는 달리 선택의 여지가 없게 만들고 있다. 문제는 일본이 〈군사적 개입〉을 선택했다는 데 있다.

일본은 공업 국가가 되기에는 천연자원이 턱없이 부족하다. 석탄은 품질이나 매장량이 형편없이 부족하고, 석유도 아주 적고, 천연가스는 거의 없다고 봐야 하고, 고무 공급량도 부족하고, 기타 광물의 생산량 또한 미미하기 짝이 없다. 비록 연안에서 가스전을 개발하는 중이고 해저에서 귀금속을 캐낸다고는 해도 이 사정은 1백 년 전이나 지금이나 별반 달라지지 않았다. 일본은 여전히 세계 최대의 가스 수입국이자 세계 3위의 원유 수입국이다.

특히 철과 원유 같은 원자재에 대한 갈망은 일본으로 하여금 1930년대부터 1940년대 초반까지 동남아시아의 저개발 국가들을 미친 듯이 들쑤시고 다니게 했다. 일찍이 일본은 1895년에 대만을 점령했고 이어 1910년에는 한반도를 합병했다. 이후 1931년에는 만주를 점령하더니 1937년에는 중국 땅을 전면적으로 침공하기에 이른다. 마치 도미노가 차례로 넘어지듯 팽창하는 제국과 증가하는 인구는 더 많은 석유와 더 많은 석탄, 더 많은 광물과 고무, 그리고 더 많은 식량을 요구했다.

유럽 열강들이 유럽 내의 전쟁에 정신 팔려 있는 동안 일본은 인도 차이나 북부를 침공했다. 그러자 당시 일본 원유 수요의 대부분을 공급하던 미국은 일본이 군대를 철수하지 않으면 석유 금수 조치를 단행하겠다는 최후통첩을 보내기에 이른다. 이에 대한 일본의 답변은 진주만 공습이었다. 그러고는 미얀마와 싱가포르, 필리핀까지 아우르는 동남아시아 지역을 종횡무진 휩쓸어 갔다.

이는 어마어마한 팽창이었다. 그저 미국과 겨룬다는 차원이 아니라 방대한 양의 자원, 예컨대 미국도 자국의 산업을 위해 필요했던 고무를 싹쓸이해 버리는 것이었다. 결국 20세기의 공룡 국가 미국은 전면전을 위한 동원령을 내렸다. 그리고 히로시마와 나가사키에 원폭을 투하했는데 일본 역사상 이 최악의 재앙에도 지리적 조건이 큰 요인으로 작용했다. (당시 히로시마는 군사적으로 일본 제국에 매우 중요한 근거지였다. 일본군 제2사령부가 있었으며 통신 기지와 병참 기지의 역할도 하고 있었다.)

미국은 태평양 건너 섬들을 하나씩 돌며 큰 비용을 들여가며 싸웠다. 그리고 그 과정에서 대만과 일본 사이에 있는 류큐 제도의 오키나와를 점령했다. 이때 미국을 기다리고 있던 것은 적의 접근과 수륙양용의 침공으로부터 네 개의 주요 섬을 지킬 준비가 된 광신적인 적들이었다. 어느 모로 보나 미군의 큰 손실이 예견된 상황이었다. 사실 일본 본토를 쉽게 공략할 수 있었다면 미국의 선택도 달라졌을 것이다. 그랬다면 미국은 도쿄로 가는 길목에서 싸웠을지 모른다. 하지만 미국은 핵을 선택해서 일본에 투하했다. 인류의 집단적 양심에 새로운 공포의 시대가 찾아온 것이다.

방사능 낙진은 일본으로부터 완전한 항복을 이끌어냈고 미국은 일본이 재건하는 데 도움을 주었다. 물론 부분적으로는 공산주의 중국을 겨냥한 것이기도 했다. 새로 탄생한 일본은 특유의 독창성을 유감없이 발휘해서 30여 년 만에 글로벌 경제 강국으로 올라섰다.

일본은 과연 전쟁 가능한 국가가 될 것인가

—

하지만 이 나라가 본래 갖고 있는 호전성과 군국주의의 망령이 완전히 사라진 것은 아니었다. 단지 히로시마와 나가사키의 돌무덤 아래, 기진맥진한 민심의 깊숙한 곳에 묻어두었을 뿐이었다. 일본의 전후 헌법은 일본으로 하여금 육군은 물론 공군과 해군 등 군대를 보유하지 못하게 하고 있다. 수십 년간 일본의 자위대(自衛隊, 일본이 1954년 자국의 치안 유지를 위해 창설한 조직으로 경찰 예비대로 볼 수 있으며 엄밀히 말하자면 군대는 아니었다.)는 전쟁 전 군대의 희미한 그림자였다. 미국은 전후 협상에서 일본의 방위비 지출을 GDP의 1퍼센트 이내로 제한하는 것에 더불어 수만 명의 미군을 일본 땅에 주둔시킨다는 내용을 넣었다. 현재에도 3만 2천 명의 미군이 여전히 일본 땅에 주둔하고 있다.

그런데 1980년대 초반부터 희미하게나마 스멀스멀 고개를 들고 있는 민족주의가 감지되었다. 일본에는 일본이 전범국가라는 사실을 결코 받아들이지 않았던 노년 세대와, 부모 세대가 저지른 죄를 받아들일 준비가 안 된 보다 젊은 세대가 있다. 전후 세계에서 이 태양이 떠오르는 나라의 많은 자손들은 태양의 아래라는 자연스러운 자리를 잡기를 바랐다.

헌법을 보다 유연하게 해석하는 입장도 정해졌다. 그리하여 자위대는 조금씩 현대식 전투 부대로 탈바꿈하고 있다. 이 현상은 중국의 부상이 점점 더 가시화되면서 그만큼 가중되고 있다. 동시에 현재 태평양 지역에서 군사 동맹이 더욱 절실해진 미국은 일본의 재무장을 받아들일 채비가 되어 있다.

금세기 들어 일본은 동맹국들의 해외 파병에 자위대가 동행해서 싸울 수 있도록 국방 정책도 바꾸어가고 있다. 따라서 보다 탄탄한 법적 기반 위에서 이를 실행하고자 아예 헌법을 수정하려는 시도를 하고 있다. 2013년 일본은 방위백서에서 처음으로 잠재적 적을 적시했다. 즉 "중국은 현 상황을 강제적으로 바꾸려는 시도로 보일 수 있는 행동을 해오고 있다."라고.

일본 헌법 2조 9항은 정부가 자위대를 해외에 파병하는 것을 어렵게 해놓고 있다. 그래서 아베 내각은 9항을 유연하게 해석하면서, 이제 일본이 이 지역에서 좀 더 대담한 역할을 담당할 필요가 있다는 식으로 헌법 개정에 회의적인 국민들을 설득하려 한다. 특히 집단 안보의 한 축으로 동맹을 지원한다는 명분을 내세우면서 말이다. (일본의 집권 자민당은 2016년 7월 10일에 실시된 참의원 선거에서 압승함으로써 보통국가, 즉 군사력을 갖고 당당하게 외교 및 군사 활동을 펼칠 수 있는 국가로 갈 수 있도록 헌법을 개정할 수 있는 개헌 발의 가능 의석을 확보했다.)

이런 배경에서 2015년의 일본 방위비는 유례없이 큰 규모로 책정되었다. 그 금액의 대부분은 해군과 공군의 장비 현대화에 투입되는데 이 가운데에는 미국산 F-35A 스텔스 전투기 구입도 포함돼 있다. 2015년 봄, 일본 정부는 일명 헬리콥터 수송 구축함이라고 하는 장비를 공개했다. 군사 전문가라면 이내 눈치 챘을 것이다. 이 배가 제2차 세계대전 당시 일본의 항공모함으로 사용되다가 1945년 항복과 함께 사용이 중지된 당시의 항공모함만큼 덩치가 크다는 사실을. 이 전함은 고정익 항공기(동체에 날개가 고정되어 있는 항공기) 수송용으로 전용될 수 있다. 하지만 일본 방위성 대신은 "이것을 항공모함으로 이용할 생각은 하고 있지 않다."라고 말했다. 이는 곧 오토바이를 사놓고 오토바이처럼 타지 않을 것이니 자전거라고 우기는 것과 다름없다. 현재 일본은 항공모함을 보유하고 있는 것이다.

일본의 최대 고민은 중국,
이제 주변국에서 친구를 찾아야 한다

—

일본이 번쩍대는 이런저런 신무기에 돈을 쓰는 행동의 의도는 그것이 배치되는 지점만 보더라도 명확하다. 열도 주요 부분을 방어하고 있는 오키나와의 군사 시설은 앞으로 더욱 개량될 것이다. 이를 통해 일본은 2013년 중국 정부가 선언한 확대된 방공식별구역과 겹치는 자국의 방공식별구역을 감시하는 데 보다 큰 유연성을 얻을 수 있을 것이다.

일본과 중국의 영토 주장이 겹치는 구역에는 현재 일본이 실효적 지배 중이지만 중국 또한 영유권을 주장하고 있는 일명 센카쿠(일본명) 또는 댜오위다오(중국명) 제도가 있다. 류큐 제도의 일부이기도 한 이 지역이 특히 민감한 것은 적대적인 세력이 일본의 중심부로 접근하려면 이곳을 꼭 지나야 하기 때문이다. 또 이곳은 일본에게는 상당한 해양 영토를 보장할 뿐 아니라 해저에는 개발 가능한 가스전과 유전을 포함하고 있는 것으로도 알려졌다. 일본 정부가 필요한 모든 수단을 동원해서라도 이곳을 붙들고 있는 이유도 이 때문이다.

한편 동중국해에서 중국이 선언한 확대된 방공식별구역은 공교롭게도 중국, 일본, 대만, 그리고 한국까지도 자국의 영토라고 주장하는 지역과 겹쳐진다. 중국 정부는 이곳을 지나는 어떤 비행 물체도 필히 신고를 해야 하며 그렇지 않으면 자위권적 조치에 직면할 것이라고 공언했다. 하지만 일본, 한국 그리고 미국의 대응은 이 말을 무시한 채 신고하지 않고 그대로 비행하는 것이다. 현재 중국은 이에 대해 군사적인 대응을 하고 있지는 않지만 정부의 선택 여하에 따라 언제라도 최후통첩이 떨어질 가능성도 있다.

일본 또한 홋카이도 위쪽에 위치한 쿠릴 열도에 대한 주권을 주장하고 있다. 이 지역은 일본이 제2차 세계대전 당시 소련에게 빼앗긴 이후 지금까지 러시아의 지배하에 있다. 러시아는 이곳이 쟁점화되는 것을 피하려는 기색이 역력하다. 하지만 이 문제에 대한 논쟁은 일본이 중국과 다투는 것과는 다른 차원에서 이뤄진다. 쿠릴 열도에는 대략 1만 9천여 명의 러시아 주민들이 거주하는데 비단 풍부한 어장에 위치한 것뿐 아니라 특히 전략적으로 중요한 위치를 점하고 있다는 게 문제의 핵심이다. 그렇잖아도 냉랭한 두 나라의 관계에서 이 사안은 더욱 차갑게 고착되고 있다.

하지만 일본 지도자들을 잠 못 이루게 하고 외교적으로나 군사적으로 미국에 더욱 밀착시키는 것은 뭐니 뭐니 해도 중국이라는 존재다. 특히 오키나와 주민들을 비롯한 다수의 일본 국민들은 미군의 주둔을 달갑지 않게 여기고 있다. 그럼에도 불구하고 일본의 인구 감소에 중국의 의도까지 더해지는 마당에 이런 식의 전후 미일 관계는 보다 평등한 기반 위에서라도 지속될 전망이다. 일본의 통계 분석가들은 이 추세로 인구가 감소하면 21세기 중반에 이르러 일본의 인구는 1억 명 이하로 줄어들 것이라는 우려 섞인 분석을 내놓았다. 현 출생률이 지속돼서 2110년에 이르면 1910년대 수준인 5천만 명으로까지 떨어질 거라는 전망이다. 일본 정부는 이 추세를 역전시키기 위해 여러 방도를 강구하는 중이다. 최근에는 수백만 달러의 세금을 젊은 커플들을 위한 맞춤형 지원책에 투입하고 있다.

최근에는 싱글 남녀들이 만나서 먹고 마시고 궁극적으로는 아이를 갖게 하는 이른바 콘카츠(결혼 활동)라는 파티에 보조금이 지급되기도 한다. 이민 또한 또 다른 해결책이 될 수는 있겠지만 일본은 상대적으로 배타적인 사회라서 이민에 대한 거부감이 있다. 반면 중국 인구는 적극적으로 불어 13억에 이르는 것을 감안하면 지극히 매파적인 관점에서 재무장을 시도하더라도 일본은 우선 주변국에서 친구를 찾아야 할 필요에 직면할 것이다.

미국이 한국과 일본 양쪽에 남아 있는 것도 이 때문이다. 이 세 나라 간에는 앞서 말한 정보 교류 협정 같은 문제가 불거져 나오는 것처럼 일종의 삼각관계가 형성돼 있다. 일본과 한국 간에는 서로 풀어야 할 사안이 한두 가지가 아니지만 중국과 북한에 대한 불안을 공유하는 한에서는 이 문제를 극복할 수 있을 것이다.

하지만 한반도 문제를 해결하기 위해 아무리 노력을 이어간다 해도 중국은 여전히 거기에 있을 것이며 이는 곧 미군의 제7함대도 도쿄만에 여전히 머물 것이라는 얘기며, 태평양과 중국해들을 드나드는 길목을 지키는 미군 잠수함들도 여전히 오키나와를 떠나지 않을 것이라는 얘기이기도 하다. 격류가 휘몰아칠 수도 있다.

6

라틴 아메리카,
내륙이 텅 빈,
거대한 지리의 감옥에 갇히다

라틴 아메리카, 그 중에서도 특히 그 남쪽은 구세계의 지식과 기술을 새로운 세계로 가지고 올 수는 있지만 지리가 이를 완강히 거부할 경우 제한적으로밖에 접근할 수 없음을 증명한 곳이다. 특히나 올바르지 못한 정치가들이 있는 곳이라면 더더욱. 미국의 지리가 그 나라를 강대국으로 만드는 데 일조했다면, 남쪽의 20여 개 나라들 가운데 금세기에 이 북아메리카의 거인과 겨룰 만큼 크게 성장할 나라는 없으며 그러기 위해 함께 힘을 모으기도 어렵다는 것은 확실하다.

라틴 아메리카의 지리적 제약은 민족 국가들이 형성된 초기에 이미 내재된 것이었다. 미국의 경우는 원주민으로부터 강탈한 많은 토지가 소규모로 팔리거나 불하되었다. 하지만 라틴 아메리카는 강력한 지주들과 노예제가 합쳐진 구시대 문화가 청산되지 못했고 이는 불평등으로 이어졌다. 이 현상의 최극단에 유럽 정착민들이 야기한 또 다른 지리적 문제까지 더해져서 현재까지도 많은 나라들이 높은 잠재력을 계발해 보지도 못한 채 뒤처지게 되었다. 내륙이 모기와 질병에 시달리는 지역에서는 사람들은 주로 해안가에 남게 된다. 그래서 라틴 아메리카 대륙 대다수 국가들의 대도시는 주로 해안 지역에 있다. 따라서 수도가 되는 도시들도 주로 해안 근처에 세워지고, 내륙으로부터의 도로도 수도로만 이어지지 나라 곳곳까지 연결되지 못했다.

페루와 아르헨티나의 경우 전 인구의 30퍼센트 이상이 수도권에 모여 산다. 식민주의자들은 각 지역의 부를 해안 지역으로 끌어와서 해외 시장에 넘기는 데 집중했다. 독립이 이뤄진 뒤에도 대다수 유럽 출신 해안 엘리트들은 내륙에 투자하지 않았고 인구가 모이더라도 내륙 지역은 서로 연결되지 못한 채 빈곤한 상태로 남게 되었다.

2010년대 초반에 많은 기업가들과 학자들, 언론의 분석가들 사이에선 이른바 〈라틴 아메리카 시대〉의 서막이 열렸다며 흥분하던 것이 유행처럼 번졌었다. 물론 아직 그 시대는 열리지 않았고 이 지역의 잠재력도 온전히 발휘되지 못하고 있다. 어쨌거나 이 지역은 자연과 역사를 움직이는 손과의 승부를 지속적으로 벌여가야 한다.

멕시코는 지역의 패권 국가로 성장하고 있지만 북쪽에는 사막이라는 황무지를, 동쪽과 서쪽에는 산맥을, 그리고 남쪽에는 정글을 가지고 갈 수밖에 없다. 이것들은 물리적으로 이 나라의 경제 성장을 제한하는 요소다. 브라질은 세계무대에서 존재감을 알리고 있는지는 모르나 내륙 지역은 여전히 서로서로 고립된 채 남아 있을 것이다. 또한 아르헨티나와 칠레는 풍부한 천연자원에도 불구하고 여전히 뉴욕이나 워싱턴보다 파리나 런던과 더 이해관계가 많을 것이다.

초기 독립운동 시대에서 2백여 년이 흐른 뒤에도 라틴 아메리카 국가들은 북아메리카와 유럽 국가들에 비해 한참은 뒤처져 있다. 카리브 해 지역까지 포함해 이 지역의 전 인구를 합하면 6억 명에 이르지만 통합 GDP는 1억 2천만 명의 프랑스와 영국 두 나라를 합친 것과 비슷한 수준이다. 라틴 아메리카 나라들은 식민주의와 노예제로부터 지난한 길을 걸어왔다. 하지만 아직도 갈 길이 멀다.

 라틴 아메리카라는 지역은 미국과 맞대고 있는 멕시코 국경에서부터 시작된다. 남쪽으로 장장 11,265킬로미터를 내려가는 동안 중앙아메리카를 지나고 남아메리카를 지난다. 그런 다음 태평양과 대서양이라는 두 대양이 만나는 케이프 혼의 티에라 델 푸에고에 이르러서야 이 대륙은 끝난다. 서쪽에서 동쪽 끝까지, 즉 페루에서 브라질을 횡단하는 최장거리는 5,149킬로미터에 이른다. 대륙의 서쪽은 태평양이고 반대쪽에는 멕시코 만과 카리브 해, 대서양이 있다. 해안 지역에는 수심이 깊은 천연 항구는 거의 없다고 보면 되니 교역 또한 제한적으로 이뤄질 수밖에 없다.

 중앙아메리카는 깊은 계곡들이 산재한 구릉지대인데 가장 너비가 좁은 곳은 193킬로미터에 불과하다. 또한 태평양과 마주하면서 7천 킬로미터를 내달리는 지구상에서 가장 긴 산맥이 이곳에서 시작한다. 바로 안데스 산맥이다. 안데스는 거의 전 구간에 만년설을 이고 있고 대부분 건너기 힘든 지역이다 보니 동쪽과 서쪽의 많은 지역들이 단절돼 있는 형편이다. 서반구에서 가장 높은 산인 해발 6,960미터의 아콩카과 산도 여기에 있다. 덕분에 산맥지대에서 쏟아져 내려오는 물은 칠레, 페루, 에콰도르, 콜롬비아, 베네수엘라 같은 안데스

권역 국가들의 수력 발전에 적합한 발전원을 제공한다. 여기서 더 내려가면 숲과 빙하가 모습을 드러내는데 이곳이 바로 칠레의 다도해 지역으로 머지않아 이 대륙은 끝난다. 라틴 아메리카의 동쪽은 브라질과, 나일 강 다음으로 지구상에서 긴 아마존 강이 차지하고 있다.

드물지만 이 지역 국가들이 공통적으로 갖고 있는 것 중의 하나는 바로 라틴어에 기반을 둔 언어다. 이들 국가 대다수가 스페인어를 쓰고 있는 가운데 브라질은 포르투갈어, 프랑스령 기아나는 프랑스어를 쓴다. 하지만 이런 언어적 연결은 기후학적으로 다섯 개의 상이한 지역으로 나뉘는 이 대륙에 내재한 차이를 가릴 뿐이다. 상대적으로 완만한 안데스 산맥의 동쪽 지역과 남미 원뿔꼴 지역(Southern Cone, 브라질, 파라과이, 우루과이, 아르헨티나, 칠레로 이뤄지는 지역)으로 불리는 남 아메리카 하부의 온화한 기후는 더 북쪽의 산악과 정글 지대와 대비되면서 경작과 건설에 드는 비용을 절감시켰다. 따라서 이 조건이 이곳을 대륙 전체에서 가장 수익성 높은 지역으로 만들어 주었다. 한편 곧 살펴보겠지만 브라질의 경우는 자국 내 시장에 상품들을 수송하는 것조차 어려움을 겪고 있는 상황이다.

광활한 세계의 끝단에서 벌어지는 영토 분쟁

—

학자들과 언론인들은 이 대륙이 마침내 위대한 미래를 향해 시동을 건다는 의미에서 〈기로에 서 있다at a crossroads〉라는 표현을 쓰는 걸 좋아한다. 하지만 나는 지리학적인 관점에서 이에 이의를 제기하고 싶다. 라틴 아메리카는 기로에 있다기보다는 세계의 끝단에 놓여 있다. 이 광활한 지역 전역에서는 온갖 일이 벌어지고 있는데 문제는 이 중 많은 핵심적인 것들이 너무 멀리 떨어진 어딘가에서 벌어지고 있다는 것이다. 물론 이러한 시각을 북반구 중심주의라고 할 수도 있을 것이다. 어쨌거나 주류 경제 및 군사, 외교 세력이 위치하고 있는 곳의 시각은 그렇다는 것이다.

비록 역사의 주역들이 모여든 곳과는 멀리 떨어져 있기는 하지만, 현재 멕시코와 미국 국경지대의 남쪽에 사람들이 살아온 기간은 거의 1만 5천 년에 육박한다. 그들은 당시 하나의 대륙으로 연결된 베링 해협을 도보로 건너 러시아 땅에서 온 걸로 추정된다. 현재는 유럽인, 아프리카인, 인디오(라틴 아메리카 원주민), 그리고 유럽과 아메리카 원주민의 후손인 메스티소까지 섞여 살고 있다. 이러한 다양한 인구 구성의 기원은 1494년 스페인과 포르투갈이 맺은 토르데시야스 조약으로 거슬러 올라갈 수 있다. 이 조약이야말로 유럽 식민주의자들이 거의 알지 못하는―물론 이 경우에는 아예 몰랐지만―머나먼 곳에 임의로 선을 그은 초기 사례 가운데 하나라 할 수 있다. 그들은 대양을 탐험하려고 서쪽을 향해 출발했고 유럽의 두 거대 해양 세력인 스페인과 포르투갈은 유럽 밖에서 땅을 발견하는 경우 서로 나누기로 약속했다. 여기에 교황도 동의했다. 나머지는 이 땅에 살았던 대다수 원주민들에게는 대단히 불행한 이야기다. 현재 남아메리카라 부르는 지역을 엉망으로 만들어 버렸으니 말이다.

1800년대 초반 베네수엘라에서는 시몬 볼리바르, 아르헨티나에서는 호세 데 산 마르틴이 이끄는 독립운동이 일어났다. 특히 볼리바르는 남아메리카의 집단의식에 깊이 아로새겨진 인물이다. 볼리비아는 아예 그를 기리는 뜻에서 국호를 그의 이름을 따서 정했으며, 남아메리카의 좌파 성향의 국가들은 미국에 맞서 이른바 〈볼리바르주의Bolivarianism〉 이념으로 느슨하게나마 묶여 있다. 그러나 반식민주의와 친사회주의를 오가는 이 사상은 자주 민족주의로 잘못 방향을 틀어 그것과 결탁한 정치가들에게 이용당하곤 한다.

19세기에 독립한 많은 신생국들은 내전이나 국경을 넘는 전쟁을 통해 부서지기도 했지만 19세기가 끝날 무렵에는 여러 나라들의 국경이 어느 정도 정해졌다. 그러자 가장 부유한 나라라고 할 브라질, 아르헨티나, 칠레는 결국 파국으로 끝날 값비싼 해군력 증강이라는 경주에 돌입했다. 이 경쟁은 이들 세 나라 모두가 발전하는 데 발목을 잡고 말았다. 라틴 아메리카 대륙 전체로도 분쟁 중인 국경 지역들이 남아 있지만 민주주의의 성장으로 대부분 소강상태에 머물러 있거나 외교적으로 풀어보려는 시도를 하고 있다.

이 가운데 특히 고약한 경우가 볼리비아와 칠레의 관계다. 1879년 태평양 전쟁에서 볼리비아는 국토의 상당 부분을 빼앗겼다. 특히 402킬로미터에 이르는 해안 지역을 칠레에게 빼앗긴 이후 아직도 내륙에 갇혀 있는 신세다. 볼리비아는 이 타격 이후 결코 회복되지 못하고 있는데 이 나라가 라틴 아메리카에서 가장 가난한 나라 가운데 하나인 이유도 이해가 간다. 이 상황은 대다수가 유럽인인 이 나라의 하부 지역 주민들과 원주민이 대다수인 상부 지역 주민들 간의 분열을 가속화시켰다.

세월은 이 두 세력 간의 상처는 물론 볼리비아와 칠레 두 나라 간의 상처도 달래주지 못했다. 볼리비아가 남아메리카에서 세 번째로 천연가스를 많이 보유한 나라이긴 하지만 믿을 만한 공급자가 필요한 칠레에게만은 팔 일이 없을 것 같다. 그도 그럴 것이 볼리비아에서는 이 사안을 놓고 저울질했던 두 명의 대통령이 쫓겨났으며, 현 대통령인 에보 모랄레스는 해안지대를 위한 가스 협상의 일환으로 〈칠레에게 가스를〉이라는 정책을 펴려 하고 있는데 정작 에너지가 필요한 칠레가 이를 묵살했다. 이는 국가의 자존심과 지리적 필요성이 두 나라의 외교적 타협을 누르고 있는 형국이다.

그 기원이 19세기로 올라가는 또 다른 국경 분쟁이 있다. 영국령인 벨리즈와 인접국인 과테말라가 그 당사자들이다. 이 두 나라 국경은 아프리카와 중동에서 보는 것처럼 반듯한 직선의 모양새다. 이것을 그린 이들은 영국인들이다. 과테말라는 벨리즈의 영토 일부를 자국의 영토로 주장하지만 볼리비아와는 달리 이 사안을 적극적으로 밀어붙이지는 않고 있다. 한편 칠레와 아르헨티나도 비글 해협의 수로를 놓고 감정의 날을 세우고 있다. 베네수엘라는 가이아나 절반을 자국 영토라 주장하고 에콰도르는 페루에 대해 역사적으로 감정이 많다. 특히 에콰도르와 페루의 사례는 이 대륙에서 벌어진 가장 심각한 영토 분쟁 가운데 하나로, 가장 최근인 1995년의 충돌까지 포함해서 지난 75년 동안 벌써 세 번의 국경 전쟁을 벌였다. 그러나 민주주의가 성장하면서 그러한 긴장들도 차츰 옅어져 가는 추세다.

20세기 후반기의 중남미는 쿠데타와 군사 독재, 특히 니카라과에서 보듯 대규모 인권 탄압을 동반한 소위 냉전의 대리 전장이었다. 하지만 냉전이 종식되자 많은 국가들이 민주주의를 향해 걸음마를 시작했다. 그러므로 20세기에 비해 이들 국가들의 관계는 상대적으로 안정된 편이다.

라틴 아메리카인들, 또는 적어도 파나마 남쪽에 사는 사람들은 대다수가 서부 혹은 동부 해안이나 그 근처에 거주하고 있고 내륙 지역과 저 남쪽 끝단의 얼어붙은 지역에는 거주민이 드문 형편이다. 따라서 남아메리카는 인구학적으로 보면 가운데가 텅 빈 대륙이나 마찬가지여서 해안 지역을 일컬어 흔히 〈인구가 밀집된 테두리〉라고도 한다. 그런데 중앙아메리카만 놓고 보면 이 말이 꼭 들어맞는 것도 아니다. 특히 인구가 보다 고르게 분포돼 있는 멕시코를 보면 그렇다. 하지만 멕시코 또한 그 야심과 대외정책을 실현하는 데 제약을 주는 국토를 갖고 있는 나라다.

멕시코,
미국의 그늘 아래에서 살아가야 할 운명의 나라
—

멕시코의 북쪽 끝은 3,141킬로미터의 국경지대가 미국과 맞대고 있는데 이곳 대부분은 사막지대다. 이 지역은 너무 척박해서 거의 사람이 살지 않는다. 때문에 이곳은 멕시코와 거대 이웃인 미국과의 완충지 역할을 하고는 있지만 이 완충지라는 것도 기술적 격차로 인해 멕시코보다는 미국에게 훨씬 이득이 된다. 일단 군사적으로 볼 때 미군만이 그곳을 넘어 대규모 침공을 단행할 수 있을 것이다. 다른 곳에서 오는 그 어떤 세력도 실패할 것이다. 비합법적으로 미국에 들어가려는 이들 앞에는 이 사막이 장벽처럼 가로막고 있는 셈이니 이 또한 미국에게 요긴하다. 그럼에도 불구하고 이곳에도 구멍이 많아 차기 미행정부는 이 문제를 놓고 협상에 나설 것이다.

1846년에서 1848년까지 치른 미국과의 전쟁 이전에는 현재의 텍사스, 캘리포니아, 뉴멕시코, 애리조나가 멕시코 땅이었다는 것을 모르는 멕시코인들은 없다. 이 분쟁으로 인해 멕시코 땅의 절반을 미국에게 넘겨줘야 했다. 하지만 이 땅을 되찾으려는 진지한 정치적 움직임이나 두 나라 사이의 긴박한 국경 분쟁은 보이지 않고 있다. 20세기 대부분의 기간에는 1850년대에 흐름이 바뀐 리오그란데 강(미국 남서부와 멕시코의 국경지대를 흐르는 강)을 두고 자잘한 입씨름 정도만 벌였는데 이것도 1967년에 정식으로 멕시코 땅으로 결정됐다.

21세기 중반에 이르면 히스패닉계 주민들이 미국에서 가장 거대한 민족 집단이 될 걸로 예상되며 그 가운데 다수는 멕시코계 주민들이 차지할 전망이다. 그러다 보면 미국과 멕시코 국경의 양편에서 스페인어를 쓰는 주민들의 움직임이 궁극적으로 멕시코와의 재통합을 요구하는 정치 운동으로까지 발전할 가능성도 없지는 않다. 물론 현실적으로는 그런 수준으로까지는 이어지지 않을 것으로 보인다. 그 이유는 많은 라틴계 미국인들이 멕시코의 유산을 물려받으려 할 리 없고 멕시코 또한 미국 수준의 생활에 근접할 가능성이 어느 모로 보나 희박하기 때문이다. 또 멕시코 정부는 현재의 영토만을 관리하는데도 애를 먹고 있는 형편인데 미래에나 생각해볼 만한 많은 무언가를 놓고 싸울 입장이 아니다. 미국의 그늘 아래서 살아가야 할 멕시코의 운명은 늘 미국에게 고개를 숙일 수밖에 없는 역할을 부여한다. 멕시코에게는 멕시코 만을 수호하거나 대서양으로 진출할 만한 해군력이 부족하다. 따라서 자국의 항로가 안전하게 열려 있기를 바라는 멕시코로서는 미국에 의존할 수밖에 없다.

양국의 사기업들은 국경의 남쪽 지대에 공장을 지어 임금과 수송비를 절약하고 있다. 하지만 이 지역은 사람이 거주하기엔 너무나 척박해서 가난에 찌든 라틴 아메리카 주민들은 이 완충지라도 넘어서 합법적이든 불법적이든 간에 북쪽에 있는 약속의 땅으로 들어가고자 안간힘을 쓴다.

멕시코에서 중요한 산맥은 나라의 동서를 차지하는 시에라 마드레 산맥이다. 이 사이에 고원지대가 있다. 이곳의 남쪽, 즉 멕시코 계곡 내에 대략 2천만 명이 거주하는 세계에서 가장 큰 수도 가운데 하나인 멕시코시티가 있다.

고지대와 멕시코 계곡의 서쪽 경사면은 토양이 척박한데다 하천들도 물자를 수송하는 데 별 도움이 되지 않는다. 동쪽 경사면의 땅이 훨씬 비옥하지만 고르지 않은 지형이 멕시코가 원하는 발전에 걸림돌이 되고 있다. 남쪽은 벨리즈와 과테말라와 국경을 마주하고 있다. 멕시코가 남쪽으로 영향력을 확장하는 데 별 관심이 없는 이유는 이지대가 이내 높아져서 일종의 산악지대로 변해 버려서 이곳을 정복하거나 통치하는 데 애를 먹을 것이 빤하기 때문이다. 혹시 멕시코가 벨리즈와 과테말라 안쪽으로 확장해 들어간다 해도 쓸 만한 땅이 부족해서 멕시코로서는 별 효과를 기대할 게 없다. 멕시코는 영토 팽창의 야욕을 갖고 있지 않은 대신, 제한적이나마 원유 생산 산업을 발전시키고 더 많은 해외 투자를 유치하는 데 집중하고 있다. 또 굳이 해외에서 모험을 걸지 않아도 멕시코에는 다뤄야 할 내부 문제가 산적해 있다. 그 가운데 미국인들의 게걸스러운 마약 갈증을 달래주는 역할보다 더 큰 게 있을까.

멕시코 국경은 늘 마약 밀수업자들의 피난처가 되어 왔지만 지난 20여 년만큼 극심했던 적은 없었다. 이는 남쪽으로 2천4백여 킬로미터 떨어진 콜롬비아에서 미국이 수행한 정책의 직접적인 결과이기도 하다.

닉슨 대통령은 1970년대에 처음으로 〈마약과의 전쟁〉을 천명했다. 이는 테러와의 전쟁처럼 승리를 손에 쥘 수 없는 약간은 모호한 개념이다. 하지만 1990년대 초반 미국 정부는 콜롬비아 정부의 도움을 받아 콜롬비아 마약 카르텔과 직접적인 전쟁을 벌였다. 그 결과 공중과 해상을 통한 콜롬비아 마약 운반을 막는 데 성공을 거두었다.

이에 대해 마약 카르텔들은 중앙아메리카와 멕시코를 거쳐 미국 남서부로 향하는 육로를 개척하는 것으로 응수했다. 그러자 이번에는 멕시코의 마약 갱단들이 편리한 운반로를 개척하고 아예 직접 마약을 생산하는 등의 행동을 개시했다. 이 운반로는 부분적으로 대륙의 남과 북을 잇는 팬 아메리칸 하이웨이(Pan American Highway, 알래스카에서 아르헨티나 남단까지 남북 아메리카를 잇는 길이 2만 7천 킬로미터에 이르는 국제 고속도로)를 따라간다. 원래는 여러 국가들에 물품을 운송하기 위해 설계된 이 고속도로가 현재는 북쪽의 미국으로 마약을 운반하는 용도로도 쓰이고 있는 것이다. 이 수십억 달러짜리 마약 사업은 지역의 영역 다툼을 촉발했고 승리자들은 새로 얻은 힘과 돈을 이용해서 멕시코 경찰과 군에 잠입해서 그들을 매수하고 심지어 정치와 기업

엘리트 내부에까지 파고들기도 한다.

이런 현상은 아프가니스탄에서 벌어지는 헤로인 무역과 궤를 같이한다. 전통적으로 양귀비를 재배해온 다수의 아프간 농부들은 그들의 생계 수단을 파괴하려는 나토에 대해 무기를 들거나 탈레반을 지원하는 것으로 응수한다. 물론 아프간 정부는 마약과의 전쟁을 수행하는 정책을 세웠겠지만 그렇다고 이것으로 아프간 마약 왕들이 뚫고 들어간 지역에서 질서가 수립된다는 의미는 아니다. 그리고 멕시코 경우도 이와 다르지 않다.

역사를 놓고 볼 때 멕시코에 들어선 정권들치고 나라 전체를 확고히 장악한 정권이 없었다. 그리고 이제 정부의 적수인 마약 카르텔들이 정규군 못지않게 무장이 잘된 준군사 조직들을 거느리고 오히려 군대보다 더 높은 보수와 더 많은 동기를 부여한다. 심지어 몇몇 지역에서는 마약 산업이 일부 대중들에게 고용의 원천으로 받아들여지고 있기까지 하다. 마약 갱들이 창출해 내는 막대한 돈이 지금도 멕시코 전체에 걸쳐 돌아다니고 있으며 그 가운데 상당량은 겉으로는 합법적 사업으로 보이는 방식으로 세탁되었다.

육로를 통한 마약 공급 루트는 이제 확고히 자리 잡았고 미국 내에서의 요구 또한 줄어들 기미가 별로 보이지 않는다. 멕시코 정부는 강력한 이웃 나라 편에 서려고 노력하면서 자체적으로 마약과의 전쟁을 수행하는 것으로 미국의 압력에 부응하려 한다. 그런데 여기에 미묘한 문제가 깔려 있다. 멕시코는 미국에 소비재를 공급하는 것으로 먹고 사는 나라이기 때문에 미국의 마약 소비가 지속되는 한 멕시코 또한 여전히 마약을 공급할 것이다. 무엇보다 여기서 물건을 만드는 것이 정식으로 교역을 하는 상품들에 비해 생산비는 싸게 먹히면서 훨씬 비싼 값으로 팔 수 있다는 생각이 팽배해 있다. 마약이 없다면 이 나라 멕시코는 대량의 외화 유입이 막혀 지금보다 훨씬 가난해질 것이다. 또한 마약이 있음으로 해서 이 나라는 훨씬 폭력적이 된다. 멕시코 남쪽에 있는 몇몇 나라들의 사정도 이와 다르지 않다.

현재 멕시코는 거의 내전과 다름없는 상황에 시달리고 있다. 마약 카르텔들은 협박을 통해 자기들의 영역을 지배하려 한다. 정부는 법의 지배를 실행하는 척할 뿐이고 그 와중에 수백 명의 민간인들이 목숨을 잃고 있다. 가장 최근에 알려진 경악할 만한 과시 행동의 하나는 2014년에 43명의 학생과 교사들이 마약 카르텔에 의해 살해된 사건이었다. 이 사건은 온 나라를 충격에 몰아넣었고 당국으로 하여금 정신이 번쩍 들게 했다. 하지만 이는 지난하게 펼쳐질 이 싸움에서 단지 또 하나의 끔찍한 이정표로만 보인다.

니카라과 대운하,
거대 중국 자본이 이미 진입했다

—

중앙아메리카는 지리적 측면에서 보면 단 한 곳만 빼면 살아나가는 데 유리하지 않은 곳이다. 일단 중앙아메리카는 좁다. 하지만 지금까지 이 지리적 조건의 수혜를 입은 나라가 딱 하나 있는데 그곳은 바로 파나마다. 그런데 중국으로부터 새로운 자금이 유입되고 있는 지금 그 판도가 바뀌어가는 중이다.

현대 기술은 위성사진을 힐끗 들여다본 중국에게 이 좁다란 땅에서 무역을 해볼 기회를 노려보게 했다. 1513년 스페인의 탐험가인 바스코 누네스 데 발보아는 대서양을 건너와서 현재의 파나마 땅에 발을 내디뎠다. 그는 정글을 지나고 산을 넘어 또 다른 드넓은 바다와 마주했다. 바로 태평양이었다. 대서양과 태평양 이 두 대양을 이을 수만 있다면 그 이득이야 말할 나위도 없지만 기술력이 지리를 따라잡는 데는 또 다시 401년이 걸렸다. 마침내 1914년 미국이 관리하는 80킬로미터의 파나마 운하가 열렸다. 그리하여 대서양에서 태평양까지 가는 선박들은 무려 12,874킬로미터를 절약할 수 있었으며 운하 지역의 경제 성장 또한 따라왔다.

1999년 이후 파나마가 운하의 관리권을 양도받았지만 아직까지도 이곳은 미군과 파나마 해군이 관리하는 중립적인 국제 수로로 받아들여지고 있다. 그런데 중국에게는 이것이 문제인 것이다.

파나마와 미국은 우방 관계다. 실제로 2014년에 베네수엘라가 파나마와 관계를 단절하면서 〈미국의 하인〉이라고 부를 만큼 파나마는 미국과 돈독한 사이다. 점점 궁지에 몰린 볼리바르주의 혁명 국가인 베네수엘라가 한 이 발언은 미국이 베네수엘라의 가장 큰 교역 파트너이며 베네수엘라가 미국 원유 공급량의 12퍼센트를 차지하고 있다는 사실 때문에 더 큰 파장을 일으켰다. 이 두 나라 간의 에너지 무역은 미국의 셰일 혁명이 시작되면서 더욱 둔화될 전망인데 이 틈을 타서 중국이 베네수엘라의 적극적인 원유 수입국으로 등장했다. 그래서 중국과 베네수엘라 두 나라는 파나마 운하라는 통로에 의존하지 않고 중국으로 원유를 보낼 방도를 궁리 중이다.

1장에서 봤듯이 중국은 초강대국이 되려는 구상을 갖고 있다. 그리고 이 목표를 이루려면 무엇보다 자국의 상품과 해군이 편하게 드나들 수 있되 지속적으로 열려 있는 해상로가 필요하다. 파나마 운하는 중립적인 통로일지는 모르나 따지고 보면 결국은 미국의 호의에 기대고 있는 셈이다. 그렇다면 니카라과에다 운하를 직접 건설해 보는 게 어떨까? 한창 커가는 초강대국이 5백억 달러쯤 쓴다고 해서 무슨 대수겠는가.

니카라과 대운하 사업에 자금을 댄 인물은 왕 징이라는 홍콩 사업가인데 전기통신 사업으로 많은 돈을 벌었지만 건설 분야 경험은 없는 이 인물이 인류 역사상 가장 원대한 건설 사업의 지휘를 맡은 것이다. 왕 징은 중국 정부가 이 사업에 대놓고 간섭하지 못하도록 하는 단호한 입장을 고수하고 있다. 기업 문화나 삶의 전 영역에 걸쳐 정부가 개입하는 중국의 특성으로 볼 때 이는 흔치 않은 경우다.

2020년에 개통 예정인 5백억 달러짜리 이 사업은 니카라과 전체 경제 규모의 네 배에 달한다. 니카라과 대운하는 느리지만 확고하게 미국의 자리를 대신해서 이 지역의 주요 교역국의 지위를 차지하려는 중국의 대 라틴 아메리카 투자의 핵심이랄 수 있다. 누가 왕 징의 뒤에서 자금을 대고 있는지는 정확히 밝혀지지 않고 있지만, 니카라과 대통령인 다니엘 오르테가는 그 사업으로 삶의 터전을 잃게 될지 모르는 3만 명의 주민들을 슬쩍 쳐다보기가 무섭게 잽싸게 그 계약에 서명했다.

전직 혁명적 사회주의 단체인 산디니스타(니카라과의 민족 해방 전선의 일원)의 선동가였던 다니엘 오르테가 대통령은 이제는 대기업 편에

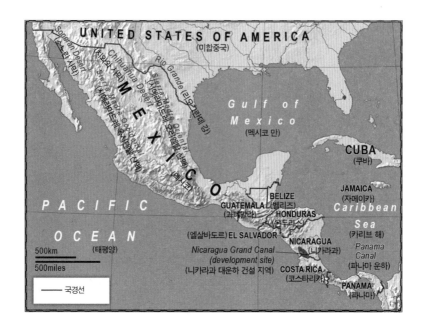

중앙아메리카에서 중국 투자를 받은 지역에서는 많은 변화가 보인다. 니카라과의 대운하 개발이
그 한 예다.

섰다는 이유로 비난을 받는 처지에 있다. 운하는 니카라과의 국토를
두 개로 쪼개고 여섯 개의 자치 지역 또한 분리할 것이다. 운하를 가
로지르는 다리는 단 한 개뿐이다. 오르테가 대통령은 자신이 저항의
씨앗을 뿌릴 위험을 알고 있을 것이다. 하지만 그 사업 덕분에 수만
개의 일자리가 생겨서 서반구에서 두 번째로 가난한 이 나라에게 시
급한 투자와 수익을 가져다줄 거라고 주장한다.

니카라과 대운하는 파나마 운하보다 더 길 뿐 아니라 결정적으로
폭도 더 넓고 수심도 깊어서 아주 덩치가 큰 유조선과 컨테이너 운반

선들도 통과할 수 있다. 중국 해군 함정들은 말할 필요도 없다. 또 현재 파나마 운하가 북에서 남으로 가로지르고 있다면 니카라과 대운하는 동과 서를 가로지른다. 그런데 운하의 중간부를 위해 니카라과 호수를 파낼 것인데 이로 인해 환경론자들은 라틴 아메리카에서 가장 큰 청정 담수호가 오염될 위험을 경고하고 있다.

회의론자들은 파나마 운하를 남쪽으로 수백 킬로미터 정도 확장할 수 있다는 점을 감안할 때 굳이 니카라과 대운하가 필요한지 묻는다. 하지만 중국은 더 큰 선박들이 운항할 수 있는 이 운하의 관리권을 쥐어서 오로지 중국만이 감당할 수 있는 규모의 경제를 확보할 것이다. 그렇다면 니카라과 운하의 향후 수익성에 관한 질문이 나온다. 수익을 내려면 앞으로도 수십 년은 걸릴 것이다. 하지만 이는 당장의 상업적 이익보다 중국의 국가 이익이 걸린 문제로 보인다.

중국, 미국과 라틴 아메리카의 벌어진 틈을 공략하다
—

나라 밖의 두 대양을 잇는 연결은 라틴 아메리카에서 중국이 행하는 투자의 성격을 가장 극명하게 보여주는 신호다. 현재 세계는 아프리카에서 주요 역할을 담당하는 중국을 점점 많이 보고 있다. 하지만 그들은 리오그란데 강의 남쪽에서 20여 년에 걸쳐 슬금슬금 움직이고 있었던 것이다.

건설 사업에 투자하는 것만큼이나 중국은 라틴 아메리카 정부들에도 막대한 양의 돈을 빌려주고 있다. 특히 아르헨티나, 베네수엘라,

에콰도르가 주요 고객이다. 대신 중국은 대만을 포함한 영토 분쟁의 경우 유엔에서 이들 나라들이 자기편을 들어주길 기대할 것이다.

중국은 또한 사들이고도 있다. 미국은 유럽연합과는 지역 전체를 대상으로 하는 상호 무역 협상을 선호했으면서도 라틴 아메리카 나라들과는 개별적으로 무역 협정을 맺고 있다. 중국 역시 그렇게 하지만 적어도 대안을 제시한다는 점에서는 다르다. 그러면서 중국은 이 지역 국가들이 미국은 물론 미국 시장에 대한 의존도를 조금씩 줄여 나가게 하고 있다. 그 한 예가 중국이 미국을 대신해서 최대 교역 상대국의 지위를 차지한 브라질 시장이다. 그리고 이런 판세는 조만간 다른 라틴 아메리카 국가들에서도 목격될 것이다.

라틴 아메리카 국가들은 미국과 자연스러운 친밀감을 형성하지 못하고 있다. 미국과의 관계는 주로 미국의 입장에 좌우된다. 이 입장은 1823년 미국의 먼로 대통령이 연두교서에서 밝힌 먼로 독트린에 의거하고 있다. 여기서 먼로 대통령은 유럽의 식민주의자들에게 경고했다. 라틴 아메리카는 글자 그대로 〈미국의 뒷마당〉이자 미국의 영향권이라고. 미국은 이 뒷마당에서 일이 벌어질 때마다 조율을 해왔다. 하지만 많은 라틴 아메리카 국가들은 그 결과가 늘 긍정적이지만은 않다고 생각한다.

먼로 독트린이 선언된 지 80여 년이 흐른 뒤, 또 다른 미국 대통령이 이와 궤를 같이하는 이른바 〈재장전된 먼로〉를 들고 나왔다. 1904년의 한 연설에서 시어도어 루스벨트 대통령은 이렇게 말했다.

"서반구에서 먼로주의 입장을 견지하는 미국은 명백히 그릇되고 무능한 경우 어쩔 수 없이 국제 경찰력을 행사할 수도 있다."

이는 곧 서반구에서 미국이 지목한 어떤 곳이든 군사적으로 개입하겠다는 얘기였다. 여러 혁명과 그 단체들을 무장하는 데 자금을 대거나 군사 훈련관을 제공한 것 등은 제외하더라도, 미국은 1890년대부터 냉전이 종식될 때까지 라틴 아메리카에 거의 50여 차례에 가까운 무력 개입을 했다.

그 이후 노골적인 간섭은 급격히 줄어들었다. 그러던 중 2001년에 미국은 34개 국가가 참여한 미주기구(Organization of American States, 아메리카 대륙의 지역적 협력을 위하여 설립한 기구)가 발의한 미주 민주 헌장에 조인했다. 이 헌장에서는 "미주 대륙의 국민들은 민주주의를 누릴 권리가 있으며 그들의 정부는 이를 증진시키고 수호할 의무가 있다."고 명시했다. 이를 기점으로 미국은 라틴 아메리카 국가들과 경제적인 끈을 맺는 일에 집중했다. 즉 기존의 무역 협정을 북미자유무역협정처럼 보완하고 다른 국가들을 중앙아메리카자유무역협정의 틀 안으로 끌어들인 것이다.

하지만 북쪽의 미국과 남쪽의 라틴 아메리카의 역사적, 경제적 관계가 야기한 호의의 결핍은 결국 중국이 문을 두드리자 잽싸게 문을 열어주게 했다. 중국 정부는 이제 우루과이, 콜롬비아, 칠레, 멕시코, 페루 등지에 무기를 팔거나 기증을 하고 있으며 군사 교류까지 제안하고 있다. 중국은 베네수엘라의 볼리바르주의 혁명 정부가 오래 지속되기를 희망하지만 혹시라도 붕괴됐을 경우를 대비해 베네수엘라와 군사 관계도 맺으려고 시도한다. 라틴 아메리카에 공급되는 무기는 비교적 적은 규모지만 중국은 이른바 소프트파워에도 공을 들이면서 이를 보완하고 있다. 이를테면 중국 해군의 유일한 병원선hospital ship인 피스 아크 호가 2011년에 이 지역을 방문한 것 같은 일을 들 수 있다. 3백 개의 병상을 갖춘 피스 아크 호는 역시 이곳을 방문한 1천 개의 병상을 갖춘 미국 병원선의 축소판에 불과하다. 하지만 이 사례는 점점 더 많은 소프트파워를 얻으려는 중국의 의도와 그 현실을 깨닫게 하는 신호탄에 불과하다.

브라질, 지리가 자국 내 운송도 막는다

하지만 중국과의 교역을 하거나 안 하거나, 라틴 아메리카 국가들은 지리적 지형 안에서 빠져나오기 어렵다. 이는 결국 언제나 주연은 미국이 맡을 수밖에 없다는 의미이기도 하다.

남아메리카의 거의 3분의 1을 차지하고 있는 브라질이 가장 좋은 사례다. 브라질의 면적은 미국 전체에 버금가며 27개 연방주들의 면적은 28개 유럽연합 회원국들을 합친 것보다 넓다. 하지만 이들 국가와 다른 점이 있다면 브라질을 그들만큼 부유하게 할 수 있는 인프라가 부족하다는 것이다. 일단 브라질 국토의 3분의 1은 정글 지대로, 현대식으로 사람들이 살 만한 지역으로 개척하려면 엄청난 비용이 든다. 게다가 일부 지역은 합법적으로 개발하기도 어렵다. 아마존 열대우림을 파괴하는 행위는 전 세계에 장기적으로 생태학적 문제를 야기하는 것 이상으로 단기적으로도 브라질에게는 골칫거리다. 정부는 화전火田 농업 종사자들에게 정글의 나무들을 베고 그곳에서 농사를 짓도록 허용하고 있다. 하지만 몇 년이 지나면 작물을 재배할 수 없을 정도로 토질이 나빠진다. 그러면 농부들은 더 많은 삼림을 벨 수밖에 없는데 일단 파괴된 삼림은 다시 자라지 못한다. 한마디로 이는 기후와 토양이 한꺼번에 농업 발전을 가로막는 상황이다.

아마존 강은 부분적으로는 항해가 가능하지만 그 유역들은 지나치게 무른 진창이어서 주위에 무언가를 건설하는 것을 어렵게 하고 있다. 이 조건 또한 많은 토지를 이용하는 것을 제약한다. 아마존 지역 바로 아래, 즉 고지대에는 사바나가 펼쳐져 있다. 위쪽과는 달리 이곳은 토지 이용의 성공 사례로 꼽힌다. 25년 전만 해도 이곳은 농업에 적합하지 않은 지역으로 여겨졌다. 하지만 브라질의 기술은 이곳을 곡물 생산과 더불어 세계 최대의 콩 생산지 가운데 하나로 탈바꿈시켰다. 덕분에 브라질은 세계 주요 농산물 생산국이 되고 있다.

사바나의 남쪽은 전통적인 브라질 농업지대다. 이곳은 브라질, 아르헨티나, 우루과이, 칠레가 구성하고 있는 이른바 남미 원뿔꼴 지역이다. 상대적으로 넓지 않은 이 지역은 원래 포르투갈 식민주의자들이 살았다. 그리고 주민들이 이 중심부로부터 나와서 이 나라의 나머지 지역으로 옮겨가는 데만 3백 년이 걸렸다. 하지만 브라질 인구의 대다수는 여전히 해안 근처에 거주하고 있다. 정부가 내륙을 개발하려는 시도로 1950년대에 브라질리아라는 행정 수도를 건설해서 내륙 몇 백 킬로미터 안으로 옮기는 것 같은 특단의 조처를 취했음에도 불구하고 말이다.

남부 농업 중심지의 규모는 스페인과 포르투갈, 이탈리아를 합친 크기에 버금가며 지형도 국토의 나머지 부분보다 훨씬 완만하다. 게다가 상대적으로 급수도 원활하다. 다만 땅의 대부분이 안쪽에 치우쳐 있어서 운송로를 개발하기가 어렵다는 문제가 있다.

사실 이는 브라질 대부분 지역의 문제다. 브라질의 많은 해안 도시들에는 도심의 양편 혹은 그 뒤편에 거대한 절벽들이 삐죽 솟아 올라와 있는 웅장한 풍경이 흔하게 펼쳐져 있다. 이처럼 거대한 급경사면이 브라질 해안의 상당 부분에 분포하고 있다. 이 절벽들이 브라질 내륙의 대부분을 구성하는 브라질 쉴드라 부르는 고원이 끝나는 지점이다.

브라질은 연안 평야가 부족한 나라여서 주요 해안 도시들을 연결하려면 급경사를 건너는 도로를 따로 건설해야 한다. 그리고 다음 도시 지역으로 갔다가 다시 내려오는 것을 반복해야 한다. 쓸 만한 현대적 도로망의 부족은 가뜩이나 불충분한 철도망으로 인해 더 악화되고 있다. 이는 교역은 물론 그 넓은 공간을 정치적으로 통합하는 것도 어렵게 하고 있다.

상황은 더 나빠진다. 브라질은 라플라타 강 지역의 물길들에 곧장 접근하지 못한다. 라플라타 강은 아르헨티나에서 대서양으로 들어가면서 그 수명이 끝난다. 이를 보면 왜 수세기 동안 교역자들이 그들의 물품을 굳이 급경사면을 오르내리면서 브라질의 낙후된 항만으로 가져가지 않고 라플라타 강을 따라 내려가서 부에노스아이레스로 가져가길 택했는지 그 이유를 알 수 있다. 텍사스에 있는 지정학 정보 회사인 Stratfor.com은 브라질의 최대 항구 일곱 개의 물동량을 합쳐도 미국의 뉴올리언스 항구 하나가 일년 동안 처리하는 양에도 못 미친다고 평가했다.

이처럼 브라질의 교역량은 희망하는 규모에 훨씬 못 미치는데다 더 중요한 것은 그 물류의 대부분이 강을 따라가기보다는 불충분한 도로로 이동하다 보니 그 비용도 덩달아 뛴다는 점이다. 그래서 현재 브라질은 수송 인프라를 건설 중이다. 새로 발견된 연안 가스전이 이 비용에 도움이 될 뿐 아니라 볼리비아와 베네수엘라에 대한 가스 의존도도 줄이면서 불가피한 경기 둔화의 고통도 조금은 덜어줄 것으로 보인다. 브라질은 지리적 불이익을 극복하기 위해서라도 고군분투할 수밖에 없는 입장이다.

브라질은 인구의 대략 25퍼센트가 악명 높은 파벨라Favela라고 하는 빈민촌에 살고 있는 것으로 추정된다. 국민 4명당 1명꼴로 극빈 상태에 놓여 있다는 얘기니 이 나라가 부유해지는 것은 어려울 수밖에 없다. 그렇다고 브라질이 신흥대국이 아니라는 말은 아니다. 다만 그 지위가 제한될 뿐이다.

성장의 지름길은 소프트파워에서 찾을 수 있다. 그래서 브라질은 유엔안전보장이사회의 상임이사국 자리를 차지하려는 노력에 매진하고 있다. 또한 브라질, 아르헨티나, 우루과이, 베네수엘라가 느슨하게 맺고 있는 메르코수르(Mercosur, 남미 지역에서의 자유 무역과 관세 동맹을 목표로 결성된 경제 블록) 같은 지역 경제 동맹을 구축하는 것도 병행한다. 몇 년에 한 번씩 남아메리카 국가들은 주로 브라질의 주도로 일종의 유럽연합과 같은 형태의 기구를 출범시키곤 한다. 가장 최근의 사례로는 12개 남아메리카 국가들이 참여한 남미국가연합UNASUR이 있다. 본부는 에콰도르에 두었지만 브라질의 목소리가 가장 크다. 이것만 봐도 본부를 벨기에에 두고 독일이 주도권을 행사하는 유럽연합과 닮은꼴이라는 걸 알 수 있다. 하지만 비교는 여기까지다. 남미국가연합은 온라인상에서 인상적인 존재감을 보이는데 단순한 경제 공동체 이상의 것을 웹사이트에 남기고 있다. 유럽연합 국가들은 유사한 정치, 경제 제도를 갖고 있는데다 대다수 회원국들이 공동 통화를 도입하고 있다. 반면 라틴 아메리카 국가들은 정치, 경제, 통화, 교육 수준, 노동법들까지 서로 상이하다. 또한 산악지대부터 빽빽한 정글까지 서로를 가르는 거리의 제약을 극복하는 일 또한 만만치 않다.

하지만 브라질은 자국의 외교력과 점증하는 경제력을 이용해서 남아메리카판 파워 하우스power house를 설립하는 데 기여하려는 노력을 그치지 않을 것이다. 브라질은 천성적으로 갈등을 피하는 나라여서 대외정책 또한 다른 나라에 개입하는 것에 반대한다. 따라서 그 어떠한 인접국들과도 전쟁을 일으킬 가능성은 희박하다. 브라질은 9개국과 국경을 맞대고 있지만 다른 남아메리카 국가들과 좋은 관계를 유지하려고 한다.

우루과이와 국경을 두고 언쟁이 벌어진 적이 한 번 있었다. 하지만 이마저도 격화되지 않았다. 아르헨티나와의 경쟁 관계는 축구장을 넘어서 심각한 정치적 사안으로 발전될 가능성은 높지 않다. 근래에 브라질이 아르헨티나 접경지대에서 군대를 빼자 스페인어를 쓰는 이웃 나라 아르헨티나 또한 같은 식으로 답례했다. 또 수년 전 영국 해군 전함이 브라질 항구에 입항하려다가 거절당한 사례가 있었던 것과는 대조적으로 아르헨티나 해군 전함은 브라질 항구에서 환영받았다. 이 조치는 포클랜드 제도를 두고 현재도 영국과 외교적 공방을 벌이고 있는 아르헨티나로서는 흐뭇한 일이었다.

브라질은 현재 정치적, 경제적으로 부상하고 있는 주요 국가군인 브릭스BRICS로 분류된다. 사실 여기에 속한 각 나라들은 개별적으로 부상하고 있는데도 불구하고 이 개념이 현실보다 훨씬 유행하고 있는 듯하다. 브릭스에 해당되는 브라질, 러시아, 인도, 중국, 남아프리카공화국은 정치적으로나 지리적으로 의미 있게 묶일 만한 하나의 그룹도 아니며 서로 간에 공통점도 거의 없다. 이 용어의 철자를 발음대로 읽지 않는다면 브릭스라는 개념은 손에 잡히지도 않을 것이다. 브릭스 국가들은 연례적으로 회의를 열고 있는데 브라질은 가끔 냉전시대에 비동맹 운동의 희미한 메아리를 상기시키는 행동을 한다. 즉 국제적 사안에서 인도와 남아프리카공화국과 연락을 취하기도 하고 가끔은 미국에 적대적인 태도를 보일 때도 있다. 그렇다고 러시아와 중국 편을 들지도 않는다.

2013년, 남미와 북미의 두 거대 국가인 브라질과 미국은 현재도 브라질에서 문제가 되고 있는 한 사안을 두고 사이가 멀어진 적이 있었다. 미 국가안보국이 브라질 대통령인 지우마 호세프를 감청한 사실이 알려지면서 호세프 대통령이 워싱턴 방문을 취소했다는 뉴스가 나왔다. 그런데 오바마 행정부로부터 즉각적인 사과도 없었다는 것은 중국이 미국을 대체하는 브라질의 주요 교역 상대국이 된 것에 대해 미국의 기분이 상했다는 증거였다. 설상가상으로 브라질이 보잉사 전투기 대신 스웨덴 전투기를 구입하기로 한 결정 또한 미국 정부의 귀에 들어갔던 것으로 보인다. 하지만 이후 국가 대 국가의 관계는 비록 국가원수급은 아니지만 부분적으로나마 복원되었다. 차베스 대통령 시절의 베네수엘라가 보여준 것 같은 미국과의 기 싸움은 브라질의 스타일이 아니다. 브라질 국민들은 전 세계가 자신들을 신흥강국으로 여기는 것을 아는 한편으로 자신들의 힘이 미국에는 결코 미치지 못하리라는 것 또한 알고 있다.

라틴 아메리카 최고의 지리적 혜택을 받는 아르헨티나

—

아르헨티나도 사정이 별로 다르지 않다. 하지만 어떤 점에선 브라질보다 제1세계 국가(부유한 선진국들)가 되기에 더 좋은 위치에 있다. 다만 브라질이 예약해 놓은 라틴 아메리카 내의 패권국이 되기에는 국토의 크기나 인구가 브라질에 못 미친다. 하지만 양질의 토지는 이 나라가 유럽 국가들 못지않은 생활수준을 창출할 수 있게 한다. 그런데 그것만으로 목표를 이룰 수는 없다. 단순한 얘기지만 만약 아르헨티나가 경제적 패권을 획득한다면 이 나라는 그 지리적 특성 덕분에 이제껏 경험해 보지 못했던 강대국이 될 수도 있다.

이 잠재력의 근원은 19세기에 브라질과 파라과이와의 군사 대치에서 승리하고 라플라타 강 유역의 농업 지역 지배권을 확보한 것에 있다. 또한 하천을 통한 물류 시스템도 한몫했다. 전체 라틴 아메리카 대륙을 통틀어 이보다 값진 자산은 드물 것이다. 이 조건은 아르헨티나에게 브라질이나 파라과이, 우루과이보다 더 많은 경제적, 전략적 이득을 가져다주었다. 현재에도 이 같은 상황은 마찬가지다.

하지만 문제는 아르헨티나가 그 장점을 늘 제대로 쓰지 못했다는 것이다. 100년 전만 해도 아르헨티나는 세계에서 가장 부유한 10개 나라 가운데 하나였다. 프랑스나 이탈리아보다도 앞섰다. 그러나 산업 다각화의 실패, 계층화되고 불공정한 사회, 허술한 교육 제도, 연이은 쿠데타, 게다가 지난 30여 년간의 민주 정부 시대에 주먹구구식으로 남발된 경제 정책 등으로 아르헨티나의 위상은 급속히 추락하고 말았다.

브라질에는 이 고상한 체하는 이웃을 비꼬는 농담이 있다. 브라질 사람들은 아르헨티나 사람들을 두고 〈그러한 세련됨이 그처럼 엄청난 난장판을 만들 수 있다는 것을 보여주는 유일한 국민〉이라고 한다. 아르헨티나는 이를 바로잡아야 할 필요가 있다. 죽은 소만이 그들을 도울 수 있을지도 모르겠다.

죽은 소 혹은 바카 무에르타는 이 나라에 퍼져 있는 셰일층을 합쳐 부르는 말이다. 이 지역에는 아르헨티나가 150년 동안이나 쓰고도 남을 에너지에 수출까지 할 수 있는 양이 매장돼 있다. 아르헨티나 중부 지역인 파타고니아, 즉 칠레와 맞대고 있는 서쪽 국경지대에 위치하고 있는 이 지역은 벨기에만한 면적으로 나라로 치면 상대적으로 작겠지만 셰일층의 규모로는 꽤 큰 편이다. 현재까지는 잘 진행되고 있다. 만약 셰일에서 생산되는 에너지에 대한 반감만 없다면 말이다. 단 조건이 있다. 일단 셰일에서 가스와 기름을 얻기 위해서는 막대한 규모의 해외 투자가 필요한데 아르헨티나는 해외 투자자들에게 우호적인 국가로 인식되고 있지 않다.

남쪽으로 더 내려가면 원유와 가스가 더 많이 매장되어 있는 곳이 있다. 사실 남단은 1833년부터 영국이 지배하고 있는 섬 주변과 그 안쪽의 연안지대다. 그리고 이 문제의 지역은 웬만해선 뉴스에서 사라지지 않는 곳이다.

영국이 포클랜드Falkland라 부르는 이곳을 아르헨티나에서는 라스 말비나스Las Malvinas라고 부른다. 혹시라도 F를 쓰는 아르헨티나 사람은 험한 꼴을 당할 수 있다. 아르헨티나에서는 이 지역을 지도에 이슬라스 말비나스Islas Malvinas라고 표기하지 않았다가는 위법 행위로 취급받는다. 모든 아르헨티나 초등학생들은 동쪽과 서쪽에 두 개의 큰 섬(포클랜드 제도는 두 개의 큰 섬으로 구성되어 있다.)을 그리도록 교육받는다. 〈꼬마 자매들〉(포클랜드의 애칭)을 되찾는 것은 아르헨티나 후대에게 주어진 국가적 사명이며 라틴 아메리카 이웃들 또한 이 명분을 지지하고 있다.

1982년 4월, 영국의 수비가 느슨한 틈을 타 당시 아르헨티나 군부 독재자 갈티에리 장군은 이곳의 침공을 명령했다. 8주 뒤 영국군 기동부대가 들이닥쳐서 아르헨티나군의 짧은 승리를 끝장내고 이 섬을 탈환하기 전까지는 아르헨티나군의 일방적 승리로 끝나는 것 같았다. 결국 이 사태는 독재자를 자리에서 끌어내렸다.

그런데 아르헨티나가 근 몇 년 이내에 다시 침공한다면 영국이 그때는 이 섬을 탈환하지 못할 수도 있다. 영국군에는 현재 가동 중인 항공모함도 없는데 이 상황은 2020년이 되서야 개선될 것으로 보인다. 그때가 되면 아르헨티나에게 기회의 창문은 닫혀 버릴지도 모른다. 그런데 원유와 가스라는 유혹에도 불구하고 아르헨티나의 포클랜드 재침공은 두 가지 이유에서 그 가능성이 희박해 보인다.

첫째, 아르헨티나는 현재 민주 국가다. 포클랜드 주민들의 대다수가 영국의 지배 밑에 남기를 바라고 있음을 알고 있다. 둘째, 일단 물려보면 그 다음엔 움츠러들기 마련이다. 비록 현재 영국에게 남대서양 1만 2천9백 킬로미터를 항해할 항공모함이 일시적으로 없다고는 하나 이 섬에는 선진화된 관제 시스템으로 무장한 수백 명의 전투요원들이 상주하고 있고 지대공 미사일, 네 대의 유로파이터 제트기, 거기에다 핵추진 공격 잠수함도 근처에 도사리고 있다. 영국은 아르헨티나가 이 섬에 발을 딛는 것은 물론 섬을 가질 꿈조차 못 꾸게 하려 한다.

아르헨티나 공군의 주력기들은 유로파이터보다 수십 년은 뒤처진 것들이다. 영국은 외교력으로 스페인으로부터 최신 기종을 사들이려는 아르헨티나의 시도를 무산시켰다. 미국으로부터 구입하는 것 또한 영국과 미국 간의 특별한 관계에 비추어 보면—이따금 특별해지는 건 사실이니까—애당초 불가능하다. 따라서 아르헨티나가 2020년 전까지 또 다른 공격을 개시할 기회는 희박하다고 할 수 있다.

하지만 외교전까지 포기하는 건 아니다. 아르헨티나는 날렵하게 깎은 무기들을 전방에 내세웠다. 부에노스아이레스 정부는 포클랜드/말비나스에서 시추를 시도하는 그 어떤 석유 회사에게도 파타고니아의 바카 무에르타 지역의 셰일 가스와 원유 개발권을 내주지 않겠다고 으름장을 놓았다. 또 아르헨티나 정부의 허가 없이 포클랜드/말비나스 대륙붕을 탐사하는 개인들에게는 벌금을 물리거나 구금하는 법을 통과시키기까지 했다. 이 법은 많은 석유 회사들을 위축시켰다. 물론 영국 회사들이야 상관하지 않았지만. 그런데 남대서양 수면 아래 잠재적 부가 깔려 있는지를 그 누가 증명하려 들건 간에 이 사업은 가장 도전적인 환경에서의 작업이 될 것이다. 그 아래는 춥고 매서운 바람이 몰아칠 뿐 아니라 파도 또한 거세게 일 것이다.

이제 우리는 할 수 있는 한 이 대륙의 남쪽 끝까지 내려와서 남극의 얼어붙은 황무지에 도달한다. 숱한 나라들이 이곳에서 영향력을 행사하고자 몰려들고 있지만 극한 환경과 남극 조약 그리고 획득 가능하며 가치 있는 자원의 부족까지 더해져서 노골적인 경쟁은 벌어지지는 않고 있다. 적어도 현재까지는 그렇다는 얘기다. 하지만 반대쪽, 즉 북쪽 끝 지역의 상황은 다르다. (북극에 대해서는 10장에서 다룰 예정이다.)

7

아프리카,
유럽인이 만들어 놓은
지정학의 피해자가 되다

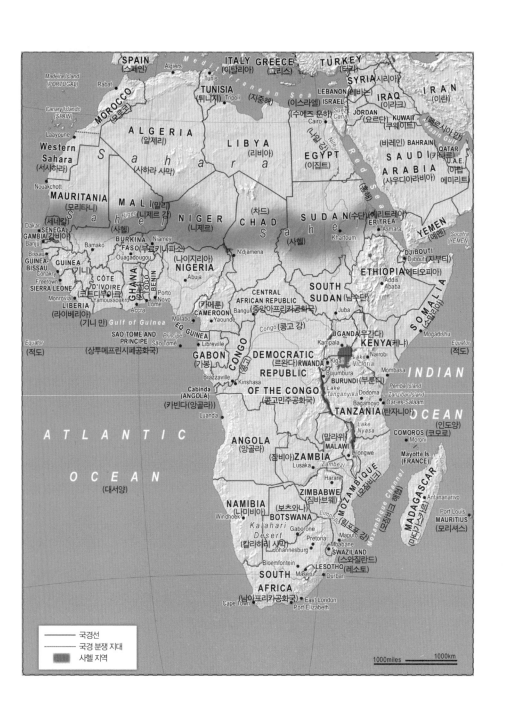

SPAIN (스페인)
Madeira Island (PORTUGAL)
Canary Islands (SPAIN)
Rabat
Laayoune
MOROCCO (모로코)
Western Sahara (서사하라)
Nouakchott
MAURITANIA (모리타니)
Dakar
SENEGAL (세네갈)
GAMBIA (감비아)
Banjul
Bissau
GUINEA-BISSAU (기니비사우)
Conakry
Freetown
SIERRA LEONE
Monrovia
LIBERIA (라이베리아)

Algiers
Tunis
TUNISIA (튀니지)
Tripoli
ALGERIA (알제리)
S a h a r a (사하라 사막)
S a h e l (사헬)
MAL I (말리)
Niger (니제르 강)
Bamako
BURKINA FASO (부르키나파소)
Ouagadougou
Niamey
NIGER (니제르)
CÔTE D'IVOIRE (코트디부아르)
Yamoussoukro
GHANA
TOGO
BENIN
Accra
Lomé
Porto Novo
NIGERIA (나이지리아)
Abuja

ITALY (이탈리아)
GREECE (그리스)
M e d i t e r r a n e a n S e a (지중해)
LIBYA (리비아)
TURKEY (터키)
SYRIA 시리아
LEBANON (레바논)
ISRAEL (이스라엘)
(수에즈 운하) Suez Canal
Cairo
EGYPT (이집트)
(나일 강)
SUDAN (수단)
Khartoum

IRAN (이란)
IRAQ (이라크)
JORDAN (요르단)
KUWAIT (쿠웨이트)
(페르시아 만) Persian Gulf
(바레인) **BAHRAIN**
QATAR (카타르)
U.A.E.
SAUDI ARABIA (사우디아라비아)
(아랍 에미리트)
R e d S e a (홍해)
YEMEN (예멘)
Socotra (YEMEN)
ERITREA (에리트레아)
Asmara
DJIBOUTI (지부티)
Djibouti
ETHIOPIA 에티오피아
Addis Ababa

(카메룬) **CAMEROON**
Malabo
Yaoundé
EQ. GUINEA
(카메룬)
CENTRAL AFRICAN REPUBLIC (중앙아프리카공화국)
Bangui
SOUTH SUDAN (남수단)
Juba
UGANDA (우간다)
Kampala
SOMALIA (소말리아)
Mogadishu

Equator (적도)
Gulf of Guinea (기니 만)
SAO TOME AND PRINCIPE (상투메프린시페공화국)
Sao Tomé
Principe
GABON (가봉)
Libreville
CONGO (콩고)
Brazzaville
Congo (콩고 강)
DEMOCRATIC REPUBLIC OF THE CONGO (콩고민주공화국)
Kinshasa
RWANDA (르완다)
Kigali
Bujumbura
BURUNDI (부룬디)
Lake Tanganyika
Lake Victoria
KENYA 케냐
Nairobi
Mombasa
Pemba Island
INDIAN OCEAN (인도양)
Equator (적도)

Cabinda (ANGOLA) (카빈다 (앙골라))
Luanda
Dodoma
Bagamoyo
Dar-es-Salaam
Zanziber Island
TANZANIA (탄자니아)
Lake Nyasa
COMOROS (코모로)
Moroni
Mayotte Is. (FRANCE)

ATLANTIC OCEAN (대서양)

ANGOLA (앙골라)
(말라위) **MALAWI**
Lilongwe
(잠비아) **ZAMBIA**
Lusaka
Zambézi
Harare
ZIMBABWE (짐바브웨)
MOZAMBIQUE (모잠비크)
Mozambique Channel (모잠비크 해협)
Antananarivo
MADAGASCAR (마다가스카르)
Port Louis
MAURITIUS (모리셔스)

NAMIBIA (나미비아)
Windhoek
Kalahari Desert (칼라하리 사막)
BOTSWANA (보츠와나)
Gaborone
Limpopo (림포포 강)
Maputo
Pretoria
Johannesburg
Mbabane
SWAZILAND (스와질란드)
Bloemfontein
Maseru
LESOTHO (레소토)
Durban
SOUTH AFRICA (남아프리카공화국)
Cape Town
East London
Port Elizabeth

국경선
------ 국경 분쟁 지대
사헬 지역

1000miles
1000km

아프리카의 해안선? 정말로, 정말로 아름다운 해안이긴 하지만 알고 보면 무시무시한 천연 항구들이기도 하다. 그렇다면 강들은? 강 또한 놀랍도록 멋지지만 실제로 대다수는 무언가를 운송하는 데는 하등의 쓸모가 없다. 이 점을 감안한다 해도 거의 10킬로미터마다 나타나는 폭포는 또 어떤가. 그런데 문제는 아프리카가 정치적, 기술적으로 서유럽이나 북미처럼 성공을 거두지 못하는 이유를 설명하는 긴 목록에서 이제 겨우 두 개만 꼽았다는 것이다.

사실 아프리카 말고도 성공을 거두지 못한 지역은 많다. 하지만 이곳만큼 성공에서 뒤처진 경우도 흔치 않다. 거의 50만 년 전 호모 사피엔스가 처음 등장한 땅. 그렇게 일찍 출발한 유리함에도 불구하고 말이다. 세계에서 가장 통찰력 있는 저자 중 한 명인 재레드 다이아몬드는 2005년 《내셔널 지오그래픽》에 실린 예리한 분석에서 "이는 부랴부랴 출발한 제1주자에게서 기대할 수 있는 것과는 정반대의 상황이다."라고 일갈했다. 하지만 그 첫 주자들은 사하라 사막과 인도양, 대서양에 의해 분리되었다. 아프리카 대륙의 거의 전 지역이 유라시아 대륙에서 고립된 채 발전했다. 인류의 사상과 기술은 동에서 서로, 서에서 동으로 서로 주거니 받거니 하며 발전했지만 정작 북쪽에서 남쪽으로는 전달되지 않았다.

아프리카는 거대한 대륙이니만큼 여러 다양한 지역적 특성과 기후, 문화를 보이고 있다. 그러면서도 하나같이 공통된 것은 그들 서로는 물론 바깥 세계로부터도 고립되어 있다는 사실이다. 오늘날에도 정도는 덜하지만 과거의 유산은 여전히 남아 있다.

사실 세계는 아프리카의 지리에 대해 그릇된 인식을 갖고 있다. 아프리카가 얼마나 큰 대륙인지 정확히 알고 있는 사람도 많지 않다. 이는 우리 대부분이 메르카토르Mercator 방식의 지도를 쓰는 데서 비롯됐다. 이 도법은 평평한 면에 지구를 그리다 보니 고위도로 갈수록 면적과 형상이 왜곡된다. 따라서 실제로 아프리카는 일반적으로 지도에 그려진 것보다 훨씬 길다. 이는 희망봉을 돈다는 것이 얼마나 대단한 일인지, 또 교역에서 수에즈 운하라는 존재가 얼마나 중요한지 새삼 깨닫게 해준다. 희망봉을 도는 일은 기념비적인 업적이었지만 굳이 그럴 필요가 없게 되자 서유럽에서 인도까지의 해상 여행은 9,656킬로미터로 단축되었다.

먼저 세계지도를 보면서 머릿속으로 알래스카를 캘리포니아에 갖다 붙여보자. 이어 미국을 완전히 뒤집어 보면 일부 들쭉날쭉한 부분들이 있겠지만 아프리카 대륙과 대충 들어맞는 것을 보게 된다. 하지만 실제 아프리카는 미국보다 3배는 크다. 다시 표준 메르카토르 지도를 보자. 그린란드가 아프리카와 같은 크기처럼 보이지만 실제로 아프리카는 그린란드보다 14배는 더 크다. 미국, 그린란드, 인도, 중국, 스페인, 프랑스, 독일, 그리고 영국까지 다 합쳐도 아프리카 대륙에 모두 집어넣을 수 있을 뿐 아니라 덤으로 동유럽 대부분을 집어넣을 만큼의 공간도 남는다. 우리는 아프리카가 거대한 대륙이라는 것을 알지만 정작 지도상에서는 아프리카가 얼마나 큰지 제대로 알 수 없다.

지리가, 아프리카의 최대 장애물이다

—

이 거대한 대륙의 지리는 여러 방식으로 설명될 수 있는데 그 중 가장 기본이 되는 것은 아프리카를 3분의 1의 상부와, 나머지 3분의 2의 하부로 나눠보는 것이다.

우선 3분의 1을 점하는 상부는 북아프리카의 아랍어 사용 국가들이 차지하는 지중해 연안부터 시작된다. 해안 평야 지역은 미국에 버금가는 크기인데 이내 세계 최대의 건조 사막인 사하라 사막으로 바뀐다. 사하라 사막 바로 아래로 사헬Sahel 지역이 펼쳐진다. 반건조지대인 사헬은 바위가 산재하는, 모래가 많은 지역이다. 최대 폭이 4천 8백 킬로미터가 넘으며 대서양 연안의 감비아에서 시작해 니제르, 차드를 거쳐 홍해의 에리트레아까지 뻗어 있다. 사헬이라는 명칭은 아랍어에서 해안을 뜻하는 사힐sahil에서 유래했다. 이를 사하라라는 광활한 모래바다의 해안이라는 의미로 치환해 보면 이 지역 사람들의 삶의 방식을 유추해볼 수 있다. 다시 말해 이는 이슬람의 영향이 줄어드는 또 다른 종류의 해안이 된다. 지중해에서 사헬에 이르는 지역에 거주하는 주민들의 대다수는 무슬림이다. 하지만 그 남쪽에는 보다 다양한 종교들이 존재하고 있다.

실제로 사헬의 남쪽, 즉 아프리카의 나머지 3분의 2를 차지하는 하부 지역은 거의 전 영역에서 훨씬 다양한 모습을 보인다. 토양도 한결 온화해진 덕분에 녹색 식물지대가 나타난다. 그러다가 콩고와 중앙아프리카공화국에 이르면 정글이 된다. 동쪽 해안인 우간다와 탄자니아에는 대규모 호수들이 있는 반면, 서쪽의 앙골라와 나미비아에는 사막이 훨씬 넓게 펼쳐져 있다. 남아프리카공화국의 끝자락에 이르면 기후는 다시 지중해성으로 바뀐다. 상부의 지중해 연안에 있는 튀니지의 최북단에서 거의 8천 킬로미터나 내려왔는데도 말이다.

인류의 기원이 아프리카에서 시작됐다는 점을 감안한다면 우리 모두는 아프리카인인 셈이다. 그런데 기원전 8천년 무렵부터 인종의 법칙이 바뀌기 시작했다. 중동과 지중해 주변을 떠돌던 어떤 이들이 방랑벽을 버리고 정착하더니 농사를 짓기 시작했고 이윽고 마을과 도시를 이루며 모여 살게 된 것이다.

하지만 아프리카 남쪽으로 돌아가 보면 재배할 식물도 별로 없고 동물들조차 많지 않았다. 땅의 상당 부분은 정글과 늪, 사막 혹은 가파른 고원지대다. 이런 지형에서는 밀이나 쌀을 재배하기도, 또 양을 치기도 적합하지 않다. 게다가 아프리카의 코뿔소나 가젤, 기린 등은 짐을 나르는 짐승이 되기를 완강히 거부한다. 재레드 다이아몬드 역시 인상적인 표현으로 이 점을 지적하고 있다.

"만약 아프리카의 군대가 농가에서 키운 기린 고기를 먹고 커다란 코뿔소에 올라탄 기병대의 지원을 받으면서 유럽으로 밀고 들어와 그곳에서 양고기를 먹으며 시원찮은 말 등에 올라탄 병사들을 쓸어버렸다면 역사는 다른 방향으로 흘러갔을 것이다."

그러나 아프리카는 일찍 출발했지만 다른 것을 발전시키는 데 더 많은 시간이 걸려서 오늘날까지도 과거에 붙들려 있는 실정이다. 더운 기후가 초래한 말라리아와 황열병 같은 악성 질병들은 밀집된 생활환경과 열악한 보건시설로 인해 현재는 더욱 복잡한 양상으로 나타나고 있다. 물론 인도 아대륙과 남아메리카 같은 다른 지역들도 사정이 비슷하지만, 특히 사하라 사막 이남 아프리카는 후천성 면역 결핍증 같은 질병의 타격이 큰데다 특히 모기와 체체파리의 만연으로 인한 문제도 심각하다.

아프리카 대륙의 강들 또한 문제다. 대개 고지대에서 발원한 강들이 가파르게 꺾여 내려오기 때문에 배를 띄우는 것조차 쉽지 않다. 일례로 아프리카에서 네 번째로 긴 장대한 잠베지 강을 보자. 길이만도 장장 2,735킬로미터에 달하는 이 강을 마주한 관광객들은 하얗게 부서지는 급류와 빅토리아 폭포에 매료될 게 분명하지만 정작 이 강은 교역로로서는 아무짝에도 쓸모가 없다. 잠베지 강은 여섯 개 나라를 지나는데 모잠비크에서 인도양과 합쳐질 때는 무려 해발 1천4백여 미터의 높이에서 흘러내린다. 이 강의 일부에서는 얕은 배를 띄울 수는 있지만 이 부분마저도 서로 연결되어 있지 않아 물자 수송은 제한돼 있다.

다뉴브 강이나 라인 강을 갖고 있는 유럽과는 달리 아프리카 하천들의 이러한 결점은 지역 간의 교류와 교역의 발전을 저해했다. 이런 약점은 경제 발전에 영향을 미쳤고 대규모 교역 지역의 형성을 막았다. 니제르 강, 콩고 강, 잠베지 강, 나일 강을 비롯한 대규모 하천들은 서로 연결되어 있지 않다. 그리고 이러한 단절은 인간 요소라고 다르지 않다. 러시아, 중국, 미국처럼 거대한 지역에서도 단일 언어를 쓰는 것이 교역에 얼마나 큰 도움이 되는지 모른다. 그런데 아프리카에는 족히 수천 개가 넘는 언어들이 있으며 비슷한 규모의 지역을 지배할 만한 공통 문화도 자라지 못했다. 이에 비해 유럽은 소통할 수 있는 공통어를 가질 만큼의 작은 크기인데다 상호 영향을 주고받을 수밖에 없는 지형이었다.

물론 현재는 공산품을 제조하는 공업국들도 출현하고 있지만 아프리카 대륙의 대부분은 여전히 나머지 세계와 이어지기 위해 안간힘을 쓰고 있다. 아프리카 대륙의 땅덩어리가 인도양과 대서양 그리고 사하라 사막에 의해 모양이 정해진 탓에 사하라 이남의 아프리카에서는 수천 년 동안이나 사상과 기술의 교류가 거의 이뤄지지 못했다. 하지만 6세기 이후부터 몇몇 아프리카 제국들과 도시 국가들이 출현했다. 그 대표적 사례가 말리 제국(13-16세기)과 대짐바브웨 도시 국가(11-15세기)다. 짐바브웨 도시 국가는 잠베지 강과 림포포 강 주변 지역에서 형성되었다. 하지만 위와 같은 국가들은 상대적으로 규모가 작은 광역 블록들의 형태로 서로 단절돼 있었다. 비록 대륙 전체에서 숱하게 발현한 문화들은 정치적으로는 정교했을지 몰라도 물리적인 지형은 기술적 발전을 가로막는 장애물로 남아 있었다. 바깥 세계가 힘으로 밀고 들어왔을 때에도 대부분의 아프리카 지역은 글과 종이, 화약 혹은 바퀴를 발전시켜야 했다.

대략 2천 년 전 즈음 낙타가 도입되면서 사하라 지역에서 중동 및 지중해 지역과의 교역이 이루어졌다. 당시의 교역이란 주로 이 지역에 풍부한 소금을 파는 일이었다. 하지만 이마저도 7세기 아랍의 정복 이후의 일이었다. 9세기 무렵 점차 남쪽으로 내려가려 했던 아랍인들은 사하라 사막을 건넜고 11세기에는 현재 나이지리아가 있는 남쪽 지역에 자리를 잡았다. 또 아랍인들은 동부 연안까지 내려와서 현재 탄자니아가 있는 잔지바르와 다르에스살람 같은 지역에도 뿌리를 내렸다.

유럽인들이 제멋대로 그려 넣은 국경선
—

15세기, 마침내 유럽인들이 아프리카 서부 해안에 발을 디뎠는데 그들은 배를 정박시킬 만한 천연 항구를 찾기가 어려웠다. 들쭉날쭉한 해안선 덕에 수심 깊은 천연 항구들이 생겨난 유럽이나 북아메리카와는 달리 아프리카의 해안선은 대체로 매끈하다. 아프리카 땅에 발을 들여놓은 유럽인들은 겨우 160킬로미터 정도를 나아가기 위해서도 고군분투해야 했다. 강에 배를 띄우기도 어려웠을 뿐 아니라 낯선 기후와 풍토병과도 싸워야 했기 때문이다.

아랍인들이나 유럽인들은 저마다 새로운 기술을 가지고 들어왔다. 물론 대부분은 자기들끼리만 공유했고, 주로 천연자원과 사람들 노동력이었지만 가치 있는 것이라 여기면 닥치는 대로 가져갔다.

이 땅에 들어온 외부 세력이 원래 출발했던 곳으로 돌아갈 때까지 노예제는 한참 동안이나 지속됐다. 사헬 지역에서는 당시 그 지역에서 가장 값나가는 상품인 막대한 양의 소금을 옮기는 데 수천 명의 노예들이 동원됐다. 그러자 아랍인들은 아예 도급 형태로 노예들을 모으기 시작했다. 그들은 기꺼이 해안까지 노예들을 데려다주겠다고 나서는 원주민 종족 지도자들을 앞세웠다. 이렇게 하여 오스만 제국이 전성기를 누리던 15-16세기에는 수십만 명에 이르는 아프리카인들이(주로 수단 지역에서 온) 이스탄불과 카이로, 다마스쿠스를 비롯한 아랍 세계 곳곳으로 보내졌다. 유럽인들도 그 전철을 따랐다. 하지만 그들은 아랍인들이나 투르크인들보다 한술 더 떠 자신들의 욕망을 위해 노예들을 혹사시키면서 동시에 서부 해안에 닻을 내린 노예선에 그들을 실어 자신들의 나라로 데려갔다.

런던, 파리, 브뤼셀, 리스본 같은 대제국의 수도로 돌아온 유럽인들은 아프리카의 대략적인 등고선이 그려진 지도를 펼쳐놓고 그 위에 제멋대로 선(국경선)들을 그려 넣었다. 아니, 그곳에 대한 보다 공격적인 접근을 위해 선들을 그곳에 놓아두었다고 해야겠다. 그들은 이 선들 사이에 중앙콩고라든지 오트볼타 같은 지명을 적어 넣고 이곳을 나라들이라 불렀다. 이 선들에는 정작 그 선들 사이에서 살고 있는 사람들 스스로가 느끼는 것, 또는 그들 스스로가 만들고자 했던 것들보다는 강대국의 탐험가들, 군대, 사업가들이 얼마나 더 멀리 나아갔는지가 담겼을 뿐이었다. 오늘날에도 많은 아프리카인들은 유럽인들이 만들어 놓은 지정학과 자연이 남겨준 발전을 가로막는 천연 장벽에 얼마간은 발목이 잡혀 있는 형편이다. 이런 열악한 상황에서 출발하여 그들은 현대적 가정을 만들고 경우에 따라서는 활발하게 경제와 연결시키기도 했다.

현재 아프리카에는 56개 국가들이 있다. 20세기 중반에 불어닥친 독립운동의 열기로 변화의 바람이 일기 시작한 이래로 지도의 선들 사이에 적혀 있던 몇몇 나라 이름들도 고쳐졌다. 이제 로디지아는 짐바브웨로 불린다. 그런데 놀랍게도 국경선들 대부분은 그대로다. 요컨대 유럽인들이 인위적으로 그 지역을 분할하며 그려놓은 선들이 지금도 그대로 남아 국경선으로 받아들여지고 있는데, 이러한 분할은 유럽의 식민주의가 아프리카 대륙에 남긴 다수의 식민 유산 잔재 중 하나다.

수단, 소말리아, 케냐, 앙골라, 콩고민주공화국, 나이지리아, 말리말고도 여러 곳에서 벌어지는 수많은 종족 갈등은 유럽인의 지리에 대한 생각이 아프리카의 인구학적 현실과 딱 맞아떨어지지 않는다는 점을 반증하고 있다. 아프리카에는 늘 분쟁이 있어 왔다. 예컨대 줄루족과 호사족은 유럽인들을 처음 구경하기 훨씬 이전부터 서로 어울리지 않았다. 그런데 식민주의는 이 차이를 인위적인 틀 안에서 해결하도록 강요했다. 다시 말해 민족 국가라는 유럽인의 개념으로 그들을 무조건 한 국가의 국민으로 몰아놓으려 한 것이다. 오늘날 목격되는 내전의 양상은 부분적으로 서로 다른 민족들을 한 국가 안에서 억지로 단일 민족으로 묶으려던 식민주의자들과 그들이 쫓겨난 뒤에 새로 부상하여 모든 것을 지배하려 한 신진 지배 세력, 그리고 그에 수반된 폭력의 결과물이다.

일례로 리비아의 경우를 보자. 불과 수십 년 전에 인위적인 구분에서 탄생한 이 나라는 원래 서로 다른 세 개의 지역으로 구분됐던 이전 시대 형태로 다시 돌아간 첫 사례다. 그리스 시대에 리비아의 서쪽에는 원래 트리폴리타니아(그리스어 트리폴리스, 즉 세 도시들은 나중에 하나로 합쳐져서 트리폴리가 되었다.)가 있었다. 또 벵가지 시를 중심으로 차드 국경까지 뻗어 있는 동쪽 지역은 그리스와 로마 시대에는 공히 키레나이카로 알려졌다. 그리고 이 두 지역 아래, 즉 현재 이 나라의 서남부 끝단이 페잔 지역이다.

트리폴리타니아는 남유럽의 인접국들과 교역을 하느라 늘 북쪽과 북서쪽을 바라봤다. 반면 키레나이카는 항상 이집트와 아랍 땅이 있는 동쪽과 가깝게 지냈다. 심지어 벵가지 지역 해안을 나서면 해류조차 자연스럽게 배를 동쪽으로 데려다줄 정도다. 한편 페잔은 두 연안 공동체들과는 공통점이라고는 찾기 어려운, 전통적으로 유목민들의 땅이었다.

따라서 이 역사는 그리스인들과 로마인들 그리고 투르크인들까지 어떻게 그 지역을 지배했는지, 다시 말해 그 지역 사람들이 수세기 동안 스스로를 어떻게 생각해 왔는지를 말해준다. 그러니 기껏해야 수십 년밖에 되지 않은 리비아에 대한 유럽인들의 개념이 살아남는 데엔 만만치 않은 도전이 따를 것이다. 아닌 게 아니라 동쪽 지역에서 활동하는 많은 이슬람 그룹들 가운데 벌써부터 키레나이카 토후국을 선언하고 나서는 세력도 있다. 물론 이 선언이 실현된다는 보장은 없지만, 이 사례는 단지 외국인들이 일방적으로 지도 위에 그려넣은 선에서 나온 이 지역에 대한 개념이 어떻게 생겨났는지 새삼 알려준다.

콩고민주공화국,
아프리카판 세계대전의 현장

—

그런데 유럽인들이 아프리카 대륙 한복판에 그려 넣은 선들 가운데 가장 큰 실수라면 뭐니 뭐니 해도 DRC, 즉 콩고민주공화국Democratic Republic of the Congo으로 알려진 거대한 블랙홀일 것이다. 조지프 콘래드의 소설 『암흑의 핵심』의 무대이기도 한 이 지역에는 여전히 전쟁의 그림자가 드리워져 있다. 이 나라야말로 인위적인 국경선 설정이 어떻게 한 국가를 내분으로 피폐하게 만드는지, 또 외부인들에게 광물자원을 수탈당하면서 동시에 허약하고 분단된 국가로 추락되는지 보여주는 최적의 사례다.

콩고민주공화국은 산업화된 현대 세계의 일부가 아닌 나라들을 표현하는 개발도상국이라는 용어가 왜 지나치게 포괄적인지 그 이유를 보여주고 있다. 이 나라는 개발 중이지도 않거니와 발전을 이룰 일말의 낌새도 보이지 않고 있다. 이 나라 사람들은 이제껏 한 번도 단결해본 적이 없다. 갈가리 찢긴 이 나라는 사실상 세계에서 가장 덜 보도되는 전쟁 지역이다. 1990년대 후반 이후 전쟁으로 사망한 목숨만 해도 6백만 명에 이르는데도 말이다.

따라서 콩고민주공화국은 민주적이지도 않을뿐더러 공화국이라 부를 수도 없다. 비록 나라 사정으로 정확한 수치를 얻기는 어렵지만 이 나라의 땅덩어리는 아프리카에서 두 번째로 넓고 인구 또한 대략 7천 5백만 명에 이를 것으로 추정된다. 이렇게만 보면 면적은 독일, 프랑스, 스페인을 합친 것보다 넓으며, 아마존에 이어 지구상에서 두 번째로 거대한 이른바 콩고 열대우림 지역도 갖고 있다.

이 나라 국민들은 적어도 2백 개가 넘는 부족으로 나뉘는데 그 가운데 가장 세력이 큰 부족은 반투족Bantu이다. 또한 언어만도 수백 개에 달하며 널리 퍼진 프랑스어가 그나마 그 간극을 조금은 메우고 있다. 프랑스어가 쓰인 것은 벨기에의 식민 통치기(1908-1960년)와 그 이전, 즉 벨기에 국왕 레오폴드가 자신의 주머니를 불리기 위해 이 지역의 천연자원을 착취해서 마치 개인 재산처럼 편취했던 시기로 거슬러 올라간다. 영국과 프랑스식 스타일이 만들어지는 데 일조한 벨기에의 식민 통치 원칙은 좋게 보면 온화해 보이지만 알고 보면 시종일관 무자비한 것이었다. 주민들을 위한 사회기반 시설을 건설하려는 일체의 시도를 말살했기 때문이다. 1960년에 벨기에인들이 떠나자 이 나라에는 서로 뭉쳐서 이룰 것이 아무것도 남아 있지 않았다.

결국 기다렸다는 듯 내전이 발발했고 전 세계에 몰아친 냉전의 소용돌이 속에서 피비린내 나는 전쟁은 점점 격화되었다. 킨샤사(콩고민주공화국의 수도) 정부는 앙골라 내전에서 반군을 지원했는데 이는 당시 같은 반군을 지지하고 있던 미국의 관심을 끌었다. 양측이 무기 구입에 쏟아 부은 돈만 해도 수억 달러에 달했다.

냉전이 종식되자 당시 자이르(콩고민주공화국의 옛 이름)라 불렸던 지역에 대한 미국과 소련의 관심도 시들해졌다. 나라는 여전히 비틀거렸지만 그나마 천원자원 덕분에 그럭저럭 버텨가고 있었다. 대지구대(Great Rift Valley, 협곡지대)는 남부와 동부에서 콩고 안쪽으로 꺾여들어 오는데 여기에는 막대한 양의 코발트, 구리, 다이아몬드, 금, 은, 아연, 석탄, 망간을 비롯한 다양한 광물들이 매장돼 있다. 특히 카탕가 지역은 광물의 보고라 할 만하다.

벨기에의 레오폴드 국왕 시절에는 세계가 자동차 산업을 확장해 가던 시기라 이 지역에서 나는 고무에 대한 수요가 높았다. 지금은 수출량의 50퍼센트 이상을 중국이 사가지만 이 나라 국민은 여전히 빈곤에서 벗어나지 못하고 있다. 2014년 유엔인간개발지수에 따르면 콩고민주공화국은 조사 대상 187개국 중 186위에 랭크됐다. 게다가 하위 18개 나라들은 모조리 아프리카에 있다.

이는 풍부한 천연자원에다 땅 또한 넓다 보니 너도나도 이 나라를 뜯어먹으려고 달려들고 있는 탓이다. 그리고 실질적인 중앙 권력이 부재한 이 지역으로서는 현실적으로 되받아칠 수 있는 방편도 없다.

콩고민주공화국이 차지하고 있는 영토는 아홉 개 나라들과 국경을 맞대고 있다. 이 나라들 또한 하나같이 이곳에 근심거리를 더하다 보니 콩고 내전이 〈아프리카판 세계대전〉으로 알려진 것도 과언이 아니다. 이 나라의 남쪽에는 앙골라와 잠비아가, 북쪽에는 콩고공화국과 중앙아프리카공화국이, 동쪽에는 우간다, 르완다, 부룬디, 탄자니아가 자리 잡고 있다. 콩고 내전의 기원은 수십 년을 거슬러 올라간다. 그 중에는 1994년 르완다를 강타한 재앙으로 발발한 내전과 그 후폭풍으로 서부 지역이 전쟁에 휩쓸렸던 최악의 시기도 있었다.

르완다 대학살 이후에 살아남은 투치족과 비교적 온건한 후투족은 투치족이 이끄는 정부를 설립했다. 그러자 후투족 민병대의 살인 기계들인 인테라함웨interahamwe는 콩고민주공화국 동부로 도주해 오면서 국경 지역에서 불법 침입을 자행했다. 그 과정에서 이들은 국경 근처에 거주하는 투치족을 살해할 목적으로 콩고민주공화국군 일부 분파에 가담했다. 그러자 이번에는 부룬디와 에리트레아의 지원을 받는 르완다와 우간다 군대가 그 지역으로 밀고 들어왔다. 콩고민주공화국의 반정부 민병대와 손을 잡은 이들은 인테라함웨를 공격했고 나중에는 아예 콩고민주공화국 정부를 전복시켜 버렸다. 그리고 그들 또한 이 나라의 천연 부존자원의 상당 부분을 통제하면서 휴대폰과 컴퓨터 칩을 만드는 데 쓰이는 콜탄의 수십 톤을 특히 르완다 쪽으로 실어 날랐다. 그러나 콩고민주공화국 정부군은 쉽사리 항복하지 않았고 바야흐로 앙골라, 나미비아, 짐바브웨까지 개입한 상태에서 전투는 이어졌다. 결국 이 땅은 20여 개가 넘는 파벌이 싸우는 거대한 전장으로 변했다.

이 전쟁은 아무리 적게 잡아도 줄잡아 10만 명의 인명을 앗아갔고 질병과 굶주림으로 6백만 명을 죽음으로 내몬 결과를 낳았다. 특히 유엔의 추산에 따르면 희생자들의 거의 절반이 5세 이하의 어린이들이라고 한다.

최근 들어 최악의 전투는 잦아들었지만 이 나라는 제2차 세계대전이래 최악의 분쟁의 본산이면서 언제 또 발발할지 모를 전면전을 방지하기 위해 유엔의 전면적인 평화 유지 임무가 여전히 요구되는 지역이기도 하다. 콩고민주공화국은 한 번도 하나였던 적이 없었기 때문이다. 그들이 실질적으로 평화롭게 함께할 수 있는 길을 찾을 때까지는 단지 분열 상태를 유지하는 수밖에 없다. 유럽 식민주의자들은 닭도 없이 달걀을 만들어 냈다. 그로 인해 아프리카 대륙 전체에서 논리적 부조리가 반복되고 있으며 이러한 상황은 이 지역에 지속적으로 출몰하고 있다.

나일 강의 수자원,
축복이자 분쟁의 씨앗

—

아프리카에서 자원은 저주이면서 축복이다. 풍부한 천연자원을 보유한 것은 축복이지만 그로 인해 오랜 세월 외부인들의 약탈 대상이 되어 왔다는 점에서는 저주다. 하지만 보다 최근에 이르러서는 아프리카 국가들이 이 자원의 공유를 주장할 수 있게 되자 이제 다른 나라들도 훔치기보다는 투자를 하는 편을 택하고 있다. 그럼에도 국민들에게는 그 혜택이 별로 돌아가지 않고 있다.

천연 광물자원에 더해 아프리카는 풍부한 수자원이라는 축복도 받았다. 비록 많은 하천들이 교역에는 도움을 주지 못하지만 수력 발전용으로는 최상의 조건을 갖추고 있다. 그런데 이 점 또한 잠재적 분쟁의 씨앗이 되고 있다.

장장 6,671킬로미터라는 지구상에서 가장 긴 길이를 자랑하는 나일 강은 그 유역에 근접한 것으로 여겨지는 부룬디, 콩고민주공화국, 에리트레아, 에티오피아, 케냐, 르완다, 수단, 탄자니아, 우간다 그리고 이집트를 포함한 10개 나라들에 영향을 미친다. 아주 오래전인 기원전 5세기에 역사가 헤로도토스는 "이집트는 나일 강이고, 나일 강은 이집트다."라고 말한 바 있다. 이 말은 오늘날에도 유효하다. 그런데 나일 강에서 온전히 배로 움직일 수 있는 거리가 이집트의 경우 장장 1,126킬로미터에 달하는데 이는 이집트에게는 부담이 된다. 즉 유사시를 대비할 때 보급로가 지나치게 길다는 점이 이집트 정부에게는 걱정거리인 것이다.

나일 강이 없으면 아무도 없다. 이집트가 거대한 나라이기는 하나 8천4백만 명에 달하는 인구 대다수가 나일 강에서 불과 반경 십여 킬로미터 이내에 살고 있다. 사람들이 살고 있는 지역으로만 보면 이집트는 세계에서 인구 밀도가 가장 높은 나라 가운데 하나인 셈이다.

대다수 유럽인들이 아직 움막에 살고 있을 때 이미 이집트는 민족 국가를 확립했다는 것은 이론의 여지가 없지만 이집트는 어디까지나 지역 강국에 지나지 않았다. 국토의 3면이 사막의 보호를 받고 있으니 지중해의 강대국이 될 수 있었을 테지만 다만 한 가지 문제가 있었다. 바로 나무가 귀하다는 점이다. 대다수 역사에서 나무가 귀한 나라치고 세력을 과시할 만한 강한 해군력을 구축한 나라는 없었다. 물론 이집트에 해군이 없었던 적은 없었다. 이집트는 선박을 건조하기 위해 많은 돈을 지불하고 레바논에서 삼나무를 수입해 오기도 했다. 하지만 결코 대양 해군이 돼 보지는 못했다.

오늘날의 이집트는 미국의 군사 원조 덕에 아랍 세계에서 가장 강력한 국방력을 갖춘 국가가 되었다. 하지만 이집트의 군사력은 사막과 바다 그리고 이스라엘과 맺은 평화 조약의 제약을 받고 있는 형편이다. 특히 시나이 반도에서 툭하면 터지는 이슬람교도의 반란을 상대하고, 매일 전 세계 교역량의 8퍼센트가 드나드는 수에즈 운하를 지키면서 8천4백만 명에 달하는 인구를 날마다 먹여 살리느라 고군분투하는 것만으로도 이집트는 여전히 뉴스거리임에 분명하다. 전 세계 석유의 2.5퍼센트가 매일 이 수에즈 운하 길을 통과한다. 혹시라도 이 운하가 폐쇄된다면 유럽은 15일, 미국은 10일의 수송 시간을 더 잡아야 한다.

이스라엘과 다섯 차례 전쟁을 치렀음에도 불구하고 이집트가 향후에 충돌할 가능성이 가장 높은 나라는 에티오피아다. 그리고 그 이유는 나일 강 때문이다. 아프리카 대륙에서 역사가 가장 깊을 뿐 아니라 대규모 군대를 보유한 이 두 나라 사이에 이 지역의 주요 수자원을 두고 한바탕 회오리가 몰아칠 수도 있다.

에티오피아에서 시작되는 청나일Blue Nile 강과 우간다에서 시작되는 백나일White Nile 강은 수단의 수도인 카르툼에서 만나 누비아 사막을 거쳐 이집트로 흘러 들어간다. 여기서 중요한 것은 물의 대부분이 청나일 강에서 흘러온다는 점이다.

고지대라는 위치와 더불어 고지대에서 내리는 비를 이용해서 20개가 넘는 댐을 보유하고 있는 에티오피아는 때로 〈아프리카의 급수탑〉으로 불리기도 한다. 2011년 에티오피아 정부는 수단 국경과 인접한 청나일 강에 중국과 합작으로 거대한 수력 발전용 댐을 건설한다는 계획을 발표했다. 그랜드 에티오피아 르네상스 댐으로 불리는 이 사업은 2020년에 이르면 완공될 예정인데, 일단 이 댐은 전기를 생산하는 용도로 쓰일 예정이어서 이집트로 흐르는 물이 끊길 일은 없을 것으로 보인다. 하지만 이론상으로만 보면 댐에 일년치의 물을 저장할 수 있어서 댐 건설이 완료되고 에티오피아가 자국민만 쓸 수 있는 물을 보유하려 한다면 이집트로 흘러가는 수량이 급격히 줄어들 가능성 또한 도사리고 있다.

현재로서는 이집트가 훨씬 강력한 군대를 보유하고 있지만 이 상황도 조금씩 바뀌어가는 형편이다. 9천6백만 명의 인구를 보유한 에티오피아가 점차로 지역의 강국으로 떠오르고 있기 때문이다. 카이로 정부는 댐이 완성되고 나서 그 댐을 파괴하는 것은 에티오피아와 수단 양국에 엄청난 홍수를 유발할 것이라는 사실을 알고 있다. 하지만 당장은 완성되기 전에 댐을 타격할 정당한 이유를 들기도 어렵다. 얼마 전엔 이집트의 한 장관이 원격 조정 장치로 댐을 폭파하자는 얘기까지 꺼낸 적이 있다. 하지만 강물 유입이 중단되지 않을 거라는 확실한 보장을 바라는 이집트와 에티오피아 간에 향후 몇 년 안에 집중적으로 협상이 이뤄지는 것을 볼 수 있을 것 같다. (2015년에 두 나라는 이 댐에서 생산되는 전기를 나눠 쓰기로 합의했다.) 물 전쟁은 금세기에 임박한 분쟁 가운데 하나로 여겨지는 만큼 이 상황은 주시할 필요가 있다.

석유, 그리고 보코 하람의 나라

—

그런데 물 말고도 뜨거운 경쟁을 유발하는 액체가 있으니, 그것은 바로 석유다.

나이지리아는 사하라 이남에서 가장 큰 원유 생산국인데 이 고품질의 원유는 주로 남부에 매장되어 있다. 북부의 나이지리아 주민들은 석유를 팔아서 얻은 이득이 나라 전체에 골고루 분배되지 않고 있는데에 불만이 많다. 결국 이 같은 상황은 나이지리아 삼각주 지역 주민들과 북동부 주민들 간의 민족 및 종교 갈등에 기름을 끼얹는 격이 되고 있다.

국토의 크기와 인구, 천연자원의 규모로 보면 나이지리아는 서아프리카의 최강국이다. 1억 7천7백만 명에 달하는 아프리카 최대의 인구와 국토 면적, 천연자원은 나이지리아를 그 지역의 패권 국가로 서게 했다. 나이지리아라는 국가는 여러 고대 왕국들의 영토를 기초로 영국이 들여온 행정 구역으로 형성되었다. 1898년에 니제르 강 영국 보호령이 되었다가 후일에 나이지리아가 되었다.

오늘날 나이지리아를 지역의 독립적인 세력 집단으로 볼 수는 있지만, 알고 보면 이 나라 또한 국민들과 자원이 수십 년간 잘못 관리되고 있다. 식민지 시절 영국인들은 대체로 해안선을 따라 남서부 지역에 머무는 편을 선호했다. 이런 탓에 그들의 이른바 문명화 사명은 중부 고지대와 북부의 무슬림 지역까지는 별반 미치지 못했고 덕분에 결과적으로 이 나라의 절반은 남쪽보다 덜 발전한 채로 남아 있게 되었다. 따라서 석유로 거둬들이는 수입의 상당 부분은 이 나라의 복잡한 부족 체제 안에서 유력자들을 매수하는 데 쓰이고 있다. 삼각주 하구의 내륙 석유 산업 또한 니제르 삼각주 해방운동의 위협을 받고 있다. 이는 유전 채굴로 황폐화된 그 지역에서 활동하는 집단이 내세운 그럴싸한 명칭이기는 하지만 이 또한 테러리즘과 강탈을 포장하는 또 다른 구실로 이용되고 있다. 외국인 석유 근로자들에 대한 납치가 이어지다 보니 이 지역에 대한 사업가들의 관심은 점점 줄어들고 있다. 반면 연안의 유전지대에서는 이런 일이 거의 벌어지지 않아 투자자들이 몰리고 있다.

나이지리아의 이슬람 극단주의 무장 단체인 보코 하람Boko Haram은 무슬림 지역에 무슬림 왕국을 세우겠다면서 발전이 더딘 나이지리아 북부에 거점지대를 확보하기 위해 불평등이라는 정서를 이용하고 있다. 보코 하람의 전사들 구성을 보면 주로 북동부의 카누리족 출신이

다수를 차지한다. 이들은 웬만해서는 주 본거지를 벗어나지 않아서 서쪽의 하우사 지역이나 남부 해안지대까지 진출할 생각은 하지 않는다. 따라서 나이지리아 군대가 그들을 토벌하러 올 때 보코 하람은 자신들의 홈그라운드에 터를 잡은 채 움직이지 않는다. 게다가 상당수 지역민들도 정부군에 협조하지 않을 것이다. 보복에 대한 두려움도 있지만 남부에 비해 차별받고 있다는 억울한 정서도 한몫한다.

현재 보코 하람이 점령하고 있는 지역 때문에 나이지리아라는 국가의 존립이 위태로운 상황인 것까지는 아니다. 이는 비록 이 세력이 국토의 절반가량에 퍼져 있지만 수도인 아부자에 위협을 가하지는 못하고 있기 때문이다. 하지만 그들은 북부 지역 주민들에게 일상적인 위협을 가하고 있고 이 때문에 나이지리아는 비즈니스를 펼치기에는 적합하지 않다는 해외의 부정적인 평판에 일조하고 있다.

보코 하람의 수중에 들어간 마을들 대다수는 카메룬을 등지고 있는 만다라 산악지대에 분포하고 있다. 이는 곧 나이지리아 정부군은 기지에서 멀리 떨어진 곳에서 작전을 펼쳐야 하며 따라서 보코 하람의 군대를 완전히 포위할 수 없다는 의미다. 카메룬 정부는 보코 하람을 반기지는 않지만 그들의 시골 지역은 이들이 필요할 때 퇴각할 공간을 제공해 주고 있다. 이러한 상황은 보코 하람이 사헬 지역에 있는 북부 지하디스트(이슬람 성전주의자)들과 손을 잡으려는 시도를 하는 한 수년 내에 끝나지 않을 것이다. 현재 보코 하람은 자신들의 명칭을 〈윌라야트 알 수단 알 가르비〉로 바꿨는데 대략 〈서아프리카 지역 이슬람 국가〉쯤으로 옮겨볼 수 있겠다. 하지만 이들의 목표와 수단이 바뀐 것은 아니어서 대다수 사람들은 원래 명칭으로 부르고 있다. 이들이 택한 변화는 다만 〈이슬람 국가〉라는 특징적인 단어를 써서 인지도를 높여 보려는 술수로 보인다.

미국과 프랑스는 수년에 걸쳐 이들의 궤적을 추적해 왔다. 그리고 현재 사헬-사하라 지역에서의 폭력적인 위협과 나이지리아 북부와 연결하려는 시도가 점증하고 있는 것에 대응하기 위해 무인 정찰기를 운용하고 있다. 미군은 몇몇 기지들을 사용하는데 이 가운데는 2007년에 창설된 미 아프리카 사령부 산하인 지부티 기지도 포함돼 있다. 한편 프랑스는 이른바 〈프랑스어권 아프리카Francophone Africa〉라는 명칭으로 묶인 여러 나라들의 단단한 블록에 접근을 시도하고 있다.

여러 나라에 걸쳐 확산돼 가는 위협이 경종을 울리고 있는 현실에서 나이지리아, 카메룬, 차드는 현재 군사적으로 미국과 프랑스와 협력해서 군사 활동을 개시한 상태다.

앙골라, 내부와 외부의 수탈로 점철되다

—

더 남쪽, 그러니까 대서양 연안으로 내려가면 사하라 이남에서 두 번째로 큰 원유 생산국인 앙골라가 있다. 과거 포르투갈의 식민지였던 앙골라는 지리로 천연 국경이 형성된 아프리카 국가들 가운데 하나다. 즉 서쪽은 대서양이, 북쪽은 정글이, 남쪽은 사막이 자연스레 경계를 만들어 주고 있는 한편, 동쪽 지역은 인구 밀도가 희박한 암석지대로 콩고민주공화국과 잠비아와의 완충지대 역할을 한다.

2천2백만 인구의 다수는 물이 풍부해서 농사를 지속적으로 지을 수 있는 서부의 절반에 모여 있다. 앙골라의 유전 대부분 또한 서부 연안에 분포하고 있다. 대서양에 설치된 굴착 장치 대다수는 미국 회사 소유인데 생산량의 절반 이상은 중국에서 소비된다. 이 때문에 시장의 변동성에서 어느 정도 자유로운 앙골라는 사우디 다음으로 많은 원유를 중국에 공급하는 나라가 되었다.

앙골라는 또 다른 이유로 유명세를 탔는데 그것은 바로 내전이었다. 포르투갈이 이 나라에서 손을 뗀 1975년에 독립전쟁은 끝났지만 뒤이어 발발한 내전은 애초에 이념 분쟁을 표방했다가 결국은 부족 간의 분쟁으로 귀결되었다. 러시아와 쿠바가 사회주의자들을 지원했고, 미국과 당시 인종 차별 정책을 펴던 남아프리카공화국은 반란군을 지원했다. 앙골라민족해방운동 내의 사회주의자 그룹 전사들 대다수는 음분두족 출신이며 이들과 적대적인 반군들은 주로 바콩고족과 오빔분두족 출신이다. 이들의 정치적 위장 단체인 앙골라해방민족전선과 앙골라완전독립민족동맹이라고 사정이 다르지는 않았다. 1960년대와 1970년대에 발생한 많은 내전들은 주로 다음과 같은 틀을 따르고 있다. 요컨대 러시아가 특정 파벌을 지원하면 그 파는 느닷없이 자기들이 사회주의 원리를 추구했다는 점을 내세우고 반대파들은 이에 질세라 반공산주의자 이념을 표방하는 틀을 따른다.

음분두족은 수적인 이점은 갖지 못했지만 지리적 이점은 가졌다. 수도인 루안다는 이들의 수중에 있었고 유전들과 주요 하천인 쿠안자 강도 가까웠다. 또한 러시아제 무기를 공급하고 쿠바 병력을 지원할 수 있는 나라들의 지지 또한 얻고 있었다. 앙골라민족해방운동의 지도부는 2002년에 승리를 거두자마자 민중을 제물 삼아 제 배만 불린 아프리카 지도자들과 식민주의자들의 긴 목록에 자신들도 포함시킴으로써 그마저도 미심쩍었던 사회주의 신조를 훼손하기 시작했다.

이처럼 내부와 외부의 수탈로 점철된 안타까운 그들의 역사는 21세기 들어서도 여전히 계속되고 있다.

중국의 아프리카 접근, 터를 잡은 이상 쉽게 떠나지 않을 것이다

그런데 앞서 보았듯이 지구상에서 중국인들이 안 가는 곳은 없다. 비즈니스를 위해서라고 하지만 그들은 이제 유럽인들과 미국인들과 마찬가지로 아프리카 대륙 구석구석에 개입하고 있다. 중국은 원유의 약 3분의 1을(여기서 발견되는 귀금속도) 아프리카에서 들여오는데 이는 곧 중국인들이 일단 아프리카에 들어와서 터를 잡은 이상 쉽게 나가지 않을 거라는 의미이기도 하다. 물론 아직은 유럽과 미국의 석유 회사들과 다국적 기업들이 훨씬 많이 개입하고 있지만 중국이 따라잡을 날도 머지않은 것 같다. 라이베리아에서는 철광석을 찾아 나서고, 콩고민주공화국과 잠비아에서는 구리를 캐고, 역시 콩고민주공화국에서 코발트도 캐가고 있다. 또한 중국은 케냐의 몸바사 항만 개발 사업을 지원했을 뿐 아니라 이제는 케냐의 석유 자산을 겨냥한 보다 원대한 계획에도 손을 댔는데 이 사업은 상업적으로 가시화돼 가고 있다.

중국 국영 기업인 중국도로교량집단은 몸바사와 수도인 나이로비를 잇는 140억 달러짜리 철도 공사를 진행하고 있다. 분석가들에 따르면 철도가 완공되면 이 두 도시 사이에 물자 수송 시간은 38시간에서 8시간으로 줄게 되며 운송비 또한 60퍼센트가량 감소할 것이라고 한다. 이 외에도 나이로비와 남수단을 연결하거나 우간다와 르완다를 가로지르는 계획 또한 추진되고 있다. 케냐는 중국의 도움을 등에 업고 동부 연안의 경제 강국으로 발돋움하기를 기대하고 있다.

남쪽 국경 쪽에서는 동아프리카의 패권 자리를 두고 탄자니아가 경쟁자로 나섰다. 탄자니아 또한 자국의 사회기반 시설 공사에 중국을 불러들여 수십억 달러에 이르는 계약을 체결했다. 이와 함께 이미 포화 상태에 이른 다르에스살람의 주요 항만 시설 확충 공사에 중국을 참여시켜 오마니 건설회사와 바가모요 항의 정비 및 확장 공사를 하는 공동 협약을 맺었다. 이 공사가 끝나면 바가모요 항은 연간 2천만 톤의 컨테이너를 처리할 수 있는 아프리카 최대의 항구로 거듭날 것이다. 또 탄자니아는 남부 지역에 탄자니아 농업 성장 연결로라는 훌륭한 수송망을 보유하고 있는데 이를 남아프리카개발공동체의 15개 나라들과 연결하려 하고 있다. 그리고 남아프리카공화국의 더반 항과 콩고민주공화국 및 잠비아의 구리 산지를 잇는 북남종단열차로 다르에스살람 항과 더반, 말라위를 연결하는 사업에도 박차가 가해질 것이다.

하지만 이러한 노력에도 불구하고 탄자니아는 동부 해안에서 첫 번째 강국은 못 되고 두 번째나 세 번째 강국이 될 수밖에 없을 것으로 보인다. 그 이유는 동아프리카공동체 5개국 가운데 그 지역 GDP의 거의 40퍼센트를 차지하는 케냐의 경제가 버티고 있기 때문이다. 케냐는 탄자니아에 비해 경지 면적은 떨어지지만 훨씬 효율적으로 이용하고 있다. 게다가 국내 및 해외를 포함해 상품을 시장에 내보내는 시스템은 물론 공업 체계 또한 훨씬 효율적이다. 케냐는 정치적 안정만 유지할 수 있다면 중단기적으로 이 지역 패권국 지위를 지킬 것으로 보인다.

중국의 관심은 니제르에도 뻗어나가는데 중국석유천연기집단을 통해 이 나라 중심부에 있는 테네레 유전지대의 소규모 유전들에 투자하고 있다. 또한 지난 10년간 중국은 앙골라에도 80억 달러가 넘는 액수를 투자했으며 그 규모는 해마다 늘고 있다. 중국철로공정총공사는 콩고민주공화국과 대서양에 면한 앙골라의 로비토 항을 연결하는 총 1,287킬로미터 길이의 벵겔라 철로를 현대화하는 공사에 이미 20억 달러를 썼다. 이 철도는 콩고민주화국 카탕가 지역의 저주이자 축복이기도 한 코발트, 구리, 망간을 실어 나르는 운송로 역할을 한다.

또한 중국철로공정총공사는 앙골라의 수도 루안다에 새 국제공항을 짓고 있으며, 수도 외곽에는 현재 15만 명에서 20만 명에 이르는 중국 근로자들을 수용할 수 있는 중국 스타일의 거대한 아파트 단지가 들어서기도 했다. 수십만 명에 달하는 이들 근로자들은 사실상 군사 기술을 습득한 이들로, 만일의 경우 중국의 필요에 따라 준비된 민간 병력으로 이용될 수도 있다.

베이징은 앙골라라고 해서 특별히 다른 것을 바라지는 않는다. 중국이 바라는 것은 오로지 상품을 생산하는 데 필요한 자원 그리고 그 자원과 상품의 이동을 보장해줄 정치적 안정이다. 이렇다 보니 중국이 볼 때 지난 36년간 권좌에 머무르고 있는 앙골라의 조제 에두아르두 두스 산투스 대통령이 2013년 자신의 생일파티에서 노래를 부른 가수 머라이어 케리에게 1백만 달러를 주었다한들 그것은 대통령 개인의 문제인 것이다. 또 두스 산투스 대통령이 속해 있는 음분두족이 계속 지배하더라도 이 또한 그들의 문제에 불과하다.

중국의 접근은 많은 아프리카 정부들에게는 매력적인 제안이 아닐 수 없다. 베이징 정부나 중국의 대형 기업들은 인권이라는 미묘한 문제에는 입도 뻥긋하지 않을 뿐 아니라 경제 개혁을 요구하지도 않는다. 게다가 일부 아프리카 지도자들에게 국부를 착복하는 행위를 멈추라는 요구도 하지 않는다. 일례로 중국이 수단의 가장 큰 교역 상대국임을 감안하면 유엔안전보장이사회에서도 지속적으로 수단의 편을 들고 국제사법재판소가 오마르 알 바시르 대통령에 대한 체포 영장을 발부했음에도 그를 지원하고 있는 배경에 고개가 끄덕여질 것이다. 하지만 이런 행태에 대한 서구의 비판에도 베이징 정부는 눈 하나 꿈쩍하지 않는다. 오히려 그동안 아프리카에서 서구가 행한 일들의 역사를 볼 때 이는 단지 중국의 사업을 방해하려는 또 다른 권력 게임이자 위선적 행태로 받아들이는 분위기다. 아프리카 지도자들을 훈계하는 것은 치열한 경쟁이 벌어지는 세계 경제의 가혹한 현실과 이슬람주의의 위협으로 인해 시대에 뒤떨어진 행동이 돼버린 것이다. 2015년 7월, 오바마 대통령이 케냐와 에티오피아를 방문했을 때 케냐에 만연한 동성애 혐오증과 부패 그리고 에티오피아의 인권 상황을 비판했다 하여 서구 언론의 헤드라인을 장식한 적이 있었다. 하지만 실상 그 비판은 형식에 그친 것이었다. 두 나라 모두 소말리아에서 싸우고 있는 아프리카연합African Union의 중추 세력인데다 유엔 또한 이슬람 테러와의 전쟁에서 이 두 나라를 자기편으로 끌어들일 필요가 있기 때문이다. 미국 정부라고 아프리카 대륙에서 비즈니스 측면에서 자신들이 중국에 뒤처지는 입장임을 왜 모르겠는가.

중국이 원하는 것은 오로지 석유, 광물, 귀금속, 그리고 시장이다. 이는 정부 대 정부 관계로는 공평하지만, 대형 공사에 투입되는 지역 주민들과 중국인 인력 간에 긴장이 증가하는 현상 또한 나타날 것이다. 그리고 이 상황은 베이징 정부로 하여금 그 지역 정세에 그만큼 더 많이 관여하게 할 것이며 그렇게 되면 소규모나마 여러 나라에서 군사력이 요구될 수도 있다.

지리적 위치의 혜택을 제대로 보는 남아프리카공화국

—

아프리카에서 중국의 최대 교역국은 남아프리카공화국이다. 이 두 나라의 우호적인 정치 및 경제 협력의 역사는 꽤 길다. 오늘날 국영, 민영을 망라한 수백 개의 중국 기업들이 더반, 요하네스버그, 프리토리아, 케이프타운 그리고 포트엘리자베스 등지에서 활동하고 있다.

남아프리카공화국의 경제는 나이지리아에 이어 아프리카 대륙에서 두 번째로 큰 규모다. 경제(앙골라보다 세 배나 큼), 군사, 인구(5천3백만 명) 등 어느 모로 보나 이 나라가 남쪽의 강국인 것은 자명하다. 남아프리카공화국이 여타의 아프리카 국가들에 비해 훨씬 빠른 발전을 이룬 데는 대륙의 최남단에 위치하여 양 대양으로 진출하기 수월한 위치도 한몫했다. 또 금과 은, 석탄의 매장량이 풍부하며 대규모 식량 생산이 가능한 기후와 토양을 지닌 덕도 있다.

　대륙의 맨 끝단에 위치한데다 연안 평지가 가파르게 높아지는 바람에 모기가 번식하기 힘든 조건이 돼준 것도 남아프리카공화국이 말라리아의 저주에서 고통받지 않는 몇 안 되는 아프리카 국가 가운데 하나가 된 이유였다. 이 조건 덕분에 유럽 식민주의자들은 말라리아가 맹위를 떨치는 열대 지역보다 훨씬 멀리 빠르게 내륙 깊숙한 곳에 정착해 소규모 산업 활동을 시작했다. 그리고 이 산업이 모태가 되어 오늘날 남아프리카공화국 경제의 주요 부문들을 성장시켰다.

　남아프리카의 대부분 지역에게 바깥 세계와 사업을 한다는 것은 프리토리아나 블룸폰테인, 케이프타운과의 거래를 의미한다. 남아프리카공화국은 자국의 천연자원과 지리적 위치를 이용해서 인접국들을 수송 시스템에 편입시켰다. 이는 곧 이 나라에 양방향 철도가 있으며 이스트런던, 케이프타운, 포트엘리자베스, 더반의 항만들로부터 쭉쭉 뻗어나가는 컨베이어벨트와 같은 도로망이 있다는 의미이기도 하다. 이 수송망은 짐바브웨, 보츠와나, 잠비아, 말라위 그리고 탄자니아를 통해 북쪽으로 뻗어 올라가서 콩고민주공화국의 카탕가 지역과 동쪽으로는 모잠비크까지 뻗어나간다. 중국이 건설한 카탕가에서 앙골라 해안에 이르는 새 철도가 콩고민주공화국의 교통량을 흡수해서 남아프리카공화국이 독점하다시피 하던 기존 수송 시스템에 어느 정도 도전이 되겠지만 그래도 남아프리카공화국이 갖고 있는 이점은 사라지지 않을 것으로 보인다.

　아파르트헤이트 시절에 아프리카민족회의(African National Congress,

남아프리카공화국의 흑인 해방 조직)는 앙골라의 앙골라민족해방운동이 포르투갈 식민주의와 싸우는 것을 지지했다. 하지만 공동 투쟁 당시의 열정은 현재 한층 냉랭한 관계로 변해서 각자의 나라를 통제하는 양측은 지역 패권을 두고 서로 경쟁하는 사이가 되었다. 물론 앙골라가 남아프리카공화국을 따라잡으려면 갈 길이 멀다. 게다가 섣불리 군사적 대결도 이루어지지 않을 것이다. 거의 모든 면에서 남아프리카공화국이 우세하다. 넓은 영토와 잘 훈련된 10만 명 규모의 군대, 수십 대의 전투기, 공격용 헬리콥터를 비롯해 현대식 잠수함들과 구축함들을 남아프리카공화국이 보유하고 있기 때문이다.

제국주의 영국이 세계를 호령하던 시절, 남아프리카를 지배한다는 것은 희망봉을 지배하는 것이었고 이는 곧 대서양과 인도양 사이의 해상 교통로를 장악하고 있음을 의미했다. 현대 해군은 맘만 먹으면 아프리카 남단을 훨씬 넘어 항해할 수 있지만 여전히 희망봉은 세계 지도상에서 핵심적인 부동산이며 남아프리카공화국 또한 아프리카 대륙의 하부에서 핵심적인 존재다.

금세기 아프리카에서는 새로운 쟁탈전이 벌어지고 있다. 그런데 이번 싸움은 두 개의 장에서 펼쳐진다. 먼저 자원 쟁탈전의 경우 익히 알려진 대로 바깥 세계의 관심과 참견이 있다면, 다른 한편에는 내부 패권 쟁탈전이 있다. 그리고 남아프리카공화국 또한 할 수 있는 한 신속하게 한 자리라도 차지하려고 한다.

남아프리카공화국은 남아프리카개발공동체 내의 15개국을 통솔하고 있으며 현재 가입하지도 않은 국제대호수지역회의에서 항구적인 지위를 차지하려는 작업도 해오고 있다. 남아프리카개발공동체는 부룬디, 케냐, 르완다, 우간다, 탄자니아가 속해 있는 동아프리카공동체와는 경쟁 구도를 형성하고 있는 기구다. 탄자니아는 남아프리카개발공동체의 회원국이기도 한데 나머지 동아프리카공동체 회원국들은 남아프리카공화국에 미소를 보내는 탄자니아를 곱지 않은 시선으로 바라보고 있다. 대호수 지역과 그 너머까지 보다 큰 영향력을 행사하고 싶은 남아프리카공화국은 탄자니아를 그 목적을 위한 수단으로 여기는 것처럼 보인다.

남아프리카공화국 국방군은 유엔의 지휘를 받는 1개 여단을 콩고민주공화국에 공식적으로 주둔시키고 있지만 이는 어디까지나 그 광물 부국에서 얻어지는 전리품에서 밀려나지 않겠다는 의지를 확인하는 정치적 이해에서 비롯된 것이다. 이 행동은 결국 누가 콩고민주공화국에서 주도권을 행사할지를 두고 저마다 생각이 다른 우간다, 부룬디, 르완다와의 경쟁을 촉발시켰다.

지리가 점지한 힘과 싸우기

—

과거 아프리카에는 선택권이 주어지지 않았다. 이 지역의 지리적 조건이 그렇게 만들었고 이후 들어온 유럽인들은 그들 멋대로 오늘날의 국경선 대부분을 설계했다. 그리고 이제 인구는 폭발적으로 증가하고 대도시들은 확장돼 가고 있는 아프리카에게 주어진 선택권이란 긴밀하게 연결된 현대화된 세계를 끌어안는 길뿐이다. 물론 갖가지 문제점들이 목격되기는 하지만 아프리카는 이를 딛고 성큼성큼 나아가고 있다.

교역을 가로막았던 강들은 이제는 수력 발전소로 거듭나고 있다. 대규모 식량 생산을 유지하려 고군분투하던 땅에서는 광물과 석유가 생산되면서 일부 국가들이 부유해지고 있다. 비록 그 부가 전 국민들에게 골고루 돌아가고 있지는 못하지만 말이다. 그럼에도 불구하고 다는 아닐지라도 대체로 보건과 교육 수준이 상승함에 따라 빈곤율 또한 떨어지고 있다. 영어 사용권이 지배하는 세계 경제 체제에서 아프리카에서 영어를 사용하는 나라들이 많은 것 또한 유리하게 작용하여 지난 수십 년 동안 아프리카 대륙은 괄목할 경제 성장을 이루었다.

경기가 둔화하는 상황에서는 많은 아프리카 국가들의 경제 성장이 광물과 석유의 국제 시장 가격에 기대고 있다. 일례로 원유 가격을 배럴당 100달러로 예상하고 세운 국가 예산은 그 가격이 80달러 내지 60달러로 떨어지면 줄어들 수밖에 없다. 제조업 생산이 1970년대 수준까지 하락한 곳도 있다. 전 대륙에 걸쳐 부패가 만연해 있으며 몇몇 뜨거운 분쟁 지역(소말리아, 나이지리아, 수단 등)에 더해 경제가 거의 마비되다시피 한 몇몇 국가들도 있다.

그럼에도 불구하고 아프리카 대륙에는 해마다 점점 더 많은 도로와 철도들이 건설되면서 믿기 어려우리만치 다양한 지역들을 연결해 주고 있다. 아프리카를 지구상 어떤 곳과도 떨어뜨려놓은 엄청난 해양의 거리와 사막도 항공 운행으로 극복되기에 이르렀다. 또한 공업의 단단한 근육은 자연이 쉽게 허락지 않았던 그 지역에도 항구를 건설하게 한다.

아프리카가 역사와 자연이 점지한 힘과의 싸움에서 마침내 우세를 점하기 직전까지 도달했다는, 이른바 낙관론이 담긴 글들이 1960년 대 이래 10년 주기로 발표되곤 했다. 하지만 이번에는 빗나가지 않으리라. 그리고 그래야 한다. 몇몇 예측에 따르면, 현재 사하라 이남 지역 아프리카의 인구는 11억 명인데 2050년이 되면 배가 늘어 24억 명에 이를 것이라 한다.

8

중동,
인위적인 국경선이
분쟁의 씨앗이 되다

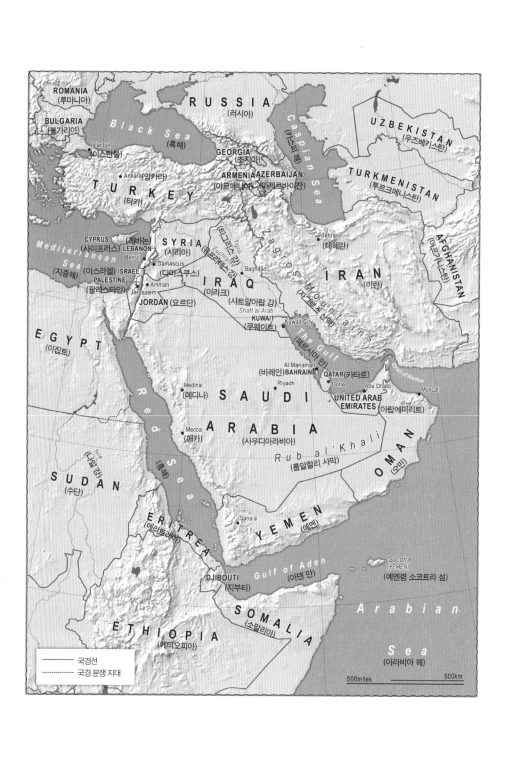

ROMANIA
(루마니아)

BULGARIA
(불가리아)

RUSSIA
(러시아)

UZBEKISTAN
(우즈베키스탄)

Black Sea
(흑해)

Istanbul
(이스탄불)

GEORGIA
(조지아)

Caspian Sea
(카스피 해)

TURKMENISTAN
(투르크메니스탄)

Ankara(앙카라)

ARMENIA AZERBAIJAN
(아르메니아) (아제르바이잔)

TURKEY
(터키)

Zagros Mountains
(자그로스 산맥)

Tehran
(테헤란)

AFGHANISTAN
(아프가니스탄)

CYPRUS
(사이프러스)

(레바논)
LEBANON

SYRIA
(시리아)

티그리스 강
Tigris

Euphrates 유프라테스 강

IRAN
(이란)

Mediterranean
Sea
(지중해)

Beirut

(이스라엘) ISRAEL
PALESTINE
(팔레스타인)

Damascus
(다마스쿠스)

Baghdad

IRAQ
(이라크)

Jerusalem
Amman

JORDAN (요르단)

샤트알아랍 강
Shatt al Arab

KUWAIT
(쿠웨이트)

Kuwait City

페르시아 만
The Gulf

EGYPT
(이집트)

Red Sea
(홍해)

Medina
(메디나)

SAUDI

Al Manamah
(바레인)BAHRAIN

Riyadh

QATAR(카타르)

Doha

Abu Dhabi

Muscat

Strait of Hormuz

UNITED ARAB
EMIRATES
(아랍에미리트)

OMAN
(오만)

SUDAN
(수단)

나일 강 Nile

ERITREA
(에리트레아)

Mecca
(메카)

ARABIA
(사우디아라비아)

Rub al Khali
(룹알할리 사막)

DJIBOUTI
(지부티)

Sana'a

YEMEN
(예멘)

Gulf of Aden
(아덴 만)

Socotra
(YEMEN)
(예멘령 소코트라 섬)

Arabian

ETHIOPIA
(에티오피아)

SOMALIA
(소말리아)

Sea
(아라비아 해)

──── 국경선

········· 국경 분쟁 지대

500miles   500km

무엇의 중간Middle인가? 어디로부터의 동쪽East인가? 이 명칭은 유럽인들이 세계를 보는 시각을 그 바탕에 깔고 있다. 말하자면 유럽인들 자신이 결정한 모양으로 만들어진 지역을 바라보는 그들 자신의 시각인 것이다. 그들은 잉크로 지도 위에 선을 그었다. 현실에서는 존재하지 않는 그 선들은 유례없이 인위적인 국경선들을 만들어 냈다. 그리고 이를 다시 그으려는 시도가 피를 불러오고 있다.

2014년, 폭발과 참수 장면을 담은 중동발 동영상이 전 세계에 암울한 그림자를 드리웠다. 겉만 번지르르한 IS의 선전용 비디오에는 불도저로 이라크-시리아 국경의 모래를 쓸어버리거나 밀어붙여서 없애버리려는 장면도 있다. 사실 이 국경은 높은 모래둔덕에 불과하다. 아닌 게 아니라 모래를 밀어버리면 국경은 물리적으로 존재하지 않게 된다. 지금의 것도 이론상의 국경일 따름이다. 어떤 IS 전사가 한 다음과 같은 말이 예언이 될지 아니면 단순한 허풍에 그칠지 향후 몇 년 안에 결판이 날 것이다.

"우리는 국경을 파괴하고 장벽을 부수고 있다. 알라께 감사하라!"

제1차 세계대전이 끝난 직후의 중동은 지금보다 넓었고 국경선들은 훨씬 적었다. 그 국경이라는 것들도 대개는 지리적 특성에 따라 생겨난 것들이었다. 공간은 느슨하게 나눠진 상태였고 지리와 부족, 종교가 통치하고 있었다. 민족 국가를 건설하려는 시도 또한 없었다.

보다 넓은 중동The Greater Middle East은 서쪽 지중해부터 동쪽의 이란 산악지대에 이르는 1천6백 킬로미터 지역에 펼쳐져 있다. 그리고 오만의 아라비아 해 연안부터 시작해서 저 멀리 흑해에서 끝나는 남북의 길이는 3천2백 킬로미터에 이른다. 이 지역에는 광활한 사막과 오아시스, 눈 덮인 산들, 긴 강, 대규모 도시들 그리고 해안 평야가 있다. 게다가 공업이 발전했거나 현재 발전 중인 나라라면 누구에게나 필요한 막대한 천연자원도 매장돼 있다. 바로 원유와 천연가스 말이다.

또한 강들(유프라테스와 티그리스) 사이의 땅, 즉 메소포타미아로 알려진 비옥한 지역도 있다. 하지만 가장 압도적인 지형은 뭐니 뭐니 해도 광활한 아라비아 사막과 그 중심부의 관목지대일 것이다. 이스라엘 일부와 요르단, 시리아, 이라크, 쿠웨이트, 오만, 예멘 그리고 공허의 4분의 1Empty Quarter이라는 뜻의 이름을 가진 룹알할리 사막까지 포함해서 사우디아라비아에까지 닿는 이 지역은 지구상에서 모래사막들이 가장 넓게 이어지는 지역으로 프랑스 면적에 버금간다. 이 지역 주민 대다수가 외곽에 거주하는 것도, 또 유럽의 식민 통치 이전까지는 지역 내 대다수 주민들이 민족 국가나 법적으로 정해진 국경선을 생각해본 적이 없었던 것도 바로 이러한 지형 때문이었다.

서구가 잉크로 그려서 만든 국경
—

어떤 지역 출신의 사람이 같은 부족의 친척을 만나려고 한 지역을 건너가려 하는데 서류를 갖고 있지 않다고 해서 잘 알지도 못하는 먼 마을의 제3자에게 보증을 받으라는 것은 그들이 보기에는 이치에 맞지 않는 일이었다. 서류를 발급하는 것도 그렇거니와 이제 이곳은 두 지역으로 나눠졌고 주민들을 위해 이름을 지었다고 하는 외국인들의 말 또한 도무지 이해할 수 없는 노릇이었다. 이는 수세기 동안 그 지역에서 이루어져 온 삶의 방식과는 완전히 동떨어진 것이었다.

오스만 제국(1299-1922년)은 이스탄불의 통치를 받았다. 제국의 전성기 때는 영토가 비엔나의 초입에서 아나톨리아를 건너 아라비아로 내려가 인도양에까지 이르렀다. 제국의 권력은 서쪽에서 동쪽에 이르는 동안 오늘날의 알제리, 리비아, 이집트, 이스라엘/팔레스타인, 시리아, 요르단, 이라크 그리고 이란 일부 지역을 아우르는 지역에까지 뻗쳤다. 그러는 동안에도 대부분의 지역에 이름이 없다고 해서 이름을 붙이려는 수고를 딱히 하지도 않았다. 그러다 1867년 오스만 제국은 빌라예트라고 하는 행정 구역 제도를 신설했다. 이는 현재 이라크 북부에 있는 쿠르드족이나 시리아와 이라크 일부의 부족 연합 등 주로 그곳에 살고 있는 부족을 근거로 분할한 것이다.

오스만 제국이 붕괴되기 시작하자 영국과 프랑스는 서로 다른 생각을 품었다. 1916년, 영국 외교관인 마크 사이크스Mark Sykes 대령은 펜을 들고 중동의 지도 위에 쓱쓱 선들을 그었다. 이 선은 현재 이스라엘 땅인 지중해의 하이파에서 이라크 도시인 북동쪽의 키르쿠크까지 포괄했다. 그리고 이 선은 제1차 세계대전에서 오스만 제국을 무너뜨리는 3국 협상이라는 일종의 동맹 관계에서 영국 측의 마크 사이크스와 프랑스 측의 협상 상대인 프랑수아 조르주 피코François Georges-Picot가 비밀리에 맺은 사이크스-피코 협정[3]의 근간을 제공했다. 이 밀약에서는 그 선의 북쪽은 프랑스 통치하에, 남쪽은 영국의 지배 밑에 두기로 했다.

이후 사이크스-피코 협정은 20세기 초반에 서구 열강들이 아랍 부족 지도자들에게 한 약속들을 뒤집은 여러 조약들을 대표하는 용어가 되기에 이른다. 오늘날 이 지역에서 목격되는 불안정과 극단주의도 부분적으로나마 여기서 비롯된 것이 사실이다. 물론 이 시각이 실제보다 과장일 수는 있다. 유럽인들이 들어오기 전에도 이 지역에 폭력과 극단주의는 있었다. 그렇다고는 해도 아프리카의 경우에서 봤듯이, 한 지역에 어울려 사는 것이 익숙지 않은 사람들을 한데 모아 임의적으로 민족 국가를 만들어 내는 것은 정의와 평등, 안정을 위한 방안은 결코 되지 못한다.

사이크스-피코 협정 이전에는 (보다 넓은 의미에서) 시리아 국가나 레

---

3 1916년 영국은 이라크와 요르단을, 프랑스는 시리아와 레바논을 세력 범위로 하고, 러시아에게 는 터키 동부를 주고, 팔레스타인은 공동 관리하기로 맺은 비밀 협정을 말한다. 그러나 영국은 아랍 민족 지도자 후세인에게 독립 약속을 한 뒤였으므로 이중 외교, 비밀 외교라 하여 1917년 벨푸어 선언과 함께 훗날 많은 문제를 야기했다.

바논, 요르단, 이라크, 사우디아라비아, 쿠웨이트는 물론 팔레스타인도 따로 없었다. 현대의 지도에나 국경선들과 국가의 명칭이 적혀 있지 실제 이들 국가들은 역사도 짧은데다 기반 또한 취약하다.

수니파, 시아파,
그리고 그 안의 또 다른 수많은 분파들
—

중동의 지배적인 종교는 이슬람이지만 이 안에도 여러 분파들이 있다. 이슬람에서 가장 중요한 분파는 이 종교의 역사만큼이나 그 내력이 길다. 수니파와 시아파 무슬림의 역사는 서기 632년 예언자 무함마드가 사망하자 후계 자리를 놓고 벌어진 분쟁에 그 기원을 두고 있다.

아랍은 물론 전 세계 무슬림 인구의 다수를 점하고 있는 측은 수니파 무슬림이다. 비록 일부 아랍 국가들에서 그 수가 줄어들고는 있지만 전체 무슬림 인구의 85퍼센트를 차지하는 것으로 추정된다. 수니Sunni라는 명칭은 〈전통을 따르는 사람들〉이라는 뜻인 알 순나Al Sunna에서 왔다. 예언자가 죽자 훗날 수니파가 되는 이들은 아랍 부족의 전통을 지키는 사람들 중에서 후계자가 선택되어야 한다고 주장했다. 그리고 이들은 스스로를 정통 무슬림으로 자부하고 있다.

한편 시아Shia라는 이름은 시아 알리Shiat Ali, 말 그대로 〈알리의 추종자〉로, 예언자 무함마드의 사위와 관련된다. 알리의 두 아들인 하산과 후세인은 둘다 암살당했다. 따라서 시아파는 자기들의 것이라 여기는 이슬람 공동체를 이끌 정통 권리를 거부당하는 셈이 되었다.

비록 오랫동안 평화로운 공존기도 있었지만 몇몇 교리 논쟁과 문화적 실천들에서 파생된 양대 분파는 지속적으로 논쟁과 전쟁을 이어갔다.

그런데 이 분파 안에도 또 다른 분파들이 있다. 일례로 수니파 이슬람에는 여러 분파들이 있는데 이 가운데는 특별히 위대한 옛 학자들을 따르는 파들이 있다. 예컨대 카타르와 사우디아라비아의 수니파가 섬기는 9세기 이라크 학자인 아흐마드 이븐 한발의 이름을 딴 한발파는 한발이 세운 엄격한 전통을 따르는 것으로 알려졌다. 그리고 이 한발식 전통은 지하드 그룹들에서 압도적 지지를 받고 있는 극도의 금욕주의를 표방하는 살라피 주의에 다시 영향을 미쳤다.

시아파도 세 개의 주요 분파로 나뉜다. 그 가운데 가장 많이 알려진 파는 아마도 열두 이맘(이슬람 교단의 지도자)들의 가르침을 따르는 이른바 〈12인Twelvers〉일 텐데 이 안에도 분파들이 또 있다. 그 중에는 일곱 번째 이맘의 혈통을 두고 논쟁을 벌이는 이슬람 학파가 있는가 하면, 다섯 번째 이맘의 혈통을 두고 논쟁을 벌이는 자이드파도 있다. 이에 더해 주류 시아파에서 파생된 몇 개의 분파들이 있는데 그 가운데 알라위파와 드루즈파는 정통 이슬람에서 한참 벗어난 종파로 여겨진다. 따라서 많은 무슬림들, 특히 수니파 중에는 이들을 종교의 일부로 인정조차 하지 않는 경향이 있다.

영국이 난장판으로 합쳐 놓은 곳, 이라크

유럽 식민주의는 아랍인들을 민족 국가의 형태로 묶어서 그들의 통치자들이 자신의 출신 부족과 자신이 속한 이슬람 종파에게만 호의를 베풀게 하는 유산을 남겼다. 이들 독재자들은 유럽인들이 그어둔 인위적인 선들 사이의 영토 전체를 자신들이 통치할 수 있는 위임장을 보장받기 위해 국가라는 구조를 이용했다. 그 선들이 역사적으로 올바른지 혹은 어느 날 느닷없이 함께 묶여져 버린 서로 다른 부족들과 종교들에게 공정한지 등은 아예 무시한 채 말이다.

그 결과가 야기한 분쟁과 혼란을 이라크만큼 적절하게 보여주는 사례가 또 있을까. 시아파 가운데서도 신심이 더 깊은 이들은 수니파가 이끄는 정부가 시아파의 성지인 나자프와 그들의 순교자인 알리와 후세인이 묻혔다고 전해지는 카르발라를 지배 통치하는 것을 결코 용납하지 않았다. 이러한 집단 정서의 근원은 수세기도 넘는 옛 시절로 올라간다. 이라크 국민으로 불린 고작 수십 년의 세월이 그 기나긴 감정을 희석시킬 순 없었다.

오스만 제국의 통치자들이었던 투르크인들은 쿠르드족이 장악하고 있는 암벽 투성이 산악지대가 서서히 줄어들면서 바그다드로 향하는 평지가 되고 현재 시리아가 되는 서쪽에서는 거주민들 대다수가 수니파 아랍인들인 것을 보았다. 그러다가 티그리스와 유프라테스라는 거대한 강들이 나타나더니 뒤이어 습지대인 샤트알아랍 강(수로)으로 내려간다. 그리고 이라크 남동부 바스라 시에서는 대다수가 시아파인 아랍인들을 더 많이 보게 되었다. 투르크인들은 이런 상황에 따라

이라크 지역을 모술, 바그다드, 바스라라는 세 개의 행정 구역으로 나누어 다스렸다.

보다 오래전인 고대에도 이 지역들은 이 구분과 대체로 부합했는데 당시는 아시리아, 바빌로니아, 수메르라는 명칭으로 알려졌다. 페르시아는 그곳을 통치하면서 알렉산드로스 대왕이 했던 것과 같은 방식으로 분할했으며 후일 우마이야 왕조도 비슷한 방식을 따랐다. 그런데 영국인들은 같은 지역을 보면서 원래 분할돼 있던 세 곳을 자기들 멋대로 하나로 합쳐 버렸다. 이는 어디까지나 기독교도들이 삼위일체를 통해서나 풀 수 있는 논리적 불가능성이지, 이라크에서는 〈거룩하지 않은 난장판〉으로 귀결됐을 뿐이다.

많은 분석가들은 오직 강력한 인물만이 이 세 지역을 하나로 묶을 수 있다고 말한다. 그래서인지 이라크에는 강력한 인물이 차례로 등장했다. 그러나 현실은 국민들이 전혀 통합되지 않았다는 것이다. 그들은 단지 두려워서 얼어붙은 것이었다. 독재자들의 시야가 미치지 않는 곳에서는 국가의 선전도 사람들의 마음을 거의 끌지 못했다. 철두철미하게 박해를 받아온 쿠르드족들, 사담 후세인의 고향인 티크리트에서 온 수니파 파벌의 지배, 그로 인해 1991년에 일어난 반란의 실패에 이어 벌어진 시아파에 대한 대량 학살.

맨 먼저 떠나야 했던 측은 쿠르드족이었다. 독재자 아래에서 힘없는 소수 민족들이 현실에서 할 수 있는 것이 아무것도 없을 때, 그들은 때로 자신들의 권리가 보호받고 있다는 선전을 믿는 시늉이라도 하려 한다. 그 예가 이라크의 소수파 기독교도들과 극소수의 유대인들이었다. 사담 후세인 같은 세속적 독재자 밑에서는 변화를 추구해서 그에 수반될지 모를 위험을 무릅쓰느니 차라리 얌전히 있으면 안전할 거라 생각한 것이다. 그러나 그들의 우려는 현실이 되었다. 하지만 쿠르드족은 다르다. 이들도 지리에 따라 규정되기는 하지만 결정적인 것은 현실에서 독재가 지나치다 싶을 때 반발할 수 있을 만큼 그 숫자 또한 충분하다는 것이다.

이라크 내에 거주하는 5백만 명의 쿠르드족은 대개 북부와 북동부인 아르빌, 술라이마니야, 그리고 다후크 외곽지대에 몰려 있다. 이곳의 지형은 주로 언덕과 산악지대로 이루어진 거대한 초승달 모양을 띠고 있다. 이러한 지리적 형세 덕분에 독가스를 분사한 1988년의 알 안팔 작전으로 대표되는 부단한 문화적, 군사적 공격에도 불구하고 쿠르드족만의 고유한 정체성을 간직할 수 있었다. 당시 8단계 작전 동안 후세인의 군대는 포로를 잡아들이지 않았다. 이 말은 곧 정부군이 지나가는 지역에서 15세부터 50세까지의 남자들은 눈에 띄는 대로 죽였다는 뜻이다. 줄잡아 10여만 명의 쿠르드족이 살해당했고 그들이 거주하던 마을의 90퍼센트가 지도에서 사라졌다.

1990년 사담 후세인이 쿠웨이트를 침공했을 때 쿠르드족은 지금이야말로 역사를 만들 기회라 여겼다. 그들은 그때를 제1차 세계대전 이후에 조인된 세브르 강화 조약(1920년)에서 약속했지만 지금까지 지켜지지 않았던 쿠르디스탄(Kurdistan, 쿠르드족이 압도적 다수를 차지하는 터키 남동부, 이란, 이라크, 시리아 접경지대를 총칭) 국가 건설을 실현시킬 기회로 삼은 것이다.

걸프전 말미에 쿠르드족은 일어섰다. 연합군이 이라크군의 진입이 허용되지 않는 이른바 안전지대를 선언하자 사실상의 국가인 쿠르디

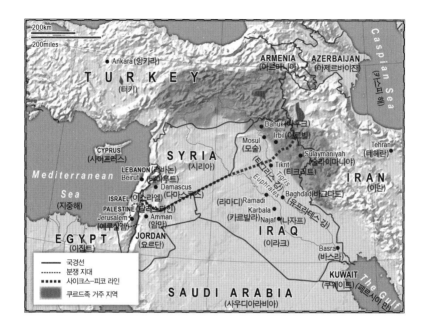

비록 정식으로 인정된 국가는 아니지만 쿠르드 지역으로 구분될 만한 곳이 있다. 그들이 국경을 넘어 독립 국가를 세우려 하는 이곳은 잠재적인 분쟁 발생 지역이다.

스탄의 윤곽이 잡혀가기 시작했다. 2003년 미국의 이라크 침공은 사실처럼 보이는 것을 확실하게 확인해 주었다. 바그다드가 다시는 쿠르드족을 지배할 일은 없을 거라는 사실 말이다.

쿠르디스탄은 주권을 인정받는 국가는 아니지만 그에 걸맞은 특성들을 제법 갖고 있다. 그리고 현재 중동에서 진행되는 양상은 국제법의 틀 안에서 쿠르디스탄에게 정식 명칭을 부여할 가능성을 더해주고 있다. 단, 여기에는 문제가 있다. 쿠르디스탄은 과연 어떤 형태를 띨 것인가? 또한 쿠르드족 거주지가 신생 국가의 일부로 편입되고 지중해로 진출해서 쿠르디스탄을 탄생시키려고 한다면 인접국들인 시리아, 터키, 이란은 어떤 반응을 보일까?

게다가 또 다른 문제도 있으니 그것은 바로 쿠르드족 간의 단결이다. 이라크 내 쿠르드족은 오랫동안 서로 경쟁해온 두 파벌로 분열돼 있다. 또 시리아의 쿠르드족은 로자바라는 자치 정부를 수립하려 하고 있다. 그들은 이곳을 미래의 일부, 즉 보다 큰 쿠르디스탄으로 보고 있다. 하지만 실제로 쿠르디스탄이 건국된다면 누가 더 큰 권력을 쥘지, 어느 지역이 권력을 행사할지라는 문제가 고개를 들 것이다. 만약 쿠르디스탄이 국제적으로 인정받는 국가가 된다면 무엇보다 이라크의 국토 모양이 달라진다. 물론 이는 이라크가 남아 있다는 가정하에서다. 혹시 그러지 못할 수도 있기에.

요르단,
골치 아픈 곳을 싹둑 잘라내 만든 나라
—

영국이 사막에서 일궈낸 또 다른 나라, 즉 요르단은 한때 하시미테 왕국으로도 불렸다. 1918년 넓은 땅덩어리 하나를 지배하던 영국이 사막에서 덜어내 만든 이 나라에도 풀어야 할 숙제들이 있다.

제1차 세계대전 동안 여러 아랍 부족들은 오스만 제국에 맞서 영국을 도왔다. 그리고 전쟁이 끝나면 영국이 보상하기로 한 약속 가운데 특히 두 가지가 있었다. 그러나 불운하게도 요르단과 사우디아라비아 모두 같은 것을 약속받았는데 바로 〈아라비아 반도의 지배권〉이었다. 사우디 부족과 하시미테 부족이 걸핏하면 다투는 것을 감안하면 이는 다소 골치 아픈 문제였다. 그래서 영국은 지도의 먼지를 싹 털어내고 다시 몇 개의 선들을 그려 넣었다. 그러면서 사우디 부족의 수장이 한 지역을 통치하고 하시미테 부족이 다른 지역을 통치할 수 있도록 했다. 비록 양측 모두를 감시할 영국 외교관이 필요했겠지만 말이다. 사우디 측 지도자는 결국 자기 성 뒤에 그 땅의 이름을 붙여 부르기로 했다. 이를테면 영국의 윈저랜드와 대략 비슷한 경우다. 현재 우리가 알고 있는 사우디아라비아라는 명칭은 이렇게 탄생했다.

깐깐한 영국 관리들은 하시미테 부족이 통치할 지역을 요르단 강 건너편이라는 말을 줄여 트랜스요르단Transjordan이라고 불렀다. 이윽고 암만이라는 먼지 풀풀 날리는 작은 동네가 트랜스요르단의 수도가 되었다. 1948년 영국인들이 본국으로 떠나버리자 이 나라의 이름은 그냥 요르단으로 바뀌었다. 그런데 하시미테 부족은 암만 지역 출신이 아니었다. 그들은 원래 메카 지역의 유력한 부족인 쿠레시족 출신이었고 암만 지역의 원주민들은 주로 베두인족이었다. 현재 요르단 인구의 다수는 팔레스타인인이다. 1967년 이스라엘이 요르단 강 서안을 점령했을 당시 많은 팔레스타인인이 그들에게 시민권을 부여한 유일한 아랍 국가였던 요르단으로 피신해 왔기 때문이다. 현재 요르단에는 650만 명의 팔레스타인인이 거주하고 있는데 그들 중 다수는 스스로를 현 압둘라 왕의 충실한 국민으로 생각하지 않고 있다. 이 문제에 더해, 요르단이 받아들인 1백만 명의 이라크와 시리아 난민들은 가뜩이나 자원이 부족한 이 나라에 커다란 부담을 안겨주고 있다.

산맥 이름이 나라 이름이 된 곳, 레바논

—

그런데 이런 변화가 한 나라의 인구학적 현실에 심각한 문제를 야기한 경우가 있다. 바로 레바논이다. 20세기가 될 때까지 아랍인들은 이 지역을 그저 레바논 산맥과 바다 사이에 있는 시리아의 한 지방쯤으로 바라봤다. 그러던 중 제1차 세계대전 이후 위세가 현저히 약해진 프랑스가 이곳을 다시 주목하기 시작했다.

프랑스는 이 지역의 아랍 기독교도들과 오랫동안 동맹 관계를 맺어오고 있었다. 그리고 그 인연으로 1920년대에 이곳에 등장한 프랑스인들은 그들을 그 지역의 주 지배 계층으로 만들어 주었다. 당시 이곳을 특징지을 만한 확실한 명칭이 없었기에 프랑스인들은 근처에 있는 산맥 이름을 갖다 붙였다. 이렇게 하여 탄생한 것이 바로 레바논이다. 이런 지리적 상상력은 1950년대 후반까지 사람들을 지배했다. 그즈음 레바논 내 시아파와 수니파 무슬림들의 출생률이 기독교도들보다 훨씬 빠르게 증가하기 시작했다. 무슬림 인구는 인접한 이스라엘/팔레스타인 지역에서 1948년에 벌어진 아랍-이스라엘 간의 전쟁 때문에 피난 온 팔레스타인 난민들로 인해 한층 불어난 실정이었다. 레바논에서는 1932년에 실시된 인구 조사 말고는 여태껏 단 한 차례의 공식적인 인구 조사도 실시되지 않고 있다. 정치 체제가 부분적으로는 인구 규모에 기대고 있기 때문에 인구 통계는 그만큼 민감한 사안인 것이다.

레바논에서는 오랜 기간에 걸쳐 지역 종파들 간에 마찰이 있어 왔다. 일부 역사가들이 제1차 레바논 전쟁이라 부르는 분쟁은 1958년

마론파 기독교도들과 당시 이들보다 약간 수가 많았던 무슬림들 간에 발생했다. 현재는 무슬림이 다수파인 것이 자명한데도 여전히 공식적인 인구 조사는 이뤄지지 않고 있다. 따라서 학문적으로 인용되는 수치는 맹렬한 반발에 부딪치곤 한다.

수도인 베이루트 일부와 남부 대부분은 시아파 무슬림들의 전용 공간이다. 이곳에서 시아파 종주국인 이란의 지원을 받는 시아파 헤즈볼라(Hezbollah, 레바논의 이슬람교 시아파 교전 단체이자 정당 조직) 그룹이 득세하는 이유도 이 때문이다. 또 다른 시아파 근거지는 베카 계곡으로, 이곳은 시리아 정부를 지원하는 헤즈볼라가 시리아 내로 진입하기 위해 식량을 얻는 정기 기착지로 이용한다. 다른 도시들은 주로 수니파 무슬림의 영향 아래 있다. 일례로 북쪽의 트리폴리는 주민의 80퍼센트가 수니파로 추산되는 한편 적잖은 알라위파 소수 민족도 거주하고 있다. 바로 옆 동네인 시리아에서 수니파와 알라위파가 야기하는 긴장 때문인지 이곳 역시 산발적인 마찰이 벌어지곤 한다.

레바논은 얼핏 통일된 국가로 보이지만 실은 지도상에서나 그렇게 보일 뿐이다. 지도상의 묘사가 얼마나 허상인지는 베이루트 공항에 도착해서 단 몇 분만 지나면 알게 된다. 공항에서 차를 타고 시내 중심부로 가다 보면 시아파가 득세하고 있는 시의 남쪽 외곽 지역을 지나는데 아마도 이 나라에서 가장 유능한 전투력을 자랑하는 헤즈볼라 민병대가 여기저기 정찰을 서고 있는 것을 보게 될 것이다. 레바논 군대는 종이 위에서나 존재한다. 1975년부터 1990년까지 벌어진 또 다른 내전의 와중에 대부분의 병사들이 고향으로 돌아가서 지역 민병대에 가입하는 바람에 레바논 군대는 실질적으로 와해된 상태다.

이는 2011년 말 무렵 온 나라를 전쟁의 소용돌이에 몰아넣은 내전이 발발했을 때 시리아 군대에서도 부분적으로 재현된 모습이기도 하다.

시리아,
소수파가 다수파를 지배하는 긴장감이 감도는 곳
—

시리아는 또 다른 다신앙, 다종파, 다종족 국가다. 그것들을 묻는 순간부터 파가 나눠지는 전형적인 분열 국가인 이 나라 주민의 다수는 70퍼센트를 차지하는 수니파 무슬림들이지만 다른 신앙을 섬기는 소수파들도 꽤 있다. 2011년까지는 다양한 공동체가 마을과 도시, 시골 등지에서 어울려 살았지만 특정 집단이 지배권을 행사하는 독자적인 지역들도 있었다. 이라크와 마찬가지로 지방에서는 늘 이런 말을 한다. "우리는 하나이며 우리 사이에 분열은 없다."고. 그럼에도 불구하고 이라크와 마찬가지로 이름, 출생지, 또는 거주지가 그 사람을 말해주는 배경이 되고 따로 분리된 하나를 다수 속으로 밀어 넣는 일 또한 아무렇지도 않게 이루어진다.

프랑스인들은 이 지역을 통치하면서 영국이 실행한 분할과 통치의 선례를 따랐다. 당시에는 알라위파를 누사이리파라고도 했는데 다수의 수니파는 이들을 무슬림으로 여기지 않았다. 그리고 알라위파를 향한 적개심은 외려 알라위파로 하여금 〈알리의 추종자〉를 자처하게 하면서 자신들만의 신조를 더욱 굳게 했다. 원래 알라위파는 시리아 사회 계층 구조에서 맨 밑바닥을 차지하는 후방 언덕의 주민들이었다. 프랑스인들은 그들을 데려다가 경찰과 군대에 보냈다. 하지만 그로부터 수십 년이 흐른 오늘날, 그들은 이 땅의 주 지배 계층으로 올라섰다.

소수가 다수를 통치하는 데서 생기는 지도자들의 긴장은 당연한 현상이다. 시리아 대통령 바샤르 알 아사드는 아사드 일족의 출신, 즉 이 나라 인구의 12퍼센트에 불과한 알라위파다. 이 가문은 현 대통령 바샤르의 아버지인 하페즈가 1970년 쿠데타로 집권한 이래 이 나라를 줄곧 다스려 오고 있다. 1982년 하마에서 수니파 무슬림 형제단이 봉기를 일으켰을 때 하페즈 대통령은 단 며칠 만에 3만 명을 학살하면서 봉기를 진압했다. 무슬림 형제단은 이 일을 결코 잊지도, 용서하지도 않았다. 그리고 2011년 시리아 전역에서 봉기가 일어났을 때 당연히 무자비한 보복전이 벌어졌다. 뒤이은 결과로 벌어진 내전은 어떤 면에선 하마 사태의 제2막인 셈이다.

시리아의 최종 형태와 구성은 현재로는 확실히 알 수 없지만 하나의 가상 시나리오가 있기는 하다. 가능성은 희박하지만 수도인 다마스쿠스가 함락된다면 알라위파는 원래 근거지인 해안과 언덕지대로 퇴각해서 1920년대와 1930년대 형태의 소규모 주들을 설립할 가능성이 높다. 물론 이는 이론적으로는 가능한 얘기다. 다만 그 지역에는 수십만 명에 달하는 수니파 무슬림들이 남아 있어서 다마스쿠스에 새로운 수니파 정부가 들어선다면 이들은 우선적으로 시리아 해안으로 가는 통로를 확보할 것이며 그렇게 되면 알라위파의 마지막 저항의 보루마저 무너질 수 있다.

가까운 장래에 시리아는 다양한 반군 지도자들이 난립하는 여러 개의 영지 형태로 통치될 수밖에 없을지도 모른다. 이 글을 쓰고 있는 지금 바샤르 알 아사드 현 대통령은 시리아의 여러 지도자들 가운데 가장 강력한 지도자일 뿐이다. 레바논에서 가장 최근에 벌어진 내전은 거의 15년을 끌면서 그 나라의 존립을 위태롭게 하고 있다. 시리아 또한 비슷한 운명을 걷지 말라는 보장이 없다.

최종적으로 누가 이기든 간에, 명목상뿐일지라도 시리아 변경에 쿠르드족 자치 국가가 세워지도록 주변 세력이 놔둘 리 없으리라는 것은 의심할 여지가 없다. 시리아 내 다수파인 수니파가 자기네 영토가 잠식당하는 것을 그대로 보고 있을 리가 없고, 터키 또한 자국의 국경지대에 시리아의 쿠르드족 국가가 들어서는 것에 아연실색할 것이다. 그렇지만 터키 내 쿠르드족 거주 지역으로 가세하는 쿠르드족의 이주 물결만큼은 피할 수 없을 것 같다.

2015년 7월에서 8월에 걸쳐 터키는 시리아 북부의 이슬람 국가 (Islamic State, 이하 IS) 군을 단속하는 작전을 펼치면서 이 기회를 빌미로 쿠르드족 병력에도 몇 차례 고통스런 일격을 가했다. 사실 이 공격은 터키 내에서 쿠르드족과의 내전이 재점화할 수 있는 위험을 무릅쓴 것이었다.

시리아 역시 레바논처럼 외부 세력이 목적을 달성하기 위해 이용하는 지역이 되고 있다. 러시아, 이란, 레바논의 헤즈볼라는 시리아 정부군을 지원하고 있다. 반면에 아랍 국가들은 반군을 지원하고 있는데 문제는 서로 다른 나라들이 제각각 서로 반목하는 그룹을 지원하고 있다는 데 있다. 이를테면 사우디와 카타르 모두 영향력 확대를 위해 팽팽히 경쟁하고 있으면서도 그 목표를 위해 서로 다른 대리인을 내세우고 있다.

물론 이를 달성하려면 요령과 용기 말고도 이 많은 지역들을 단일한 정부가 통치하는 공간으로 모으는 데 유독 결여된 〈타협〉이 필요하다. 특히 수니파 지하드 그룹은 이른바 칼리파 국가(이슬람 근본주의를 국시로 하는 국가)를 확장하기 위해 아랍 세계를 분열시키는 일에 열중하고 있다.

IS, 죽음의 게임을 펼치다
—

알카에다와 보다 최근에 탄생한 IS 같은 집단들이 부분적으로나마 지지를 얻을 수 있었던 이유가 있다. 식민주의에 대한 굴욕감, 이어 등장한 범아랍 민족주의의 실패가 이러한 아랍 민족 국가의 확장세로 이어진 것이다. 아랍 지도자들은 번영도, 자유도 가져다주지 못했다. 대신 그 모든 문제를 해결하겠다고 나선 이슬람주의가 울리는 경고음은 경건함과 높은 실업률 그리고 압제가 뒤범벅된 이 지역에서 많은 이들의 귀를 솔깃하게 했다. 이슬람주의자들의 외침은 이슬람이 제국을 통치하던 황금시대, 곧 당시로선 최첨단의 기술, 예술, 의학, 통치 체계를 자랑했던 시절을 떠올리게 했다. 이것들은 중동 전역에 널리 잠재해 있는 타인에 대한 해묵은 의심을 표면 위로 끌어올리는 데 기여했다.

급진 수니파 무장 단체인 이슬람 국가, 일명 IS는 2000년대 후반에 이라크의 알카에다에서 떨어져 나온 일종의 〈프랜차이즈 집단〉이라

272

할 수 있다. 시리아 내전이 한창일 무렵 알카에다에서 떨어져 나온 이 그룹은 알카에다 수뇌부 잔당들에게 명목상으로만 통제를 받는 입장에서 스스로 이름을 다시 지었다. 초기에 외부 세계에 알려진 이들의 이름은 ISIL(Islamic State of Iraq and the Levant, 이라크와 레반트 이슬람 국가)이었다. 그러다가 레반트(그리스, 시리아, 이집트를 포함하는 동부 지중해 연안 지역)의 아랍어가 알 샴al-Sham인 까닭에 차츰 ISIS가 되었다. 그러다 2014년 여름, 이들은 이라크와 시리아의 넓은 지역에서 독립을 선언하면서 〈IS〉로 자처하기 시작했다.

한편으로는 경건한 낭만주의와 다른 한편으로는 잔인함에 기인하겠지만, IS는 순식간에 수천 명의 해외 무슬림들에게 명분을 주면서 지하드 전사 집단의 선봉으로 부상했다. 어쨌거나 칼리파 국가 건설에 성공한 것이 그들의 주된 매력이겠지만. 알카에다가 사람들을 살해하면서 언론의 헤드라인을 장악할 때, IS는 사람들을 죽이면서 〈영토〉를 장악해 갔다.

IS는 또한 인터넷 시대에 점점 중요성이 확대되는 영역, 즉 심리적 공간을 파고들었다. 그들은 알카에다가 먼저 쌓아둔 소셜 미디어의 기반 위에서 극도의 세련됨과 잔인함을 새로이 보탰다. 그리하여 2015년 무렵, 때로는 인터넷의 무자비한 효력과 폭력에 대한 강박증을 주입시킨 지하드 전사들을 이용해서 대중 메시지 수준에서 그 어떤 정부보다도 앞서가는 모습을 보였다. 어리석은 지하드 세대인 이들은 〈죽음의 게임〉을 이끌고 있다.

2015년 여름, 지역 언론을 포함한 중동 전역의 많은 아랍인들은 IS를 다른 이름으로 부르고 있었다. 많은 보통 사람들이 그 조직에 대해 얼마나 혐오감을 갖고 있는지를 단적으로 보여주는 이 단어는 바로 〈다에시DAESH〉다.

이 말은 아랍어 Dawlat al-Islamiya f'al-Iraq wa al-Shams의 머리 글자를 따왔다. 사람들이 이 별칭을 찾아낸 것은 무엇보다 IS 조직원들이 그 단어를 싫어한다는 이유가 컸다. 이 단어는 정직하지 못하고 올바르지 않은 사람을 의미하는 〈다에daes〉와 발음이 비슷해서 은연중에 부정적인 의미를 심어줄 수 있다. 또 이 단어는 파히시(fahish, 죄인)처럼 부정적인 단어들과 운이 같다. 또 이 특별한 브랜드의 이슬람 조직을 경멸하는 이들이 비꼬는 멍청이라는 뜻의 자헤시jahesh와도 운이 맞고 언뜻 비슷하게 들리기도 한다. 이 말은 당나귀라고 불리는 것보다 더 지독한 표현이라고 한다. 아랍 문화권에서 당나귀보다 더한 바보를 표현하는 말은 사실상 흔치 않으니 말이다.

2015년, 이라크 곳곳에서 벌어진 IS와의 전투는 일진일퇴의 공방전을 거듭했다. 티크리트 시를 탈환하지만 라마디를 잃는 등 이라크 정부는 계속해서 싸워야 했다.

IS 수중에 있던 티크리트 탈환 전투에서 미 공군은 정찰 임무를 수행하고 제한된 공습만을 행하는 어정쩡한 위치에 있었다. 이란 혁명 수비대가 이라크 정부군의 공격을 지휘하고 미국은 이를 보조하는 셈이 되었기 때문이다.[4]

---

4 여기서 미국의 곤란한 입장이 드러난다. 이라크 시아파 정부가 시아파 종주국인 이란의 도움으로 수니파 무장 세력을 공격하는 구조가 되면 IS와의 전쟁이 종파 전쟁으로 변질될 수 있고 그로 인해 IS로 수니파가 결집될 것을 미국은 우려한다. IS가 급속도로 세를 불린 것도 수니파 주민들이 시아파 정부에 등을 돌린 탓도 크기 때문이다.

IS가 티크리트를 원하는 것은 기를 쓰고 북부의 모술을 탈환하려는 이라크 정부를 견제하기 위한 목적도 있었지만 그들에게 보다 중요한 곳은 라마디였다. 라마디는 이라크 내 수니파의 본거지라 할 안바르 지방에 있으며 시리아 국경을 통해 연결되고 있다. 따라서 이 지역을 손에 넣어야 〈국가state〉라는 선언에 힘을 얻을 수 있다.

2015년 8월은 미국이 이라크와 시리아 두 곳의 IS에 대해 처음으로 공습을 개시한 지 일년이 되는 때였다. 페르시아 만의 항공모함인 조지 H. W. 부시 호와 칼 빈슨 호에서 출격한 미 공군기들은 수천 회에 이르는 공습을 단행했다. 아랍에미리트에 있는 기지에서 출격한 F-22 랩터 스텔스 전투기도 2015년 전투에 투입됐다. 아랍에미리트의 기지 또는 쿠웨이트에서 날아온 전투기들이 IS의 석유 시설을 공습했다. 그 폭격 임무 대부분을 수행했던 미군 조종사들은 미군 특수부대의 전방 항공 통제관의 지원을 받지 못해 크게 고생했다. 또 목표물이 자주 도시 지역에 있다 보니 이른바 교전 수칙에 따라 많은 전투기들이 무기 한 번 발사해 보지 못하고 기지로 돌아올 수밖에 없었다.

이와 더불어 수천 번의 무인 공격기 작전도 진행됐는데 그 가운데는 미 본토에서 날아온 것들도 있었다. 드론은 일부 지리적 제약을 극복할 수 있는 현대 기술의 승리인 건 분명하지만 동시에 지리의 중요성을 외려 부각시키는 역할도 했다. 미국은 증가하는 드론 전력에 부응해서 전 세계에 적어도 열 곳의 기지를 마련해 두고 있다. 이 기술은 네바다에 있는 냉방이 잘된 방에 앉아 조이스틱만으로 목표물을 명중시키거나 혹은 목표물 가까이에 있는 작동 장치를 조종할 수 있게 한다. 그러나 이는 또한 어떤 지역에 드론 본부를 설치하기 위해서는 그 국가의 허락이 필요하고 따라서 양국은 좋은 관계를 유지해야 한다는 의미도 담고 있다. 현대의 지정학을 온전히 이해하려면 미국의 힘을 나타내는 개념적 지도를 떠올려보면 된다. 이를테면 네바다에서 보낸 신호는 수중 케이블을 통해 독일로 보내져서 미 국방부에 대역폭을 파는 제3국에 속한 위성으로 보내지기도 한다.

드론 공격 또한 교전 수칙의 대상이지만 개개의 목표물을 대상으로 할 때는 대단히 파괴적인 효력을 보였다. 이 공격은 2015년 이라크에서 수천 평방킬로미터에 달하는 IS 영토를 탈환하는 데 크게 기여했다. 물론 이 나라의 수니파 지역의 상당 부분은 여전히 IS의 수중에 있지만.

흡사 수십억 개의 픽셀 불빛을 보고 모여드는 부나방처럼 전 세계에서 모인 수니파 전사들은 이라크 내에서 쿠르드족, 수니파, 시아파라는 3자 간의 분열에서 오는 이득을 톡톡히 보았다. 그들은 아랍의 수니파가 거주하는 지역에서 지배 세력을 몰아내고 마땅히 수니파의 것인 땅을 되찾아주고, 나아가 그 누구보다 진실한 신자들(수니파 무슬림)이 동일한 지배자 밑에서 사는 칼리파 국가를 다시 세우겠다고 큰소리친다.

하지만 이 도를 넘는 광신과 실천이 역으로 그 유토피아적인 환상의 실현을 방해한다.

그 이유로는 우선 이라크에서는 수니파의 일부만이 성전聖戰의 목표를 지지한다는 점이다. 설사 지지한다 하더라도 오로지 그들 자신의 목표만을 이루기 위해서 6세기로 회귀하는 것은 고려하지 않는다. 그리고 만에 하나 이라크에서 그들이 원하는 지지를 얻었다 해도 관건은 외국인 전사들을 비롯한 지하드 전사들이다. 지하디스트(지하드, 즉 성전을 수행하는 사람이라는 뜻으로, 이슬람 극단주의 무장 조직들은 자신들을 지하디스트라고 부른다.)는 그들에게 반대하는 자는 그 누구라도 자비를 베풀지 않는다. 따라서 수니파가 아니라는 것은 사형선고를 받는 거나 다름없다. 그들은 수니파가 아닌 무슬림들과 이라크 내의 다른 소수파들, 즉 기독교도, 칼데아족, 야디지족, 그 외 다른 소수파들을 여타의 무슬림 국가들과 서구 국가들과 같은 부류로 취급하면서 지하드에 맞서는 측으로 여긴다.

이라크 수니파 내의 비非지하드 그룹 또한 어려운 처지에 있기는 마찬가지다. 이라크가 분리되든 합법적으로 연방이 되든 간에, 이들은 수니 삼각지대로 알려진 사막지대 한복판에서 샌드위치처럼 옴짝달싹 못하는 신세가 된다. 이곳은 한마디로 동쪽은 바그다드가, 서쪽은 라마디가, 북쪽은 티크리트가 에워싸고 있는 양상이다. 이곳에 살고 있는 수니파들은 종종 북쪽의 쿠르드족이나 남쪽의 시아파보다는 오히려 시리아에 거주하고 있는 그들의 친척 부족들과 훨씬 더 많은 공통점을 가지고 있다.

수니 삼각지대 내에는 수니파 독립기구를 지탱할 만한 경제적 다양성도 충분하지 않은 상태다. 역사는 이라크에 석유를 남겨주었지만 사실상 이 나라가 분리돼 있는 상황에서는 석유 대부분이 쿠르드족과 시아파 차지가 된다. 게다가 강력하고 통일된 이라크가 만들어지지 않고 있기 때문에 오일 머니는 원유가 발견된 지역으로만 흘러들어가고 있다. 쿠르드족의 땅은 통제력이 미치지 않고, 나자프나 카르발라 같은 바그다드 남쪽의 도시들은 시아파가 득세하고 있으며, 바스라와 움카스르 등의 항구들은 수니파 지역에서 한참은 멀리 떨어져 있다. 이런 딜레마 때문에 수니파는 한때 그들이 지배(사담 후세인이 수니파 출신이다.)했던 이라크에서 공평한 분배를 위해 싸우기도 하고 때로는 분리도 생각해 보지만 자기들이 지배할 가능성은 그리 높지 않다는 것 또한 안다.

만일 정식으로 이라크가 분리될 경우 지리적으로 가장 유리한 위치를 점하고 있는 측은 시아파다. 우선 이들은 유전지대를 갖고 있다. 또 이들의 본거지는 해안에서 217킬로미터 떨어져 있고 샤트알아랍 강의 수로와 항만들까지 있어 바깥 세계로 나가는 것도 편하다. 게다가 옆 동네엔 이란이라는 군사적 동맹도 있다.

지하디스트는 살라피 이슬람이 전 세계를 지배하는 꿈을 꾼다. 물론 여전히 포악하긴 하지만 그래도 좀 더 명철할 때는 한층 제한된 목표, 즉 중동 전역을 칼리파 국가로 만들기 위한 계획을 수립하고 이를 위해 싸운다. 한 전투에서는 "모술부터 예루살렘까지!"라는 구호가 등장하기도 했다. 이 말에는 이라크의 모술에서 시작해 레바논의 베이루트, 요르단의 암만 그리고 이스라엘의 예루살렘에까지 이르는 지역을 통치하겠다는 야심이 담겨 있다. 하지만 지리상 IS의 영향력이 미치는 지역의 실제 면적은 그들의 능력 때문에 제한돼 있다.

물론 유럽의 30년 전쟁(1618-1648년)의 아랍 판이 될지도 모를 이 문제와 규모를 과소평가해서는 안 된다. 게다가 이는 단지 중동에만 국한된 문제가 아니다. 여기서 살아남은 여러 국적의 지하드 전사들이 유럽, 북미, 인도네시아, 캅카스, 방글라데시 등지로 돌아가서 평온하게 정착할 리가 없다. 런던의 정보국은 중동에서 싸우는 영국인 무슬림들이 영국군에 복무하는 수보다 훨씬 많은 것으로 보고 있다. 이슬람주의자들은 이미 수십 년 전에 급진화 작업에 착수했지만 유럽 국가들에서 이를 차단하기 위한 작업은 이제 막 시동을 걸었을 뿐이다.

중동 지역의 대다수 나라들은 크든 작든 간에 저마다 이 새로운 세대와의 싸움에 직면하고 있다. 사우디아라비아는 지난 십여 년간 알카에다 세포 조직들과 싸워왔는데 거의 무너뜨렸다 싶었던 지금 차세대 지하드 조직으로부터 새로운 도전을 받고 있다. 이 상황은 폭력과 분리주의 운동 그리고 강력한 지하드 조직이라는 어두운 그림자가 드리워져 있는 예멘과 국경을 맞대고 있는 남부에서도 새로운 문제를 발생시키고 있다.

요르단에서도 일촉즉발의 이슬람주의 운동이 벌어지고 있다. 특히 시리아와 이라크 국경과 가까운 북동부 도시 자르카는 수천 명의 알카에다와 IS 추종자들의 본거지 노릇을 하고 있다. 요르단 정부는 이라크와 시리아의 지하드 그룹이 떼를 지어 취약한 국경 지역을 넘어 요르단 국내로 들어올까 전전긍긍하고 있다. 영국에서 훈련받은 요르단 군대는 중동에서 가장 탄탄한 군대 중 하나지만 만에 하나 지역 이슬람주의자들과 외국 용병들이 합세해 시내에서 게릴라전이라도 벌일 경우 이에 대처하는 일은 녹록치 않을 것이다. 게다가 팔레스타인계 요르단인들이 나라를 방어하기를 거부한다면 요르단이 현재 시리아와 같은 혼란스런 상황으로 추락하지 않는다는 보장도 없다. 이것이야말로 지배 계층인 하시미테와 이스라엘도 마지막까지 바라지 않는 바다.

이스라엘, 그리고 팔레스타인

—

중동 지역에서 아랍의 미래를 놓고 벌어지는 싸움이 확대되는 형국이다 보니 이스라엘과 아랍 간의 분쟁은 상대적으로 관심을 덜 끌고 있다. 이스라엘/팔레스타인의 동거에서 오는 마찰이 이따금 재현되고는 있지만 아랍의 다른 곳에서 벌어지고 있는 사태를 본 일부 관측자들은 이 지역의 문제가 단지 이스라엘이 있음으로 해서 발생한 문제로만 환원할 수 없다는 것을 깨달았다. 아랍의 독재자들은 자신들의 극악무도함에 대한 주의를 딴 데로 돌리려고 이스라엘을 원흉으로 지목하는 거짓말을 퍼뜨린다. 그리고 그 지역의 많은 이들과 독재자들에게 쓸모 있는 서구의 바보들은 이 말을 그대로 옮긴다. 그럼에도 불구하고 이스라엘/팔레스타인이 연계된 비극은 현재 진행형이다. 이 조그만 땅덩이에 대한 강박적 집착이 불러올 분쟁의 뇌관은 언제고 터질 수 있다.

오스만 제국은 요르단 강 서안부터 지중해 연안을 시리아 땅의 일부로 보았다. 그들은 이 지역을 필리스티나Filistina라 불렀다. 제1차 세계대전이 종식되고 영국의 위임 통치 아래서 이 지역은 이후 팔레스타인이라는 이름을 얻었다.

유대인들은 근 천 년 동안 이스라엘이라 불리는 지역에 살았지만 잔인한 역사는 그들을 세계 각지로 뿔뿔이 흩어지게 했다. 유대인들에게 이스라엘은 〈약속의 땅〉이며 무엇보다 예루살렘은 성역 그 자체였다. 하지만 1948년 무렵까지 천 년 이상을 이 땅에서 산 절대 다수는 아랍 무슬림들과 기독교도들이었다.

20세기에 들어와서 팔레스타인에 대한 영국의 위임 통치가 시작되면서 당시는 소수에 불과했던 유대교도들에 가세하는 유대인 운동이 활성화되기 시작했다. 그러던 중 동유럽의 포그롬(pogrom, 19세기에서 20세기 초반에 걸쳐 제정 러시아와 동유럽에서 벌어진 유대인 등에 대한 조직적 약탈과 학살)으로 촉발된 유대인의 이주가 점점 늘어나면서 더 많은 유대인들이 팔레스타인에 정착하기 시작했다. 영국은 팔레스타인 땅에 〈유대인의 나라〉가 세워지는 것을 긍정적으로 여겨 유대인들의 이주는 물론 아랍인들로부터 땅을 사들이는 것도 허락했다. 제2차 세계대전과 홀로코스트를 겪고 난 뒤 이전보다 훨씬 많은 유대인들이 팔레스타인으로 몰려왔다. 그러자 유대인과 비유대인 간의 긴장은 정점으로 치달았고 골치가 아파진 영국은 1948년 이 문제를 유엔에 넘겨 버렸다. 결국 이 지역을 두 개의 나라로 분리하는 투표가 실시됐다. 하지만 유대인은 찬성했지만 아랍인은 반대했다. 그 결과는 곧장 전쟁으로 이어졌다. 결국 팔레스타인 난민들이 처음으로 그 땅을 탈출했고 유대인 난민의 파도가 중동을 넘어 이 지역으로 밀려들었다.

요르단은 동예루살렘을 포함한 요르단 강 서안 지역을 점령했다. 이집트는 자국의 영토 확장의 일환으로 가자 지역을 점령했다. 그러나 양측 누구도 그곳에 살고 있던 사람들에게 시민권은 물론 팔레스타인이라는 국가의 지위를 인정할 생각은 없었다. 게다가 팔레스타인 국가를 건설하려는 의미 있는 운동도 벌어지지 않았다. 한편 그 지역 전체를 보다 확장된 자국 영토의 일부로 여기던 시리아는 팔레스타인 지역에 살고 있는 주민들을 시리아인으로 여겼다.

현재까지도 이집트, 시리아, 요르단은 팔레스타인의 독립을 회의적으로 바라본다. 따라서 이스라엘이 팔레스타인에 의해 소멸되거나 혹은 대체된다면 이 세 나라들은 팔레스타인 영토 일부의 소유권을 주장하며 나설 수 있다. 하지만 금세기 들어 팔레스타인인들 사이에서 강렬한 민족의식이 생겨나서 어떤 형태와 규모가 되건 팔레스타인 국가로부터 뭐라도 떼어갈 궁리를 하는 아랍의 독재자들은 향후 거대한 반발에 부딪힐지 모른다. 팔레스타인인들은 20세기에 그들 중 일부가 피난을 간 대부분의 아랍 국가들이 자신들에게 시민권을 주지 않을 거라는 걸 누구보다 잘 알고 있다. 그 국가들은 팔레스타인 난민의 자녀들과 손주들을 〈난민〉 신분으로 남게 하고 자기네 사회에 통합시키지 않을 궁리만 한다.

1967년의 〈6일 전쟁〉(Six-Day War, 1967년 6월 5일-6월 10일 사이에 치른 제3차 아랍-이스라엘 전쟁) 동안 이스라엘은 예루살렘과 요르단 강 서안 그리고 가자 전역에 대한 통제권을 얻었다. 2005년에 이스라엘은 가자에서 철수했지만 수십만 명에 달하는 이스라엘 정착민들은 여전히 요르단 강 서안 지역에 남아 있다.

이스라엘은 예루살렘을 결코 나눠 가질 수 없는 그들만의 수도로 여긴다. 유대교 역사에 따르면, 아브라함이 아들인 이삭을 제물로 바치려던 바위가 그곳에 있으며 바로 그 지성소(모세 시대에 이스라엘인들의 예배 장소) 위에 솔로몬 왕이 사원을 지었다고 한다. 그런데 예루살렘은 무슬림 세계에서도 깊은 종교적 울림을 갖고 있다. 팔레스타인인들은 선지자 무함마드가 바로 그 바위 위에서 하늘로 승천했다 하여 예루살렘을 세 번째로 성스러운 장소로 여긴다. 그리고 이 성스러운 곳에 현재는 〈가장 멀리 있는 모스크〉가 세워져 있다. 예루살렘은

50km
50miles

LEBANON
(레바논)

SYRIA
(시리아)

Golan
Heights
(골란 고원)

Sea of Galilee
(갈릴리 호)

Mediterranean
Sea
(지중해)   (이스라엘) ISRAEL

요르단 강
서안
West
Bank

Tel Aviv
(텔아비브)

PALESTINE
(팔레스타인)

Jerusalem
(예루살렘)

Amman
(암만)

Gaza
Strip
(가자 지구)

Dead
Sea
(사해)

JORDAN
(요르단)

EGYPT
(이집트)

Sinai
Peninsula
(시나이 반도)

Aqaba
(아카바)

―――― 국경선
・・・・・・・・・ 분쟁 지대

1967년의 6일 전쟁 이후 골란 고원, 요르단 강 서안, 그리고 가자 지구는 지금까지도 여전히 분쟁 지역으로 남아 있다.

군사적으로는 그 지리적 중요성이 미미하다. 게다가 내세울 만한 산업이 있는 것도 아니며 강이나 공항도 없다. 그러나 이 도시가 갖는 문화적, 종교적 의미는 실로 어마어마하다. 장소에 대한 이념적 요구가 그 위치보다 훨씬 중요해지는 경우다. 따라서 예루살렘을 지배하거나 그곳에 접근하는 것은 타협만으로 쉽사리 얻어질 수 있는 게 아니다.

그에 비하면 가자Gaza 지구는 이스라엘 입장에서는 양보하기가 훨씬 쉽다(물론 아직은 어렵지만). 이스라엘의 퇴거가 그곳 주민들에게 더 이득인가에 따라 논쟁의 향방이 갈릴 것이다.

가자 지구는 요르단 강 서안을 포함한 두 개의 팔레스타인 자치구 중에서도 사정이 가장 나쁜 편이다. 무엇보다 길이가 40킬로미터에 너비가 12킬로미터에 불과한 이 공간 안에 무려 180만 명이 몰려 산다. 지독히 가난한 곳이지만 실질적으로는 도시 국가나 다름없다. 이스라엘과 잦은 마찰이 벌어지는 탓에 이곳 주민들은 3면은 이스라엘과 이집트가 설치한 보호 장벽에, 나머지 한 면인 서쪽은 바다에 갇혀 있는 상황이다. 또 이스라엘은 가자 지역에서 날아온 로켓포가 이스라엘 영토 깊숙한 곳에 도달하지 못하게 그 위력을 제한하려 하고 있기 때문에 가자 지구 주민들은 경계선으로부터 일정한 거리 내에서만 건설 활동을 할 수 있다. 그래서 지난 10여 년 동안 로켓을 더욱더 멀리 쏘아 보내려는 가자 전투원들과 이에 맞서 대미사일 방어 체계를 개발하는 이스라엘 간에 이른바 비대칭 전력 경쟁이 가열돼 왔다.

인구가 밀집된 도시는 방어자들에게는 효율적인 전장이겠지만 이곳 주민들에게는 악몽이나 다름없다. 전쟁이 벌어지면 몸을 숨길 곳조차 없는데다 최단거리로 40킬로미터밖에 안 떨어진 요르단 강 서안 지역과의 연결망도 없다. 평화 협정이 체결되기 전까지 가자 주민들에게는 갈 곳도, 딱히 할 것도 없는 실정이다.

요르단 강 서안West Bank은 가자 지구에 비하면 일곱 배는 넓지만 암석지대라는 문제가 있다. 이 지역 대부분에는 북쪽에서 남쪽으로 이어지는 능선이 깔려 있다. 군사적 시각으로만 보면 이 지형은 능선의 서쪽 편에 있는 연안의 고지대와 동쪽의 요르단 강 지구대를 지배하는 측에게 유리할 것이다. 유대와 사마리아로 불리는 곳에서 살 성서 속의 권리를 주장하는 유대 정착민들의 이념은 차치하고라도, 군사적인 시각에서 이스라엘은 인구의 70퍼센트가 거주하는 연안의 평야지대에 중화기가 발사될 가능성이 상존하는 한 반反이스라엘 세력에게 고지대 지배권을 허락할 수 없는 입장이다. 특히 가장 중요한 도로망뿐 아니라 최첨단 기업들과 국제공항, 중공업의 대부분이 이 평야지대에 집중돼 있다.

이스라엘 측에서 줄곧 안정을 내세우면서 팔레스타인 자치 국가가 수립되더라도 중화기로 무장한 군대를 능선에 배치해선 안 되며 요르단과의 국경 통제권 보유를 계속 주장하는 이유도 바로 여기에 있다. 사실 이스라엘은 너무 작은 나라여서 딱히 전략적 깊이라고 할 만한 것도 없다. 방어선이 파괴됐을 때 마땅히 후퇴할 만한 곳이 없는 것이다. 따라서 군사적으로 할 수 있는 것은 누구도 가까이 접근하지 못하게끔 총력을 기울이는 것이다. 게다가 요르단 강 서안에서 텔아비브까지는 최단거리가 고작 16킬로미터에 불과하다. 웬만한 군대라면 요르단 강 서안의 능선에서 이스라엘을 두 개로 쪼개는 건 식은 죽 먹기나 다름없을 것이다. 이스라엘은 요르단 강 서안의 팔레스타인인들은 물론이고 그 어떤 집단도 자국의 존립을 위협할 만큼 강력해지는 것을 막으려 한다.

현재도 이스라엘은 테러리스트의 공격과 코앞에서 날아오는 로켓포로 주민들의 삶과 안전이 위협받고 있지만 국가의 존립 자체가 위협받을 정도는 아니다. 일단 남서쪽에 있는 이집트가 위협을 주지 않는다. 양측이 맺은 평화 협정은 현재도 잘 지켜지고 있으며 일부 비무장 지역인 시나이 반도는 양국 간의 완충지대 역할을 하고 있다. 요르단과 맺은 평화 협정과 더불어 이곳의 동쪽, 그러니까 요르단의 아카바에 있는 홍해 너머의 사막 또한 이스라엘을 지켜주고 있다. 물론 북쪽에 레바논이라는 잠재적 위험이 상존하지만 국경을 침범하는 도발이나 제한적인 포격처럼 상대적으로 미미한 수준의 위협을 가한다. 하지만 레바논의 헤즈볼라가 한층 강력하고 사정거리가 긴 로켓을 이스라엘 국토 깊숙이 발사한다면 그 대응 또한 확대될 수밖에 없다.

그런데 보다 심각한 위협은 레바논보다는 더 큰 인접국인 시리아로부터 온다. 역사적으로도 시리아의 수도 다마스쿠스는 늘 해안에 바로 진출하기를 원해 왔고 실제로 그것이 필요하기도 하다. 이스라엘은 전부터 레바논을 시리아의 일부로 여겨왔고(실제로도 그랬지만) 2005년에 가자 지구에서 철수할 수밖에 없었던 경험을 여전히 아쉬워하고 있다. 만약 바다에 이르는 길이 봉쇄될 경우 시리아 입장에선 골란 고원을 지나 지중해 방향인 갈릴리 호수 주변의 구릉지를 따라 내려가는 방법을 대안으로 생각해볼 수 있다. 그런데 골란 고원은 1973년 전쟁 당시 시리아의 공격을 받은 뒤부터 이스라엘이 점령하고 있고, 또한 이스라엘 주민들의 주요 거주지로 이어지는 연안 평야지대를 돌파하다가는 대규모 반격에 부딪힐 것이다. 그런데 이를 미래 어느 날의 일로만 여길 수만은 없다. 물론 중단기적으로는 지극히 가능성이 낮아 보이고 아예 불가능한 일일 수 있다. 시리아 내전이 지속되는 한에 있어서는 말이다.

산악지대, 핵무기, 그리고 석유의 나라

아직 또 다른 문제가 중동에 남아 있으니 그것은 바로 이란이다. 특히 핵무기라는 사안에 이르면 보다 심각해진다.

일단 이란은 아랍 국가가 아니다. 인구 다수가 파르시어를 쓰는 거대 국가다. 이란의 영토는 프랑스와 독일 그리고 영국을 합친 것보다 크다. 물론 이 세 나라 인구를 합치면 2억 명에 이르지만 이란의 인구는 7천8백만 명에 불과하다. 주거 가능 지역이 한정된 탓에 인구 대다수는 산악지대에 살고 있다. 대규모 사막들과 소금 평원으로 이루어진 내륙은 사람이 살기에 적합하지 않다. 차를 몰고 이 지역을 통과하는 것만으로도 금세 기분이 가라앉을 정도인데 하물며 이 안에서 살려면 얼마나 대단한 노력이 필요하겠는가.

이란에는 자그로스와 엘부르즈라는 양대 산맥이 있다. 자그로스는 북쪽에서 시작해 터키와 이라크 국경을 따라 1,448킬로미터쯤 내려가다가 페르시아 만의 호르무즈 해협에 거의 다 와서야 끝난다. 산맥 남쪽의 절반은 샤트알아랍 강이 이란과 이라크를 가르고 있는 서쪽 평원지대에 해당된다. 이곳은 이란 북부와 중부와 더불어 주요 유전지대 중 하나로 꼽히는데 이 세 곳을 합하면 이란은 세계 3위의 석유 매장량을 보유하고 있는 셈이다. 하지만 이런 조건에도 불구하고 이란은 여전히 상대적으로 빈곤한 나라에 속한다. 잘못된 행정, 부패, 물류 수송의 연계를 저해하는 산악 지형 그리고 부분적으로는 경제제재가 특정 산업의 현대화를 가로막고 있는 것도 이유가 된다.

엘부르즈 산맥 역시 북쪽에서 시작되지만 아르메니아와의 국경선을 따라 펼쳐진다. 다시 말해 카스피 해의 남쪽 해안 위에서부터 죽 내려가다가 투르크메니스탄 국경 위, 즉 카스피 해 남쪽 해안을 길게 따라서 아프가니스탄에 다다른다. 수도인 테헤란의 북쪽에서 도시를 내려다보고 있는 산맥도 바로 이것이다. 이 산맥은 장엄한 풍경을 제공할 뿐 아니라 이란의 핵개발 프로젝트보다 더 깊숙하게 숨겨둔 비밀을 갖고 있다. 바로 일년의 몇 달 동안 최상의 스키 시즌을 제공하는 것이다.

이란은 그 지리적 특성으로 보호를 받는 나라다. 3면은 산맥이, 나머지 한 면은 습지대와 물이 지켜준다. 1219년부터 1221년까지 몽골 군대를 마지막으로 이 나라 영토에 발을 들여본 외부 세력은 없었다. 이후의 공격자들은 산악지대를 건너 조금이라도 앞으로 나아가 보려고 먼지 속에서 고군분투했다. 2003년 제2차 걸프전 당시 세계 최강의 미군조차 우월한 화력에도 불구하고 이란을 침공하는 게 만만치 않다는 것을 알았는지 일단 남쪽으로 들어간 뒤 오른쪽으로 방향을 트는 것이 낫다고 보았다. 실제로 당시 미군이 내건 구호도 이것이었다.

"우리는 사막을 공략한다. 산맥이 아니라."

1980년 이란-이라크 전쟁이 발발했을 때 이라크는 이란 내 후제스탄 지역을 합병하려는 시도를 하면서 샤트알아랍 강을 건너는 부대를 여섯 개로 나누었다. 그렇지만 늪지대 돌파는 아예 시도조차 못하고 자그로스 산맥의 기슭으로 들어가는 편을 택했다. 결국 이 전쟁은 8년을 끌었고 적게 잡아도 1백만 명이 목숨을 잃었다.

이러한 이란의 산악 지형은 상호 연계된 경제를 구축하기 어렵게 하는 한편으로 많은 소수 집단들에게는 저마다 선명한 특징을 지키게 했다. 후제스탄 주에는 다수의 아랍인들이 살고 있다. 쿠르드, 아제리, 투르크멘 부족 등이 거주하는 지역들도 있으며 조지아인들까지 살고 있다. 한편 이란에서는 많게는 60퍼센트가 이 나라의 다수를 차지하는 페르시아인의 언어인 파르시어를 쓰고 있다. 이러한 다양성의 결과로 이란은 전통적으로 중앙 집중화한 권력을 추구했으며 내부 안정을 위해 무력과 권위적인 정보기관을 동원해 왔다. 테헤란 정부는 현재 이란을 침공하려는 세력이 없다는 것을 모르는 바는 아니지만, 만에 하나 적대 세력들이 이 나라의 소수 집단들을 이용해서 반대파를 부추기고 자국의 이슬람 혁명을 무력화할 가능성 또한 무시하지 않는다.

　이란은 뛰어난 원자력 기술을 보유하고 있다. 특히 이스라엘을 비롯한 많은 나라들은 이란이 이를 이용해 핵무기를 제조하려 한다고 믿고 있어서 이 지역의 긴장을 높이는 요인이 되고 있다. 이스라엘은 이란의 핵무기가 자신들을 위협할 가능성을 항시 느끼고 있다. 실제로 이스라엘과 경쟁하는 이란은 핵폭탄 한 개로도 이스라엘을 쓸어버릴 수 있는 잠재적 능력을 보유하고 있다. 만약 이란이 핵무기를 갖게 되면 이에 기겁을 한 아랍 국가들이 너도나도 자체 핵무장을 시도할 가능성이 높다. 일례로 사우디는 아야툴라(이란의 이슬람 혁명의 지도자 아야툴라 호메이니) 일파가 아랍 전역을 지배해서 모든 시아파 아랍인들을 통치하는 것뿐 아니라 그들의 성지인 메카와 메디나까지 지배하려 할까봐 두려워한다. 핵으로 무장한 이란이 지역의 초강대국으로 부상할 것은 불을 보듯 뻔해서 이에 맞서는 사우디가 파키스탄 같은 나라(즉 그들과 긴밀하게 협력하는 나라들)로부터 핵무기를 구입하려 할 가능성이 있다. 그렇게 되면 이집트와 터키도 핵무장 대열에 가세할 가능성이 높다.

이런 국면은 이란의 핵시설에 대한 이스라엘의 공습 가능성이 잔존한다는 뜻도 된다. 하지만 이를 제약하는 요인들 또한 적지 않다. 먼저 이스라엘의 공군은 요르단과 이라크라는 두 곳의 주권 국가들을 통과해야 한다. 그러면 이라크가 공습이 이뤄질 것임을 이란에게 미리 귀띔해줄 것이다. 그렇다고 이 외의 다른 경로를 택하자니 이번엔 재급유가 필요하고, 북쪽 항로를 선택한다 해도 이 또한 주권 지역의 영공을 비행해야 한다. 마지막으로는 이란이 갖고 있는 비장의 카드인데, 바로 호르무즈 해협을 봉쇄할 수 있는 능력이다. 이는 판매량에 따라 날마다 전 세계 석유 수요의 약 20퍼센트가 통과하는 길목을 봉쇄한다는 뜻이다. 전략적으로 지구상에서 손꼽는 요충지인 이 해협의 가장 짧은 폭은 겨우 34킬로미터에 지나지 않는다. 호르무즈 해협이 몇 달간만 봉쇄된다 해도 연쇄적으로 불러올 석유 가격 상승에 산업국들은 패닉에 빠질 것이다.

2000년대에 이란은 미국의 봉쇄를 두려워했다. 미 해군이 페르시아 만에 배치돼 있었고 이라크와 아프가니스탄에도 미군 부대가 주둔하고 있었다. 현재는 미국의 군비 축소 추세에 따라 그와 같은 공포는 점점 줄어들고 있지만 그래도 이란은 시아파가 통치하는 이라크의 우호 세력과 직접적인 관계를 유지하면서 여전히 영향력을 행사하고 있다. 이란에게 이라크 남부는 시리아의 다마스쿠스에 있는 알라위파와, 지중해 지역에 있는 레바논 헤즈볼라의 주요 구성원인 시아파 동맹과 연결해 주는 일종의 교량이다.

기원전 6세기부터 4세기에 페르시아 제국의 세력은 이집트와 인도를 아우르는 지역까지 뻗어나갔다. 오늘날 이란에게는 그만한 제국주의적 야심은 없지만 그렇다고 영향력을 펼칠 의도가 아주 없는 것은 아니다. 이란에게 가장 확실한 방향은 서부 평원지대를 넘어 아랍 세계와 시아파 소수 집단들에게 손을 뻗치는 것이다. 이란은 미국의 침공 이후 시아파 정부가 탄생한 이라크에도 근거지를 마련해 두고 있다. 이런 행동은 수니파 종주국 사우디아라비아에게 경계심을 불러일으켰다. 이는 사우디와 이란 관계의 중심에서 중동판 〈냉전의 도화선〉이 발생하는 격이다. 물론 사우디아라비아가 이란보다 덩치도 크고 석유와 가스 산업 덕분에 몇 배는 더 부유한 건 사실이지만, 2천8백만 명에 불과한 인구는 7천8백만 명인 이란에 한참을 못 미치는데다 냉전이 격화돼 직접적으로 대치하는 상황이 발생했을 때 사우디의 군사력이 이 페르시아 이웃을 감당해낼 수 있을지 의문이다. 양측 모두 지역의 패권을 차지하려는 야심을 품고 있는 이상 이슬람의 맹주로 자처하지 않을 이유가 없다. 이라크가 사담 후세인의 발아래 있을 때엔 사우디아라비아와 이란을 떼어놓는 강력한 완충지 역할을 했다. 그러나 이 완충지가 사라진 지금 두 나라는 페르시아 만을 사이에 둔 채 험악하게 노려보고 있는 중이다. 미국의 주도하에 개최된 이란 핵협상은 2015년 여름에 타결됐지만 페르시아 만 국가들은 이란의 위협이 줄어들었다고 보지 않는다. 서구 언론들은 이 협상을 두고 이스라엘이 어떤 반응을 보일지에 관심을 두지만 정작 불만이 역력한 건 아랍 전역의 매체들이었다.[5] 심지어 이를 1938년의 뮌헨 협정에 비유하는 언론도 있었다. 사우디의 한 유력 언론인은 이란이 핵무기를 사용할 때를 대비해서 사우디 왕국도 핵무기를 개발해야 한다고 주장했다.

역사의 교차로가 될 수밖에 없는 운명, 터키

—

이란의 북서부에는 유럽이면서 아시아이기도 한 나라가 있다. 바로 아랍 땅의 경계를 차지하고 있는 터키다. 그런데 이 나라 국토 대부분이 중동 지역에 속해 있다고 해서 꼭 아랍 국가라고 하기도 어렵다. 그래서인지 터키는 그 지역에서 벌어지는 분쟁으로부터 거리를 두려는 기색이 역력하다.

터키는 자신들의 북쪽과 북서쪽에 있는 이웃들에게 진정한 유럽으로 받아들여져 본 적이 이제껏 없었다. 만약 터키를 유럽으로 본다면 유럽의 경계는 광활한 아나톨리아 평원을 훨씬 넘어 시리아, 이라크, 이란에 이르러서야 끝나게 된다. 그렇다면 터키가 유럽의 일부가 아니라면 대관절 터키는 어디에 있는 것인가? 터키의 최대 도시인 이스탄불은 2010년 유럽 문화 수도로 선정됐고 유로비전 송 콘테스트Eu-rovision Song Contest와 유럽축구연맹UEFA 챔피언스 리그가 개최되기도 했다. 그리고 터키는 1970년대부터 이제는 유럽연합이 된 유럽 기구의 회원국이 되기 위해 부단히 도전해 오고 있다. 그렇지만 따지고

---

5 이란의 완전한 핵 포기가 아니기 때문에 핵무기를 개발할 시간을 벌어준다고 보는 것이다. 내용도 내용이지만 핵협상이 타결됨으로써 이란을 옥죄고 있던 경제 제재가 풀리면서 가뜩이나 현재 중동에서 부상하고 있는 이란의 영향력이 더 커질 것을 두려워하는 것이다.

보면 이 나라 국토의 5퍼센트 미만만이 유럽에 속해 있다. 대다수 지리학자들은 터키 국토의 아주 작은 면적, 즉 보스포루스 해협의 서쪽만을 유럽으로 보고 나머지, 즉 보스포루스의 남쪽과 남동쪽은 넓은 의미에서 중동으로 보고 있다.

이것도 터키가 이제껏 유럽연합에서 받아들여지지 못하는 이유가 된다. 그 외 다른 이유들로는 인권 문제, 특히 쿠르드족과의 문제가 한편에 있고 다른 쪽에는 경제 문제가 있다. 유럽은 터키가 유럽연합 회원국이 되는 순간 경제적 불평등 상태에 놓여 있는 7천5백만 명의 터키 인구가 유럽 국가들로 우르르 밀려들어올 것을 두려워한다. 물론 이것 말고도 유럽연합 내에서 대놓고 얘기 못하는 한 가지 이유가 있다. 바로 터키가 인구 98퍼센트가 무슬림인 대형 무슬림 국가라는 것이다. 유럽연합이 세속적 기구도 아니고, 그렇다고 기독교적 기구인 것도 아니지만 가치들을 두고 민감한 논쟁이 있어 왔다. 터키의 유럽연합 가입을 지지하는 주장이 제기될 때마다 그에 반대하는 입장이 꼭 따르는데 지난 10여 년간의 정황을 보면 터키의 유럽연합 가입 전망은 점점 줄어들고 있다고 봐야 한다. 그리고 이런 상황 때문에라도 가능하다면 터키는 다른 선택을 숙고해 보지 않을 수 없다.

하지만 1920년대에 적어도 한 인물에게는 선택의 여지가 없었다. 그의 이름은 무스타파 케말Mustafa Kemal로, 터키 장성으로는 유일하게 제1차 세계대전에서 전공을 세워 떠오른 인물이었다. 승전국들이 제1차 세계대전에서 독일 편에 서서 싸우다 패망한 터키를 이리저리 자르고 나누자 무스타파 케말은 연합국들이 부과한 조건을 앞장서서 거부하면서 대통령이 되기에 이른다. 그는 터키를 근대화시켜서 유럽의 일부로 편입시켰다. 서구의 법제와 그레고리력을 도입하는 한편 공공기관에서 이슬람 문화를 퇴출시켰다. 그리하여 페즈 모자를 착용하는 것이 금지됐고 라틴 알파벳이 아랍 문자를 대신했으며 더나아가 여성들에게 투표권이 주어졌다. 이는 스페인보다 2년, 프랑스보다는 15년을 앞선 것이다. 1934년에는 서구식으로 성과 이름을 쓰는 제도를 도입하면서 케말은 아타튀르크, 즉 〈터키의 아버지〉라는 이름을 받았다. 그는 1938년에 세상을 떠났지만 그의 후임 지도자들은 터키를 서유럽 세계로 이끌려는 노력을 멈추지 않았다. 이들은 군부 쿠데타라는 잘못된 편에 서지 않으면서 아타튀르크의 유지를 완성하고자 결심한 이들이었다.

1980년대 후반 유럽의 지속적인 거부와, 지나친 세속주의화에 대한 일반 국민들의 완강한 거부에 부딪힌 일부 정치가들은 이제껏 생각해 보지 않았던 국면을 생각해 보기 시작했다. 즉 플랜 B가 필요해진 것이다. 이런 배경에서 1989년에 집권한 투르구트 외잘은 신앙인이자 정치가로서 변화를 꾀하기 시작했다. 그는 터키 국민들에게 유럽과 아시아 그리고 중동을 잇는 큰 땅으로서 터키의 위상을 바라볼 것과, 터키가 그 세 지역을 아우르는 강국이 될 수 있다며 국민들을 북돋았다. 현 대통령인 레제프 타이이프 에르도안 또한 비슷한 야심을 가지고 있다. 아니 어쩌면 더 원대할지도 모른다. 그러나 이를 성취하기 위한 길에는 그만큼 큰 장애물이 버티고 있다. 그리고 이것들은 얼마간은 이 나라의 지리적 특성에 기인한다.

일단 정치적 측면에서 아랍 국가들은 에르도안 터키 대통령이 경제로 오스만 제국을 재건할 수 있을지 의구심을 갖고 있으며 터키와 긴밀한 끈을 맺는 것도 거부하고 있다. 이란은 군사력과 경제 부문에서 터키를 자국의 뒷마당에 버티고 있는 강력한 경쟁자로 보고 있다. 가뜩이나 훈훈하다고 할 수 없는 이 두 나라의 관계는 시리아 내전에서 각기 반대 파벌을 지원하는 것으로 인해 더욱 냉랭해졌다. 게다가 이집트의 무슬림 형제단 정부를 강력히 지지한 터키의 정책은 이집트 군부가 두 번째 쿠데타로 정권을 잡자 아니나 다를까 역효과를 불러왔다. 카이로와 앙카라의 관계는 이제 얼음처럼 차갑게 식어 버렸다.

터키의 엘리트 계층은 이슬람이 이스라엘한테 싸움을 걸어봤자 좋을 게 없다는 것을 안다. 이는 이스라엘이 되레 사이프러스와 그리스와 손을 잡고 자국의 연안에서 가스전을 개발하는 3각 에너지 동맹을 구축했던 사례를 통해 얻은 교훈이다. 게다가 터키를 마뜩잖게 바라보는 이집트 정부가 이 새로운 에너지원에 관심을 표하면서 이스라엘의 큰손 고객이 되기까지 한 것이다. 원래는 이스라엘 가스의 혜택을 입을 수 있었던 터키로서는 결국 오랜 적수인 러시아에게 에너지 수요를 크게 의존할 수밖에 없는 입장으로 몰리게 되었다. 터키는 현재 유럽연합 국가들로 가스를 보내는 새로운 파이프라인을 건설하는 작업을 러시아와 수행하고 있다.

이 와중에 터키와 이스라엘이라는 미국의 우방들 간에 새로운 냉전이 싹틀 기미가 보이자 깜짝 놀란 미국은 이 둘을 화해시키려는 노력에 돌입했다. 미국은 동지중해에서 나토의 위상을 강화하기 위해서라도 두 나라의 관계가 보다 좋아지기를 바란다. 나토의 입장에서 터키는 보스포루스 해협이라는 좁다란 통로를 통해 흑해를 드나들 수 있는 권한을 통제할 수 있는 중요한 국가다. 만약 터키가 최단거리가 채 16킬로미터도 되지 않는 이 해협을 봉쇄하기로 맘만 먹으면 러시아의 흑해 함대는 지중해는 물론 대서양으로도 접근하기 어렵게 된다. 혹시 보스포루스 해협을 통과한다 해도 마르마라 해로 들어갈 수밖에 없다. 그러고 나서도 지중해로 통하는 에게 해에 가려면 또 다르다넬스 해협을 통과해야 한다.

대륙에 면한 땅덩어리만을 보면 터키는 해양 국가로 보이지 않기 십상이다. 하지만 터키는 세 개의 바다와 닿아 있고 이 물을 지배함으로써 항상 무시할 수 없는 세력이 되어 왔다. 터키는 역사는 물론 일부 지역의 민족까지 결속하면서 유럽과 중동, 캅카스 그리고 중앙아시아까지 잇는 교역과 수송의 가교 역할을 한다.

터키는 때로 교통이 험했던 시절에도 역사의 교차로가 될 수밖에 없는 운명이었다. 터키 외교부는 홈페이지에 있는 〈터키 대외정책의 개요〉라는 부문에서 이런 터키의 입장을 특히 강조하고 있다. "터키가 중심에 있는 아프로-유라시아Afro-Eurasian의 지리는 그러한 기회들과 위험이 가장 집중적인 방식으로 상호 작용하고 있는 곳이다." 그러면서 "터키는 동시대 문명의 최고 단계에 도달하고자 하는 반세기에 걸친 노력을 통해 유럽연합의 온전한 회원국이 될 것."이라고도 밝히고 있다.

그러나 이것은 중단기 내에 결론 날 문제로 보이지는 않는다. 몇 년 전까지만 해도 터키는 이스라엘을 제외하고 중동 국가가 민주주의를 끌어안을 수 있는지를 보여주는 사례로 그럭저럭 받아들여졌다. 하지만 최근까지 지속되는 쿠르드 사태와 소수 기독교 공동체들이 겪고 있는 난관, 그리고 시리아 정부에 맞서 싸우는 이슬람 집단들에 대한 암묵적 지원 등은 민주 국가라는 이미지에 큰 타격을 주고 있다. 또한 에르도안 대통령은 터키 내에서 스멀스멀 고개를 들고 있는 이슬람주의에 편승해서 유대인, 인종, 성 평등 문제를 들고 나오면서 국민의 경계심을 조장하고 있다. 그럼에도 불구하고 주류 아랍국들에 비해 터키는 여러 면에서 훨씬 앞서 있으며 민주주의 또한 훨씬 발전된 나라. 이슬람주의로 되돌아가고 싶어 하는 에르도안 대통령이 서구 지향적인 케말 아타튀르크가 이룬 과업 일부를 부정하고는 있지만 터키 국부의 손자 세대인 현재의 터키인들은 중동 아랍 세계의 그 어느 나라 국민들보다도 큰 자유를 누리고 있음은 분명한 사실이다.

아랍 국가들은 그러한 개방을 경험해 보지 못한데다 식민주의로 인한 고통을 겪었다. 따라서 아랍에서 일어나는 봉기(2010년부터 시작된 저항의 물결)를 진정한 아랍의 봄으로 바꿀 준비가 돼 있지 못했다. 대신 그들은 끝없는 폭동과 내전의 소용돌이 속으로 빠져들었다.

아랍의 봄

—

사실 〈아랍의 봄〉은 언론이 만들어낸 부적절한 명칭이다. 이 용어는 실제 그곳에서 벌어지고 있는 일에 대한 우리의 이해를 흐리게 했다. 영어로 쓴 현수막을 들고 시내 한복판에 서 있는 젊은 자유주의자들과 인터뷰를 하려고 수많은 언론인들이 앞다투어 몰려들었다. 이 과정에서 그들은 그것이 그 나라 국민 전체의 목소리이고 역사의 방향인 것처럼 호도했다. 이란의 녹색혁명(2009년 당시 이란의 개혁파가 이슬람 근본주의 정권에 반대해서 일으켰던 운동으로, 당시 티셔츠를 녹색으로 입고 있었다고 해서 붙여진 이름이다.)이 일어났을 때도 비슷한 과오를 저지른 적이 있다. 테헤란 북부의 젊은 학생들만을 이란의 청년으로 묘사하면서 반동적인 바시즈 민병대와 혁명 수비대에 참여한 다른 젊은이들의 존재는 보지 않으려 한 것이다.

1989년 동유럽에는 한 가지 형태의 전체주의가 지배하고 있었는데 그것은 바로 공산주의였다. 그러나 대다수 사람들은 그들이 가야 할 하나의 방향을 생각하고 있었다. 즉 민주주의를 향한 열망이 철의 장막 뒤편에서 자라나고 있었다. 동유럽과 서유럽은 민주주의와 시민 사회라는 〈역사적 기억〉을 공유하고 있었다. 그러나 2011년의 아랍 세계는 이런 것들을 전혀 겪어보지 못했기 때문에 여러 다른 갈림길과 직면해야만 했다. 그 당시 그리고 현재도 그들 앞에는 민주주의, 자유민주주의(앞의 민주주의와는 다른), 민족주의, 강력한 지도자 숭배, 그리고 많은 사람들이 내내 직면하고 있는 이슬람주의를 포함한 다양한 외양을 지닌 이슬람이 놓여 있다.

중동에서 힘은 사실상 무력에서 나온다. 리비아의 항구 도시 미스라타에는 자유민주주의 정당을 발전시키고 싶은 선량한 시민들도 있겠지만 동성애 권리를 위한 운동을 전개하고픈 이들도 있을 것이다. 하지만 실질적으로 그 지역을 지배하는 권력이 자유민주주의자들과 동성애자들을 향해 발포를 한다면 이들의 선택 또한 움츠러들 수밖에 없다. 이라크가 이 점을 극명하게 보여주고 있다. 그곳이야말로 자유와는 한참 거리가 먼 허울뿐인 민주주의가 판을 치고 있으며 동성애자라는 이유만으로 사람들이 일상적으로 죽임을 당하는 곳이기 때문이다.

아랍 봉기의 두 번째 국면이 이제 막 걸음을 뗐다. 이는 종교적 신념, 사회적 관행, 부족 간의 관계, 서구식 평등, 표현의 자유 그리고 보통 선거권 같은 서구의 가치들보다 무기가 더 강력한 힘을 발휘하는 온갖 사회 조직들이 얽힌 복잡한 내적 투쟁이다. 일반 서구인들은 너무 모르고 있어서 활자화되어 그들 눈앞에 펼쳐져 있다 해도 믿으려 하지 않을 정도의 편견과 증오로 인한 고난을 실제로 아랍인들은 겪고 있다. 우리는 편견을 가지고 있음을, 그것도 많이 가지고 있음을 안다. 그런데 가끔은 이 편견이 중동에 있는 이들에게 맹목적으로 향하고 있는 것처럼 보일 때가 있다.

타인에 대한 증오심을 일상적으로 표현하는 것은 아랍 세계에서는 지극히 흔한 일이지만, 서구에서 교육받은 자유주의 성향의 소수는 언론에 접근하는 것 자체에 제약을 받고 있어서 그에 대한 의견조차 제대로 피력하기 어렵다. 1930년대 나치를 선전했던《슈튀르머*Der Stürmer*》를 연상케 하는, 노골적으로 반유대주의를 표현하는 만화들도 일상화되어 있다. 일부러 자극적인 발언을 하는 이맘들이 매주 텔레비전 황금 시간대를 차지한다.

이러한 행동을 변호하는 서구인들은 때로 에드워드 사이드가 정의한 것과 같은 오리엔탈리스트로 몰리는 것이 두려워 비판을 꺼려한다. 하지만 그들의 이런 태도는 스스로 인간의 보편성을 부인하고 자유주의적인 가치를 배반하는 거나 다름없다. 또 어떤 이들은 순진하게도 이런 살인 선동은 널리 퍼진 것도 아니며 아랍어의 문맥 안에서 수사적인 비약을 감안해 봐야 한다고도 말한다. 이는 아랍 거리, 즉 아랍 주류 언론의 역할에 대한 그들의 몰이해를 드러내며 분노로 똘똘 뭉친 사람들의 말에 담긴 진심을 인정하기를 거부하는 것이다.

호스니 무바라크 대통령이 이집트 권좌에서 내려왔을 때 그를 끌어내린 것은 민중의 힘이 분명하지만 바깥 세계가 간과한 게 있었다. 군부가 그를 제거할 기회를 얻기 위해 수년 동안이나 기다렸으며 이윽고 거리라는 극장이 군부에게 필요했던 장막을 제공했다는 사실 말이다. 군부가 무슬림 형제단을 지지했던 것은 자신들의 의도를 숨길 충분한 장막이 있었을 때만이었다. 이집트에는 세 개의 정부 조직만이 남아 있었다. 즉 무바라크의 민족민주당(국민민주당), 군부, 그리고 무슬림 형제단. 무슬림 형제단이 먼저 앞의 둘을 무너뜨리고 선거에서 승리를 거둬 이집트는 이슬람 국가로 선회하는가 싶었지만 그 땅의 진짜 권력에 의해 전복됨으로써 그 값을 톡톡히 치렀다. 그것은 바로 군부였다.

비록 현재는 침잠해 있지만 이슬람은 이집트에서 두 번째 가는 권력이다. 무바라크에 반대하는 시위가 정점에 이르렀을 때 카이로에는 수십만 명에 달하는 사람들이 모였다. 무바라크가 하야하고 급진적인 무슬림 형제단의 정신적 지도자인 유수프 알 카라다위가 망명 생활을 마치고 카타르에서 귀환했을 때 줄잡아 백만 명의 군중이 그를 환영하러 모여들었다. 하지만 그를 〈민중의 목소리〉로 부른 서구 언론은 거의 없었다. 그런데 자유주의자들도 기회를 잡아본 적이 없었다. 현재도 마찬가지다. 하지만 이는 그 지역 국민들이 급진적이어서가 아니다. 굶주림과 두려움에 떨고 있는 사람들에게 빵과 안정, 혹은 민주주의라는 가치 중에서 하나를 택하라면 무엇을 선택할지 안

봐도 뻔하다.

책임질 만한 제도가 전무하다시피 한 빈곤한 사회에서 권력은 민병대와 정당의 형태로 위장한 불한당들에게 맡겨진다. 권력을 놓고 싸우는 그들에게 서구의 순진한 동조자들이 때로 환호를 보내는 동안에도 죄 없는 사람들은 숱하게 죽어갔다. 머지않아 리비아, 시리아, 예멘, 이라크 그리고 다른 여러 나라들에서도 그런 식의 일이 벌어질 것처럼 보인다.

미국은 자국의 에너지 수입 요구가 감소함에 따라 이 지역에서 정치적, 군사적 투자의 규모 또한 줄여가려 한다. 미국이 손을 뗀다면 중국이, 보다 적게는 인도가 그 빈틈을 비집고 들어오려 할지 모른다. 중국은 이미 사우디아라비아, 이라크, 이란 등지에서 주요 역할을 담당하고 있다. 전 세계 차원에서의 시나리오는 강대국들 수도에 있는 통치자들의 관저에서 결정될 것이다. 그리고 현장에서는 사람들의 상상력과 요구, 희망, 필요 그리고 그들의 삶 가운데서 그 게임이 펼쳐질 것이다.

사이크스-피코 라인은 무너졌다. 비록 모양은 다를지라도 다시 일으켜 세우는 것은 피를 수반하는 지난한 작업이 될 것이다.

9

인도,
지리적으로 출발부터 유리했다

파키스탄,
말썽 많은 아프간과의 국경을 물려받다

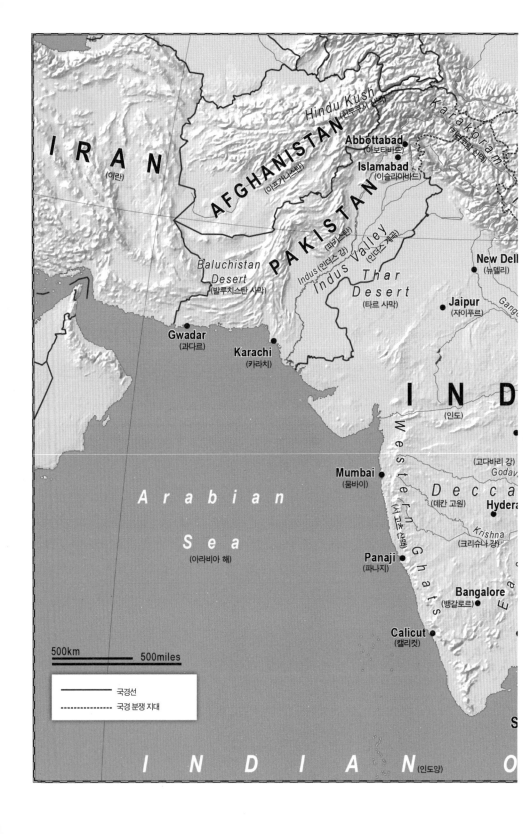

I R A N
(이란)

AFGHANISTAN
(아프가니스탄)

Hindu Kush (힌두쿠시 산맥)

Karakoram
(카라코람 산맥)

Abbottabad
(아보타바드)

Islamabad
(이슬라마바드)

PAKISTAN
(파키스탄)

Baluchistan
Desert
(발루치스탄 사막)

Indus (인더스 강)

Indus Valley
(인더스 계곡)

Thar
Desert
(타르 사막)

New Delh
(뉴델리)

Jaipur
(자이푸르)

Gange

Gwadar
(과다르)

Karachi
(카라치)

I N D
(인도)

(고다바리 강)
Godav

Mumbai
(뭄바이)

Decca
(데칸 고원)

Hydera

A r a b i a n

W
e
s
t
e
r
n

G
h
a
t
s

Krishna
(크리슈나 강)

S e a
(아라비아 해)

Panaji
(파나지)

Bangalore
(뱅갈로르)

Calicut
(캘리컷)

500km   500miles

──────── 국경선

┈┈┈┈┈┈┈┈ 국경 분쟁 지대

I N D I A N O
(인도양)

S

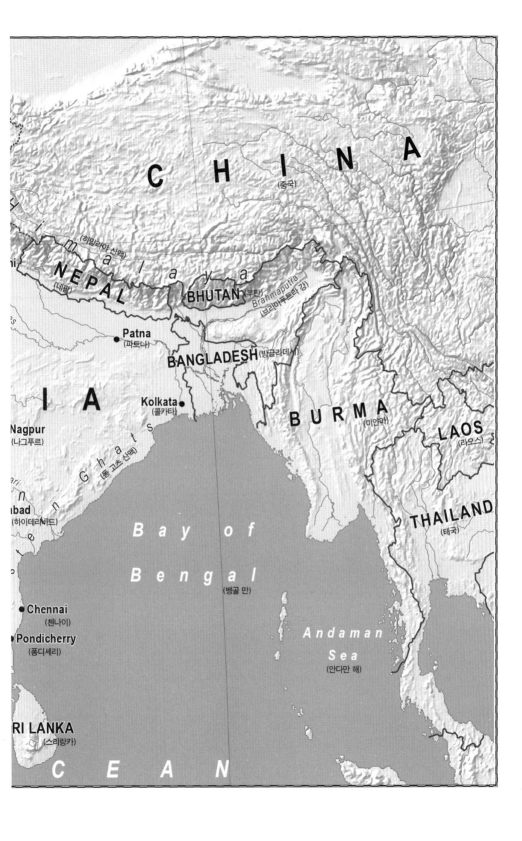

CHINA
(중국)

NEPAL
(네팔)

Himalaya
(히말라야 산맥)

BHUTAN (부탄)

Brahmaputra
(브라마푸트라 강)

Patna
(파트나)

BANGLADESH (방글라데시)

IA

Kolkata
(콜카타)

BURMA
(미얀마)

LAOS
(라오스)

Nagpur
(나그푸르)

Eastern Ghats
(동 고츠 산맥)

THAILAND
(태국)

bad
(하이데라바드)

Bay of
Bengal
(벵골 만)

Andaman
Sea
(안다만 해)

Chennai
(첸나이)

Pondicherry
(퐁디세리)

RI LANKA
(스리랑카)

CEAN

인도와 파키스탄은 적어도 한 가지 사안에서는 의견을 같이할 수 있다. 누구도 상대방이 근처에 있는 걸 바라지 않는다는 것. 3,057킬로미터에 이르는 방대한 국경선을 맞대고 있는 두 나라는 늘 껄끄러운 상대다. 두 나라는 저마다 적대감과 핵무기를 한 보따리씩 안고 있다. 그리고 이처럼 원치 않는 관계를 어떻게 관리하느냐에 따라 10억이 넘는 인구의 생사가 왔다 갔다 할 수 있다.

인도 인구가 거의 10억 3천만 명에 달한다면 파키스탄은 1억 8천 2백만 명에 달한다. 가난하며, 불안정하고, 분열된 파키스탄은 스스로를 인도와 반대 지점에 놓고 있는 듯하다. 물론 인도 또한 파키스탄에 강박관념이 없지는 않지만 보다 여러 방식으로 자신을 정의하는 편이다. 이 가운데는 성장하는 경제와 중산층의 확대라는 신흥 강국의 모습도 있다. 이처럼 인도는 보다 유리한 위치에서 파키스탄을 바라보면서 경제면 경제, 민주주의면 민주주의 등 모든 지표에서 파키스탄을 압도하고 있다고 생각한다.

양국은 네 번의 큰 전쟁을 포함해 수차례 자잘한 접전을 벌였다. 오늘날에도 양측의 감정은 악화일로를 걷고 있다. 2014년 말 《인디언 디펜스 리뷰Indian Defence Review》에 한 파키스탄 장교의 발언이 실렸다. 그가 한, 파키스탄이 인도를 천여 개의 조각으로 찢어서 피를 보게 할 거라는 말은 이후에도 자주 인용되는데 인도의 군사 전문가 아마르지트 싱 박사는 이를 소개하면서 이렇게 썼다.

"다른 이들이 어떤 신념을 갖고 있는지는 모르나 내 의견은 이렇다. 인도는 대가가 큰 파키스탄의 핵 공격에 맞서야 한다. 천 개로 찢어져서 허구한 날 굴욕과 수치와 고통 속에 살아가면서 현실화되지 않을 가능성에 에너지를 소모하느니, 차라리 수천만 명이 희생되더라도 당당히 맞서서 저들을 제압하는 편이 낫다."

물론 이것이 인도 정부의 공식 입장을 반영한 것은 아니겠지만, 어쨌거나 두 사회의 여러 부문에 깊숙이 파인 감정의 골을 잘 보여주는 사례다. 현대의 파키스탄과 인도가 포화 속에서 태어났다면, 다음 시대에는 그 화염이 이 둘을 죽일 것이다.

이 두 나라는 자연적으로 형성된 인도 아대륙Indian subcontinent[6]의 지리적 특성에 서로 묶여 있다. 이곳은 벵골 만, 인도양, 아라비아 해를 각기 남동쪽, 남쪽, 남서쪽에, 그리고 힌두쿠시는 북서쪽에, 히말

6　현재 남아시아에서 인도, 파키스탄, 방글라데시 등의 나라가 위치한 지역을 말하며, 지리적으로 북동쪽은 히말라야 산맥, 서쪽은 아라비아 해, 동쪽은 벵골 만으로 둘러싸인 지역을 말한다.

라야는 북쪽에 두고 있다. 시곗바늘 방향으로 돌려보면 발루치스탄 사막이 차근차근 고원으로 올라가다가 보다 높이 솟은 북서 국경을 이루더니 힌두쿠시 산맥이 된다. 오른쪽으로 돌리면 동쪽은 히말라야로 이어지는 카라코람 산맥과 연결된다. 이 지역은 중국과 마주하는 국경선을 따라가다가 미얀마에 이른다. 여기서부터 인도의 땅은 방글라데시를 빙 돌아 벵골 만이 있는 남쪽으로 내려간다.

이런 형태의 땅덩어리 안에 오늘날의 인도와 파키스탄, 방글라데시, 네팔 그리고 부탄이라는 나라들이 들어가 있다. 네팔과 부탄은 거대한 이웃들인 중국과 인도에 에워싸인 가난한 내륙 국가다. 방글라데시의 문제는 해양 접근성이 떨어지는 게 아니라, 바다가 방글라데시에 너무 많이 들어온다는 데 있다. 벵골 만의 바닷물이 야기하는 홍수는 지대가 낮은 이 나라 땅을 걸핏하면 괴롭힌다. 방글라데시의 또 다른 지리적 문제는 국토의 거의 대부분이 인도에 둘러싸여 있다는 것이다. 1974년에 확정된 장장 4,095킬로미터에 이르는 국경선은 인도가 방글라데시를 에워싸는 형국을 만들었다. 때문에 방글라데시는 바깥 세계로 나서려면 미얀마와 마주하고 있는 짧은 국경을 이용해야 한다.

방글라데시 정국 또한 불안정하며 이슬람 민병대는 인도를 성가시게 한다. 그러나 보다 작은 방글라데시, 네팔, 부탄은 이 지역의 명실상부한 주군을 위협할 만큼 강력하게 부상하지는 못하고 있다. 사실 1947년에 이뤄진 분할 이후 수십 년간 핵무기를 개발해온 파키스탄도 핵기술을 완벽히 제어하지 못하고 있어서 실질적으로 인도를 크게 위협하고 있다고는 할 수 없다.

인도 아대륙의 분열, 그리고 대살육전

—

우리가 인도 아대륙으로 보는 범위의 지역은 상대적으로 평평한 지형에도 불구하고 강력한 구심점을 갖기에는 지나치게 넓고 다양하다. 그래서인지 영국 식민지 관료들도 그 명성 자자한 행정과 철도 시스템에도 불구하고 실질적으로 지방 자치를 허용하면서 지방 권력자들이 서로를 견제하도록 하는 방식을 취했다. 이 지역의 언어적, 문화적 다양성은 히말라야의 북쪽 결빙지대와 대비되는 남쪽의 정글지대와 같은 기후의 차이에도 얼마간은 기대고 있다. 이와 더불어 인도 아대륙에 분포된 하천들과 여러 종교들도 강한 구심점을 형성하지 못하게 하는 이유가 된다.

다양한 문명들이 갠지스, 브라마푸트라, 인더스와 같은 강을 따라 발전했다. 오늘날에도 인구 집중 지역은 이들 강 유역을 따라 점점이 분포돼 있다. 시크교도의 본거지인 펀자브 주나 타밀 나두어를 쓰는 타밀 주처럼 특성이 다른 지역들도 이와 같은 지리적 구분에 근거하고 있다.

인도 아대륙에는 수세기에 걸쳐 숱한 세력들이 침입해 왔지만 이곳을 진정으로 정복한 세력은 없었다. 현재도 수도인 뉴델리가 진정으로 인도를 통치한다고 할 수 없으며 앞으로 보겠지만 뉴델리보다도 훨씬 규모가 큰 이슬라마바드도 파키스탄을 온전히 통치한다고 볼 수 없다. 인도 아대륙을 단일한 지배력 밑에서 하나로 묶는 데 가장 성공을 거둔 세력은 무슬림이겠지만 결국 이슬람조차 언어, 종교, 문화적 차이를 극복하지는 못했다.

최초의 무슬림 침공은 7세기 초반에 있었다. 당시 우마이야 왕조의 아랍인들은 현재 파키스탄 땅인 펀자브 깊숙한 곳까지 들어갔다. 이후 18세기까지 이런저런 외세가 인도 아대륙을 침공하면서 이슬람을 들여왔다. 그럼에도 인더스 강 동쪽 계곡 지역에 자리 잡은 압도적 다수인 힌두교도들은 교류를 거부했고 이는 궁극적으로 인도를 분리시킨 불씨가 되었다.

영국인들은 인도 아대륙을 드나들면서도 중심부를 지키지 못했고 결국 인도 땅은 여러 개로 갈라졌다. 엄밀히 말하면 진정한 중심부라는 것조차 없었다. 원래부터 이 지역에는 펀자브어와 구자라트어, 산맥과 사막들, 그리고 이슬람과 힌두교처럼 고대로부터 이어진 오래된 차이로 인한 분열이 상존하고 있었다. 1947년 포스트 식민주의적 민족주의와 종교적 분리주의는 아대륙을 두 개로 갈라놓았다. 그러더니 다시 인도, 파키스탄, 방글라데시라는 커다란 세 조각으로 쪼개었다. 두 번의 세계대전을 치르면서 만신창이가 된 영국은 제국의 시대가 저물어가고 있음을 깨달았는지 자신들의 철수를 요란하게 포장하지는 않았다.

1947년 6월 3일, 하원 의사당에서 성명 하나가 발표됐다. 영국이 철수한다는 내용이었다. 그리하여 인도는 인도와 파키스탄이라는 두 개의 독립국으로 나눠지게 되었다. 그로부터 73일 뒤인 8월 15일, 거짓말처럼 영국인들이 싹 떠나버렸다.

이내 희한한 광경이 벌어졌다. 수백만 명에 달하는 무슬림들이 파키스탄이 있는 서부로 가기 위해 인도의 새 국경선으로 몰려들었다. 마찬가지로 수백만 명의 힌두교도들과 시크교도들이 반대편 국경으로 몰려왔다. 공동체 하나가 이동할 때마다 족히 3만 명은 되는 인간 띠가 길 위에 펼쳐졌다. 열차 칸칸마다 대륙을 교차하는 난민들이 숨 쉴 틈도 없이 빽빽이 들어찼다. 열차들은 사람들을 도시로 토해냈다. 귀환하는 열차 또한 반대 지역으로 향하는 사람들로 발 디딜 틈이 없었다.

이 난장판의 결과는 대살육전이었다. 양쪽 국가 여기저기서 폭동이 발생했고 무슬림, 힌두교도, 시크교도를 망라한 모든 이들이 너나없이 공포와 두려움에 떨었다. 영국 정부는 멀리서 수수방관할 뿐이고 일부 군대라도 잔류시켜 질서를 잡는 데 도와 달라는 인도, 파키스탄 양측의 탄원을 거절했다. 정확한 수치는 산정되지 않았으나 이 사태로 적어도 1백만 명이 사망하고 1천5백만 명이 추방되었을 거라고 한다. 결국 서부의 무슬림 다수 지역, 즉 타르 사막과 갠지스 강 유역 서부인 인더스 계곡 지역은 서파키스탄(현재의 파키스탄)이 되었고 콜카타의 동쪽은 동파키스탄(현재의 방글라데시)이 되었다.

출발부터 인도보다 불리했던 파키스탄

—

그렇다면 파키스탄은 무엇을 얻었을까? 분명한 건 인도보다 훨씬 적게 얻었다는 것이다. 우선 파키스탄은 인도의 국경 중 가장 말썽 많던 아프가니스탄과 마주하는 북서 국경을 물려받았다. 파키스탄은 1천6백 킬로미터에 이르는 인도 영토가 중간에 떡 버티고 들어앉아 동파키스탄에서 서파키스탄을 떼어놓은, 도저히 합치기 어려운 두 개의 비非

접경 지역으로 나눠진 하나의 국가일 뿐이었다. 일례로 알래스카와 미국의 나머지 지역은 이러한 비접경에 따른 거리 문제를 어렵지 않게 해결했다. 미국은 문화적, 언어적, 경제적으로 연결돼 있어서 안정적인 상황에서 이를 관리할 수 있었다. 그러나 두 개의 파키스탄을 유일하게 연결해 주는 끈이라면 이슬람밖에 없었다. 하지만 이 두 지역조차 원래 하나로 지낸 적이 없었기에 둘이 갈라선다 해도 놀랄 일은 아니었다. 마침내 1971년, 동파키스탄이 서파키스탄의 주도권에 반기를 들고 일어나자 인도가 개입했다. 결국 양측 모두 많은 피를 흘린 끝에 동파키스탄이 떨어져 나와 방글라데시가 되었다.

그런데 다시 1947년으로 돌아가보자. 오스만 제국이 몰락하고 25년이 지난 그 해, 새로운 파키스탄이 들어서고 대대적인 환호와 밝은 미래에 대한 공약들이 난무하는 가운데 무함마드 알리 진나(파키스탄 건국의 아버지로 추앙받는 정치가)를 비롯한 지도자들은 통합된 무슬림의 고향을 건설하겠다고 선언했다.

파키스탄은 지리적, 경제적, 인구학적, 그리고 군사적으로도 인도보다 한참 뒤처진다. 게다가 국가 정체성 또한 인도만큼 강하지 않다. 반면 인도는 넓은 면적과 문화적 다양성, 각종 분리주의 움직임에도 불구하고 〈인도의 정체성〉이라는 통합된 개념으로 탄탄한 세속적 민주주의 체제를 건설했다. 그러나 파키스탄은 독재로 점철된 역사를 지닌 이슬람 국가인데다 국민들도 국가보다는 자기가 문화적으로 속한 지역에 더 높은 충성도를 지닌다.

세속적 민주주의는 인도에서 잘 작동했고 1947년의 분리는 인도에게 상대보다 더 이로운 출발을 하게 해주었다. 새로 정립된 인도 국경

안에는 아대륙의 공업지대 대부분과 조세 수입원의 대부분, 그리고 대다수 대도시들이 포함돼 있었다. 이를테면 콜카타 같은 항구와 금융 중심지가 인도로 들어갔다. 따라서 동파키스탄은 주요 수입원은 물론 바깥 세계와의 연결망도 빼앗긴 셈이 되었다.

파키스탄이 물려받은 것은 분리되기 전에 정부가 지배했던 금융 자산의 17퍼센트뿐이었다. 파키스탄에게는 농업과 취약한 서쪽 국경, 그리고 여러 갈래로 찢겨진 국가가 남겨져 있을 뿐 발전을 추진하는 데 쓸 돈은 없었다.

파키스탄이라는 국호는 그 자체로도 이 나라의 분리된 상황을 여실히 알려준다. 예컨대 팍pak은 우르두어로 순수를, 스탄stan은 땅을 의미한다. 따라서 파키스탄은 〈순수한 땅〉이라는 뜻이 된다. 그런데 머리글자를 따서 만든 또 다른 명칭이 있다. 즉 P는 펀자브, A는 아프가니스탄(아프가니스탄 국경 부근의 파슈툰 지역), K는 카슈미르, S는 신드, T는 발루치스탄처럼 〈탄〉을 뜻한다.

이처럼 제각기 다른 언어를 가진 다섯 곳의 서로 다른 지역들이 합쳐 하나의 국가를 형성했다. 엄밀히 따져 이는 민족 국가가 아니었다. 파키스탄은 통합의 가치를 창출하기 위해 무던히 애를 쓰고 있지만 펀자브 사람이 발루치스탄 사람과 결혼하거나 신드가 파슈툰과 결혼하는 일은 여전히 드물다. 펀자브 사람들이 전체 인구의 60퍼센트를 차지하고 있고, 신드는 14퍼센트, 파슈툰은 13.5퍼센트, 발루치스탄은 4.5퍼센트를 차지한다. 여기에 종교적 긴장감 또한 여전히 남아 있다. 지방의 소수 기독교와 힌두교 집단들을 겨냥한 증오 행위뿐 아니라 다수인 수니파와 소수인 시아파 무슬림 사이에서도 이런 일은

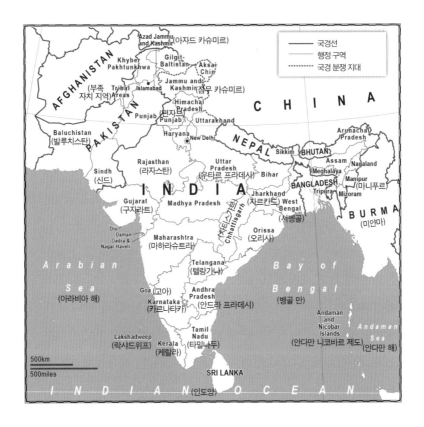

파키스탄을 형성하는 지역들은 제각기 다른 정체성과 언어를 지니고 있고 이는 종종 국민 통합을 저해하는 요소가 된다.

종종 발생한다. 결국 파키스탄은 한 국가 안에 여러 나라들이 담겨 있는 형국이다.

　파키스탄의 공용어인 우르두어는 1947년에 이 나라로 들어와 주로 펀자브 지방에 정착한 인도계 무슬림들의 모국어다. 그런데 나머지 지역에서는 우르두어를 쓰지 않는다. 신드 지역은 펀자브 주가 주도권을 행사하는 것에 오래전부터 불만이 많다. 적잖은 신드족은 자신들이 2등 국민 취급을 받고 있다고 느낀다. 북서 국경 지대의 파슈툰 족 또한 외부인들이 정해놓은 규칙을 아직까지 받아들이지 않고 있다. 이 접경지대 일부는 이른바 연방직할부족지역이라는 명칭을 얻고 있지만 이 지역에 이슬라마바드 정부의 통제가 미쳤던 적은 없었다. 한편 카슈미르 주는 주민들 대다수가 독립을 원하고 있지만 여전히 파키스탄과 인도 땅으로 찢어져서 양쪽의 지배를 받고 있는 형편이다. 인도와 파키스탄이 그나마 의견일치를 보이는 것이 바로 카슈미르의 독립을 허용치 않겠다는 것이다. 발루치스탄 또한 독자적인 독립운동을 벌이면서 가끔씩 봉기를 일으킨다.

그런데 파키스탄에서 발루치스탄 주가 갖는 의미는 만만치 않다. 이 지역 인구는 파키스탄 전체로 보면 극히 소수에 불과하지만 이곳이 없으면 파키스탄 또한 살아남기 어렵다. 일단 이 지역은 파키스탄 전체 면적의 45퍼센트를 차지하고 있을 뿐 아니라 상당량의 천연가스와 광물이 매장돼 있다. 이 외에 파키스탄에서 또 다른 수입원으로 부상하는 것이 이란과 카스피 해의 원유를 중국으로 보내는 파키스탄의 육상 수송로다. 이 특별한 왕관에 박힌 보석이 바로 발루치스탄 주 남부의 과다르라는 항구 도시다. 많은 분석가들에 따르면 과다르라는 전략적 자산이야말로 실상 1979년 아프가니스탄을 침공한 소련이 오랫동안 눈독을 들이고 있던 목표물이었다고 한다. 과다르는 부동항이라는 러시아의 오랜 숙원을 달성시켜 주기에 충분하다. 그런데 중국 또한 이 보석에 매료된 상태여서 러시아에 질세라 수십억 달러를 투자했다. 2007년 수심이 깊은 항구가 조성된 이후 중국과 파키스탄 양국은 과다르에 들어온 원유를 중국에 보내는 육상 송유관 건설 작업을 함께 진행하고 있다. 장기적인 안목에서 중국은 파키스탄을 자국에 필요한 에너지 수송로로 이용하려 한다. 이렇게 되면 중국은 말라카 해협을 대체하는 길을 확보하게 된다. 1장에서 살펴봤듯이 이 해협은 중국 경제 성장의 목을 조를 수도 있는 일종의 초크포인트(choke point, 목진지)이기 때문이다.

2015년 봄, 중국과 파키스탄은 과다르와 중국의 신장을 잇는 2,897킬로미터에 달하는 슈퍼 하이웨이와 철도, 그리고 송유관을 건설하는 460억 달러짜리 계약을 체결했다. 〈중국-파키스탄 경제 회랑〉으로 명명된 이 공사가 완공되면 중국은 인도양과 그 너머까지 곧장 진출할 수 있게 된다.

이처럼 육로를 건설하는 데 중국이 돈을 아끼지 않으니 파키스탄 정부로서는 기쁘기 그지없다. 그리고 이는 파키스탄이 발루치스탄에서 벌어지는 일체의 분리주의 운동을 기를 쓰고 누르려는 이유 가운데 하나다. 하지만 파키스탄 정부가 발루치스탄에서 창출된 부의 많은 부분을 이 지역의 발전을 위해 쓸 수 있을 때까지는 이따금 격화되곤 하는 이 지역의 불만을 잠재우는 데 애를 먹을 수밖에 없다.

아직도 끝나지 않은 두 나라의 격돌

—

이슬람, 크리켓, 정보기관, 군부 그리고 인도에 대한 두려움. 이것들이 현재 파키스탄을 함께 묶어주는 것들이다. 하지만 이 가운데 그 어떤 것도 분리주의 세력이 훨씬 강해졌을 때 나라가 찢어지는 것을 막지는 못할 것이다. 실제로 파키스탄은 거대 이웃인 인도와 주기적으로 무분별한 전쟁을 치른 이후 10년 이상 내전 상태에 있다.

인도와 파키스탄 간의 첫 격돌은 1947년, 분리된 지 얼마 지나지 않은 시점에서 카슈미르를 놓고 벌인 싸움[7]이었다. 이 사태는 이듬해인 1948년 아시아의 베를린 장벽이라고 알려진 일명 통제선(Line of Control, 인도와 파키스탄 분쟁의 결과 현재 파키스탄에 속한 아자드 카슈미르와 인도 영토인 잠무 카슈미르를 가르는 길이 1천3백 킬로미터의 분단선)으로 양측이 카슈미르를 분할하면서 끝났다. 하지만 인도나 파키스탄 모두 여전히 카슈미르 지역에 대한 주권을 주장하고 있다.

그로부터 거의 20여 년이 지났을 때 이번에는 인도군의 힘을 과소평가한 파키스탄이 행동을 개시했다. 1962년 중국-인도 전쟁에서 드러난 인도군의 형편없는 전력을 보고 파키스탄이 오판한 것이다. 중국의 티베트 침공으로 인도와 중국 간의 긴장감이 높아질 대로 높아진 상황에서 인도는 달라이 라마에게 난민 자격을 부여했다. 이 짧은 분쟁 기간 동안 중국군은 막강한 우세를 과시하며 인도의 중심부에 근접한 아삼 지역까지 진격해 들어올 뻔했다. 그러자 이 국면을 자못

---

7 카슈미르는 인도와 중국, 파키스탄의 경계에 있는 산악지대다. 1846년부터 힌두교 정권이 이곳을 지배했지만 주민의 다수는 이슬람교도였다. 1947년 영국이 철수하면서 인도와 파키스탄 두 나라로 분리 독립될 때 카슈미르는 주민의 대부분이 이슬람교도라서 파키스탄에 편입되기를 바랐으나 카슈미르의 지도자 하리 싱은 힌두교도였기 때문에 주민들의 바람과는 반대로 인도로 편입할 것을 결정했다. 이에 카슈미르의 이슬람교도들이 폭동을 일으켰고 하리 싱은 인도에 지원 요청을 했는데 이것이 제1차 인도-파키스탄 전쟁이다. 1949년 유엔은 휴전을 선언했고 카슈미르는 두 지역으로 분할되어 북부는 파키스탄령, 남부는 인도령이 되었다. 이후 인도는 카슈미르 전체를 인도 영토라고 주장하면서 반환을 요구하고 있어 지금까지 양국 간의 분쟁은 계속되고 있다. 이같이 복잡한 상황에서 중국마저 끼어들어 카슈미르는 현재 인도령, 파키스탄령, 중국령 세 곳으로 갈라져 있다.

고소하게 바라보던 파키스탄은 급기야 자기네의 기량을 과대평가한 나머지 1965년 인도에게 전쟁을 걸었고 결국은 패하고 말았다.

1984년, 파키스탄과 인도는 이번에는 인류 역사상 최고의 고지대 전투로 여겨질 시아첸 빙하의 해발 6천7백 미터에서 한바탕 맞붙었다. 이후 1985년과 1987년 그리고 1995년에도 충돌이 벌어졌다. 파키스탄은 통제선을 지나 잠입할 민병대를 지속적으로 훈련시켰다. 그러는 와중에 1999년 카슈미르를 놓고 다시 분쟁이 발생했다. 당시 양측은 핵무기로 무장을 한 상태였고 미국이 외교적으로 개입해서 양쪽의 대화가 개시되기 전까지 몇 주 동안 표면적으로 드러나지는 않았지만 일촉즉발의 핵전쟁의 암운이 일었었다. 두 나라는 2001년 또 다시 전쟁 직전까지 치달았던 적이 있다. 이렇듯 인도와 파키스탄이 마주보는 국경에서는 여전히 산발적으로 총성이 울린다.

군사적으로 인도와 파키스탄은 서로를 겨누고 있는 적수인 건 분명하다. 양측은 방어를 위해서라고 주장하지만 상대를 믿지 않기 때문에 여전히 국경지대로 부대를 집결시키는 행동을 포기하지 않는다. 두 나라 모두 〈죽음으로 몰고 갈 춤〉에서 벗어나지 못하는 양상이다.

인도와 파키스탄 양국 관계가 앞으로도 좋아질 일은 별로 없겠지만 결정적으로 카슈미르라는 가시만 없다면 화해할 가능성이 아예 없지는 않다. 하지만 내분을 겪는 파키스탄을 흡족하게 바라보고 있는 인도로서는 현 상태가 유지되기를 바란다. 그리고 파키스탄은 파키스탄대로 2008년 뭄바이 학살처럼 인도 내의 테러리스트들을 지원해서라도 인도 내부를 잠식해 들어갈 궁리를 할 것이다.

카슈미르라는 쟁점은 부분적으로는 국가의 자존심이 걸린 문제이기도 하지만 전략적으로도 중요한 의미가 있다. 카슈미르 전체를 온전히 지배할 수 있다면 인도로서는 중앙아시아와 아프가니스탄과의 접경지대로 향하는 문을 확보하는 거나 다름없다. 그러면 인도는 파키스탄의 중국 쪽 국경을 부인할 것이고 그렇게 되면 중국과 파키스탄 관계의 유용성 또한 줄어들게 된다. 파키스탄 정부는 중국과의 우정이 "산보다 높고 바다보다 깊다."며 자랑스럽게 선전한다. 이 말이 틀렸다고는 할 수 없지만 오히려 미국을 자극해서 파키스탄이 워싱턴으로부터 얻어낼 수 있는 대규모 재정 지원을 삭감케 할 때나 쓸모 있을 수도 있다. 이 사정을 모를 리 없는 중국은 중국대로 미국의 영향력을 깎아내리는 데 재미를 들이고 있다. 어쩌면 파키스탄군의 가장 큰 무기 공급자는 중국일 것이다. 중국은 2015년 한 해에만 파키스탄에 8대의 잠수함과 초계함 6대를 파는 수십억 달러 계약을 이슬라마바드 정부와 체결했다.

한편 파키스탄이 카슈미르 전체를 지배할 수 있다면 이슬라마바드 정부의 대외정책 옵션들은 한결 풍부해지며 반대로 인도의 기회들은 박탈된다. 게다가 카슈미르는 파키스탄의 수자원 안정에도 기여할 것이다. 히말라야 티베트 지역에서 발원한 인더스 강은 인도령 카슈미르를 흘러서 파키스탄으로 들어오는데 그렇게 죽 흘러가다가 카라치에 이르러 아라비아 해로 흡수된다.

파키스탄 수자원의 3분의 2는 인더스 강과 그 지류로부터 얻어진다. 이 물이 없다면 목화 산업을 비롯해 비틀거리는 이 나라의 경제를 그나마 떠받치고 있는 다른 산업들까지 연쇄적으로 타격을 입는 건 불을 보듯 뻔하다. 인도와 파키스탄은 두 나라가 치른 전쟁들의 결과

인 명예로운 조약에 따라 물을 공유하는 데는 동의했다. 하지만 두 나라 인구가 경고 수준으로까지 증가하고 있는데다 지구 온난화로 수량 또한 줄어들 수 있다. 만약 파키스탄이 카슈미르 전역을 합병한다면 물 걱정은 덜 수 있다. 이 떡고물을 감안할 때 어느 쪽이든 쉽사리 포기할 리가 없다. 카슈미르 문제를 놓고 완전한 합의에 이르기 전까지는 양측의 적대감을 잠재울 열쇠는 찾기 어려울 듯하다. 카슈미르는 파키스탄에서 훈련받은 전사들과 인도 군대와의 일종의 대리전이 산발적으로 벌어지는 곳으로 남아 있을 것 같다. 그러나 이 갈등이 핵무기라는 위험이 내재된 상태에서 전면전으로 번질 수도 있다.

아프가니스탄, 적의 적이 되게끔 만들다

—

두 나라가 또 다른 대리전을 수행하고 있는 곳이 있다. 바로 나토군 대부분이 떠나버린 아프가니스탄이다.

파키스탄에게는 동쪽, 즉 인도에서 공격해올 경우 퇴각할 만한 내부의 전략적 깊이가 없다. 파키스탄-인도 국경 지역은 남쪽은 습지대, 북쪽은 타르 사막과 산맥이 포진해 있다. 이 모두가 군대가 지나기에는 지극히 어려운 지역이다. 물론 아예 지나지 못하는 것은 아니지만 다만 그곳에서 어떻게 싸워야 할지 계획은 세워 두어야 한다. 인도군의 계획에는 파키스탄 남부 신드 주의 카라치 항과 육지와 해상의 연료 저장고를 봉쇄하는 내용이 담겨 있다. 하지만 이보다 더 쉬운 침공 통로는 남쪽과 북쪽 사이, 즉 보다 우호적인 펀자브 주의 중심에 있다. 그리고 펀자브 지역 안에 파키스탄의 수도인 이슬라마바드가 있다.

인도 국경에서 이슬라마바드까지 거리는 402킬로미터가 채 되지 않으며 지형도 대체로 평탄하다. 대규모 재래식 공격을 가할 경우 인도군은 불과 며칠이면 수도에 들이닥칠 수 있다. 그런데 현재 인도가 그렇게 하겠다는 열망을 공공연히 드러내는가의 여부가 중요한 게 아니다. 파키스탄은 인도가 충분히 그러고도 남을 거라 생각한다. 그리고 지리적 가능성만 봐도 파키스탄에게는 플랜 A와 더불어 위험에 대응하기 위한 플랜 B가 필요하다.

먼저 플랜 A는 인도군의 전진을 펀자브 주에서 멈추게 하고 국경을 넘어서 최대한 반격을 가하면서 인도군의 주요 보급로인 인도 고속도로 1A를 차단하는 것이다. 인도의 병력은 파키스탄군의 두 배인 1백만 명은 족히 넘기 때문에 군수품 보급이 제때 이뤄지지 않을 경우 그만큼 싸우기도 힘들어진다. 그렇다면 플랜 B는? 만일의 경우 필요하다면 아프가니스탄 국경을 넘어 퇴각하는 것이다. 물론 이는 파키스탄에 동정을 베푸는 아프간 정부의 아량이 전제되어야 한다. 이처럼 파키스탄이 아프가니스탄 쪽으로 퇴각하려 해도 지리가 그 〈권세〉를 휘두른다. 물론 인도의 경우라고 다르지는 않다.

상대방의 계획을 좌절시키려고 인도와 파키스탄 양측은 아프가니스탄 정부를 제 구미에 맞게 길들이려고 한다. 아니면 아예 카불 정부가 그들 〈적의 적〉이 되길 바라던가.

1979년 소련이 아프가니스탄을 침공했을 때 인도는 외교적으로 모스크바 정부를 지지했지만, 파키스탄은 신속하게 미국과 사우디아라비아에게 무기와 철도편을 제공했고 아프가니스탄의 무장 게릴라 조직인 무자헤딘이 붉은 군대와 싸울 수 있게 자금도 지원했다. 그리고 소련군이 패하고 물러나자 파키스탄 정보부인 ISI는 아프간 탈레반(무장 이슬람 정치 단체로 1996년부터 2001년까지 아프가니스탄을 지배했다.)이 탄생되도록 돕고 이윽고 정식으로 정권을 창출하도록 지원했다.

파키스탄과 아프간 탈레반과의 협력 관계는 어느 면에선 자연스러운 것이었다. 탈레반 구성원 대다수가 파키스탄 북서 국경의 다수 민족인 파슈툰족 출신이기 때문이다. 탈레반과 파슈툰족은 결코 서로를 다른 민족으로 생각한 적이 없으며 둘 사이에 그어진 경계 또한 서구인들이 만들어낸 것으로 여긴다. 물론 전혀 아니라고는 할 수 없다.

아프가니스탄-파키스탄 경계는 듀랜드 라인Durand Line으로 알려져 있는 선이다. 1893년 당시 영국령 인도 정부의 외교장관이었던 모티머 듀랜드가 이 선을 긋자 아프가니스탄의 국왕이 이를 승인했다. 그러나 1949년 아프간 정부는 이 경계가 인위적으로 만들어진 식민시대의 잔재라며 이 조약의 무효를 선언했다. 그날 이후 파키스탄은 아프간 정부가 마음을 바꾸도록 줄곧 설득해 오고 있지만 아프간은 꿈쩍도 않고 있다. 그리고 양쪽 산악지대에 사는 파슈툰족은 그 경계를 무시하면서 수세기 동안 이어져 온 관계를 여전히 유지하려고 노력하고 있다.

이 지역의 중심에는 일명 파슈투니스탄이라고도 하는 파키스탄 도시 페샤와르(페르시아어로 〈국경에 있는 도시〉라는 뜻이다.)가 있다. 이곳은 일종의 탈레반판 군산 복합 도시라 할 수 있다. 칼라슈니코프 자동소총, 폭탄 제조 기술 그리고 전사들이 이 도시로부터 흘러나온다. 또한

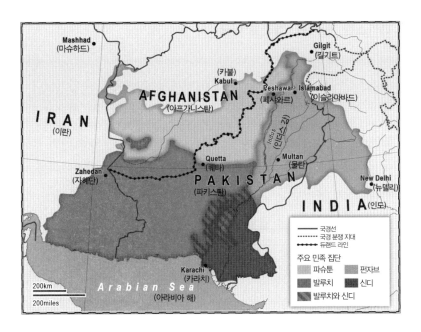

아프가니스탄-파키스탄 지역 내의 주요 부족들의 자치 지역과 1893년에 파키스탄과 아프가니스탄의 국경선으로 정한 듀랜드 라인의 경계가 꼭 들어맞는 건 아니다. 이 가운데 많은 집단들이 국가보다는 경계선 밖의 부족들과 자신을 더 동일시하고 있다.

각 지역에서 들어오는 지원이 이리로 몰린다.

　이곳은 또한 국경 넘어 아프가니스탄으로 들어가는 탈레반 그룹들에게 자금과 교육을 지원하는 파키스탄 정보부의 기항지 역할도 한다. 파키스탄은 수십 년 전부터 아프가니스탄에 군사적으로 개입해오고 있지만 도가 지나쳐 제 꾀에 넘어간 감이 있다. 달리는 호랑이는 물지 못하는 법이다.

파키스탄, 탈레반, 그리고 미국

—

파키스탄에서 결성된 탈레반은 2001년까지 몇 년에 걸쳐 알카에다의 외국 용병들을 들여왔다. 2001년 9월 11일, 알카에다는 아프가니스탄에서 작전을 벌이는 동시에 미국을 겨냥한 대형 테러를 미국 본토에서 저질렀다. 이에 대한 보복으로 미군은 탈레반과 알카에다를 페샤와르에서 몰아냈다. 곧이어 아프간의 반反탈레반 북부 동맹군이 남부로 진격해서 영토를 탈환했고 이어 나토 평화 유지군이 들어왔다.

9·11 이후 미국은 파키스탄에게 외교적 압박을 가하기 시작했다. 테러와의 전쟁에 참여하고 테러리즘을 배후에서 지원하는 짓을 그만두라는 것이다. 당시 미 국무장관인 콜린 파월은 무샤라프 파키스탄 대통령에게 전화를 걸었다. 그는 회의 중인 대통령에게 당장 전화를 받으러 나오라고 요구했다.

"우리랑 함께 하든가, 아니면 맞서든가, 선택하시오."

이 얘기를 미국 측에서는 확인해 주지 않고 있지만 무샤라프 대통령의 기록에 따르면 이 전화 이후 리처드 아미티지 미 차관보가 파키스탄 정보부의 수장에게 전화를 걸어 이렇게 말했다고 한다. "만약 테러리스트들 편을 들면 파키스탄을 폭격해 석기시대로 만들어 버리겠소."라고. 파키스탄은 결국 미국에게 협조를 했다. 그럴 수밖에 없었다. 다만 전면적인 협조를 한 것은 아니었으니 꼭 그랬다고도 할 수는 없지만.

당시 파키스탄 정부는 어떤 식으로든 행동으로 보여줄 수밖에 없는 입장이었다. 그래서 그렇게 했다. 하지만 파키스탄의 모든 시스템이 같은 배에 올라탄 것은 아니었다. 정부는 몇몇 민병 조직들을 해체시켰고 극단주의 성향의 종교 단체들의 활동도 금지했다. 2004년 파키스탄 정부는 군대를 동원해 북서 국경에서 활동하는 단체들을 소탕했고, 자국 내에서 행해지는 미군의 무인 정찰기 폭격을 공공연히 비난하면서도 뒤로는 은밀히 허락하기도 했다.

이것들은 만만치 않은 결정이었을 것이다. 파키스탄 군부와 파키스탄 정보부로서는 자신들이 훈련시킨, 1990년대부터 우호적인 관계를 유지해 오던 탈레반 수뇌부에 느닷없이 공격을 가할 수밖에 없었으니 말이다. 그러자 탈레반은 부족 자치 지역의 몇몇 지역을 접수하는 등 격렬히 반발했다. 무샤라프 대통령은, 비록 실패했지만, 세 번이나 암살 시도의 표적이 되었고 유력 후계자였던 베나지르 부토는 피살당했다. 그리고 폭격과 지상 공격이 이어지는 혼란의 와중에 줄잡아 5만 명 이상의 파키스탄 민간인이 목숨을 잃었다.

아프가니스탄에서 미국과 나토가 벌인 합동 작전 그리고 국경을 넘는 파키스탄의 군사적 조치들로 아랍, 체첸을 비롯한 전 세계 곳곳에서 모인 해외 전사들이 뿔뿔이 흩어졌고 알카에다 수뇌부 또한 도주하거나 살해당했다. 하지만 아프간과 파키스탄에서 온 탈레반은 발 붙일 곳이 없게 되었음에도 불구하고 신기술로 무장한 미국과 유럽의 침략자들에게 이렇게 말했다.

"너희들이 시계를 가지고 있는지는 모르지만, 우리는 시간을 갖고 있다."

그들은 외국인들이 무엇을 던지든 간에 기다릴 것이다. 그 과정에서 그들은 파키스탄 내에 구축해둔 동조 세력의 도움을 받는다.

지난 2년 사이에 이 양상은 더 뚜렷해졌다. 탈레반은 완전히 궤멸되지 않았다. 그들은 원래 출신지인 파슈툰족 지역으로 스며들어 갔다. 그리고 현재 자기들이 원하는 시간과 장소에서 이따금씩 출몰하고 있다.

미국은 〈망치와 모루〉 전략을 골고루 사용했다. 다시 말해 국경 반대쪽에서 파키스탄의 작전을 모루 삼아 그 위에 아프간 탈레반을 놓고 망치로 두드렸다. 그런데 이 모루는 부족 자치 지역에서는 망치조차 빨아들이는 푹신한 스펀지로 변해 버렸다. 그 와중에 아프간 탈레반 일부가 미국의 망치질에서 황급히 빠져나왔다.

2006년 영국은 아프가니스탄 남부 헬만드 주의 평화 유지 작전에 참여하기로 했다. 아프간 정부의 영향력이 헬만드 주의 주도인 라슈카르가를 벗어난 먼 곳까지는 미치지 않았기 때문이다. 이곳은 아프간 파슈툰족의 핵심 영토였다. 영국은 애초에는 좋은 의도를 갖고 이곳으로 들어갔다. 그런데 이곳의 역사를 모를 리가 없었을 영국이 그 역사를 깡그리 무시하는 것처럼 행동했다. 그 이유가 무엇이었는지는 아직도 미스터리다. 당시 영국 국방장관이었던 존 레이드는 그 해 여름, "화가 나서 총을 발사하는 일이 없기를 바란다."라는 부적절한 언사로 큰 비난을 샀다. 사실 그가 한 말을 정확히 옮기면 "우리는 아프간 국민들이 경제와 민주주의를 재건하는 것을 돕고 그들을 보호하기 위해 남부로 갔다. 우리가 머무는 3년 동안 한 번이라도 총을 발사할 일이 없다면 그보다 더 좋은 일은 없을 것이다."였다.

물론 그것이 바람직한 열의였을 수는 있다. 그런데 과연 실현 가능한 것이었을까? 그 해 여름, 런던의 외교부 청사에서 브리핑을 마치고 나오는 국방장관과 나는 이런 대화를 나누었다.

"걱정할 거 없어요, 팀. 우리는 탈레반을 뒤쫓으러 가는 게 아니라 국민들을 보호하러 가는 거니까요."

"걱정 안 해요. 탈레반은 장관님을 쫓아올 테니까요."

그것은 화기애애한 농담이었다. 적어도 450명이 넘는 영국 병사들이 목숨을 잃는 사태가 벌어지기 전까지는 말이다. 만약 영국 정부가 아프간에 부대를 배치하기 전부터 그것이 험난한 작전이라는 것을 알고도 여론을 무마시키려고 그랬는지, 아니면 무슨 일이 벌어질지 모를 만큼 불가사의하게 순진했던 건지는 지금도 알 길이 없다.

아무튼 탈레반은 그렇게 영국군과 미군, 나토군의 피를 보았고 나토가 물러가기를 기다렸다. 그리고 13년 만에 나토는 아프간에서 철수했다.

이 모든 것이 벌어지는 동안 파키스탄 권력의 최고위층들은 소위 〈이중 게임〉을 하고 있었다. 미국이 자신만의 전략을 가지고 있었다면, 파키스탄은 탈레반이 알고 있는 것을 알고 있었다. 즉 언젠가 미국은 물러갈 거라는 것 말이다. 그리고 미국이 떠나면 파키스탄의 대외 정책은 여전히 자신들에게 우호적인 아프가니스탄 정권을 필요로 할 것이다. 파키스탄 군부와 정부 내의 일부 분파는 탈레반을 지속적으로 돕고 있었다. 그들은 나토가 아프가니스탄 남부 절반에서 손을 떼면 비록 일부라도 탈레반의 영향권 내로 돌아올 것이며 그러면 결국 카불 정부는 이슬라마바드 정부와 대화를 나눌 수밖에 없다는 데 걸었다.

머지않아 파키스탄의 배신은 적나라하게 드러난다. 미국이 파키스탄 정부군 수비대 주둔지인 라슈카르가에 있는, 즉 파키스탄 정부도 훤히 알 만한 곳에 숨어 있는 알카에다 리더 오사마 빈 라덴을 찾아냈기 때문이다. 하지만 미국도 파키스탄을 진정한 동맹으로 여기지 않았다는 것을 이 대목에서 알 수 있다. 미국은 특공대가 빈 라덴을 사살하러 들어온 사실을 파키스탄 정부에 미리 얘기할 수 없었다. 그런데 이것이 파키스탄의 군과 정부에게는 치욕스런 주권 유린 행위로 받아들여졌다. 즉각 언쟁이 벌어졌다. 미국은 말했다.

"만약 당신들이 빈 라덴이 숨어 있던 것을 몰랐다면 무능한 것이며, 혹시 알고 있었다면 공범이다."

파키스탄 정부는 결과적으로 수많은 아프가니스탄과 파키스탄 사람들의 목숨을 빼앗고 미국은 상대적으로 적은 수가 희생된 이중 게임을 했다는 것을 줄곧 부인해 왔다. 아보타바드(빈 라덴이 최후를 맞았던 도시 이름) 작전 이후에도 파키스탄 정부는 이중 게임을 한 것을 일관되게 부인하고 있지만 현재 그 말을 믿는 이는 거의 없다. 비록 당시 효용가치가 제한적이었다 해도 미국이 최우선으로 찾던 빈 라덴을 도울 생각을 가진 특정 일파가 파키스탄 고위층에 있었다면 그들이 향후 아프가니스탄의 정국을 장악할 야심을 지닌 집단들을 지원하리라는 것 또한 자명했다. 문제는 그 집단들의 파트너들이 파키스탄에 있었으며 이들이 파키스탄의 정국에까지 영향을 미치고 싶어 했다는 점이다. 혹을 떼기는커녕 혹을 붙이는 셈이다.

파키스탄 탈레반은 아프간 탈레반의 자연스러운 번식물이다. 파키스탄과 아프간 탈레반 모두 주로 파슈툰족 출신인데다 비파슈툰 세력의 지배를 용인하지 않는다. 19세기의 영국군이었든, 21세기의 파키스탄군이든 그 누구라도 말이다.

파키스탄 정부는 늘 이 점을 직시하고 인정했다. 파키스탄 정부는 나라 전체를 통치하고 있는 척했고, 북서 국경 지역의 파슈툰족 또한 파키스탄이라는 국가에 충성하는 척했다. 이 관계는 2001년 9월 11일 까지는 작동했다.

그날 이후 파키스탄은 특별히 가혹한 시간을 보내왔다. 민간인 사망자 수는 엄청나게 늘었고 해외 투자도 급격히 줄어서 국민들의 생활은 훨씬 힘들어졌다. 군대는 실질적인 동맹과 맞설 수밖에 없게 되었고 결국 5천 명 이상의 사망자를 냈다. 내전 상황은 가뜩이나 취약한 국가의 단결을 더 위태롭게 하고 있다.

사태가 악화일로로 치닫자 결국 파키스탄 군부와 정부는 미국에 군사 정보를 넘겨주는 한편 북서 국경 지대에서 파키스탄 탈레반을 표적으로 하는 무인기 공격을 허락하는 등 미국에 협력하기로 했다. 그리고 폭격이 가시화되자 파키스탄 정부는 미국의 오폭으로 수백 명의 민간인 사망자가 발생한 것을 두고 자국의 주권을 침해한 행위라며 미국을 맹렬히 비난하는 척했다.

무인기들의 대다수는 아프가니스탄에 있는 미군 공군 기지에서 날아왔지만 일부는 파키스탄 모처에 있는 비밀 기지에서 출격한 것으로 추정된다. 하지만 어디에서 날아오든 간에 문제는 횟수가 매우 많다는 것이다. 아프가니스탄과 파키스탄에서 행해지는 드론 공격은 조지 부시 재임부터 오바마 대통령 재임기에 이르는 동안 급속히 늘었다.

2015년 봄, 상황은 훨씬 어려워졌다. 나토가 아프가니스탄을 떠났고 미국 또한 일부 잔류 부대만 남겨두고 전투 임무를 종결하겠다고 발표했다. 이 말은 미군이 공식적으로는 특공대 작전과 훈련 임무에만 주력하겠다는 것이며 비공식적으로는 아프간 정부가 탈레반의 손아귀에 떨어지지 않았음을 확인하는 것이었다. 하지만 미군의 입장에서는 나토의 조력 없이 아프간 국경 쪽에서 탈레반을 계속 괴롭히는, 즉 파키스탄 탈레반에게 타격을 주는 작전을 수행하기는 한층 힘들어졌다. 따라서 미 정부는 지속적으로 파키스탄 정부를 압박하고 있다. 그리고 이 상황에서 몇 가지 가능한 시나리오가 나왔다.

- 북서 국경 지대에서 파키스탄군이 총공세를 펼쳐서 탈레반을 섬멸한다.
- 지속되는 탈레반의 공세가 파키스탄의 균열을 재촉해서 파키스탄은 실패한 국가가 된다.
- 미국의 관심이 멀어지고 파키스탄에 대한 압력도 수그러지면 파키스탄 정부는 탈레반과 타협을 한다. 그러면 상황은 다시 원래로 돌아간다. 즉 북서 국경 지대는 그대로 남고 파키스탄은 아프가니스탄에서 자국의 입장을 계속 밀어붙인다.

이 시나리오 가운데 실현 가능성이 가장 낮은 것은 첫 번째다. 어떤 외국 군대도 북서 국경 지대의 민족들을 제압한 적이 없다. 게다가 펀자브, 신드, 발루치스탄, 카슈미르 (그리고 일부 파슈툰) 출신자들로 구성된 파키스탄 육군이 부족 자치 지역으로 들어서는 순간 일단은 외국 군대로 인식될 것이다.

두 번째 시나리오는 아예 가능성이 없지는 않다. 수년간의 모닝콜에도 귀를 기울이지 않던 파키스탄 정부는 2014년 탈레반이 페샤와르에서 132명의 학생들을 학살한 사건이 벌어지자 자신들이 잉태시킨 집단이 이제는 자신들을 파괴할 수도 있다는 점을 깨달았다.

가장 현실적인 시나리오는 세 번째다. 탈레반이 다시는 외국계 지하드 그룹을 받아들이지 않겠다는 약속을 조용히 지키는 한 미국은 아프가니스탄에 제한적인 관심만 둘 것이다. 또 파키스탄은 아프가니스탄 정부가 파키스탄에게 확실히 귀기울이도록 아프간 탈레반과의 끈도 놓지 않으려 할 것이다. 그리고 일단 압박이 거둬지면 파키스탄 정부는 파키스탄 내의 탈레반과도 협상에 나설 수 있다.

하지만 이것도 파키스탄 정보부인 ISI가 탄생에 관여한 아프간 탈레반이 빈 라덴의 알카에다 같은 외부 아랍인들을 받아들이지 않을 때나 가능한 시나리오다. 다시 말해 아프간 탈레반이 9·11 이후 미국의 요구를 받아들여 손님을 환대하는 파슈툰 문화를 따르지 않고 외부 세력을 물리칠 만큼 현명하게 굴 때나 가능한 얘기다.

미국, 인도의 새로운 동맹국이 되다

—

한편 인도는 동시에 여러 가지 일에 매달려야 할 상황이다. 인도에게는 파키스탄 말고도 신경 쓸 일이 한두 가지가 아니다. 물론 뉴델리 정부가 최우선으로 중시하는 대외정책은 파키스탄 문제다. 핵무장을 한 적대 세력을 이웃에 두고 있다면 그곳으로 신경이 집중되는 것은 당연하다. 하지만 인도는 현재 패권국으로 부상하고 있는 13억 인구를 가진 또 다른 이웃을 관리하는 데도 신경 써야 한다.

현 상황만 놓고 보면 모든 대외정책의 역량을 중국과의 관계에 집중해야겠지만 꼭 그럴 만도 아닌 이유가 있다. 바로 히말라야다. 세계 최고봉의 산맥이 양국 사이에 놓여 있지 않다면 그나마 미적지근한 현재의 관계는 아예 얼어붙어 버렸을지 모른다. 지도를 흘긋 보기만 해도 이 두 거대 국가들이 바싹 얼굴을 맞대고 있는 것을 알 수 있다. 그런데 좀 더 자세히 들여다보면 CIA의 『월드 팩트북*World Factbook*』에서 약 2,659킬로미터라고 등재해 놓은 기나긴 담장으로 분리돼 있는 것을 알 수 있다.

양측이 마찰을 일으킬 만한 사안들은 한두 가지가 아니지만 그 가운데 으뜸이 지구상에서 가장 높은 지역인 티베트다. 주지하다시피 중국은 티베트를 원한다. 인도가 티베트를 손에 넣는 것을 막고 또한 티베트가 독립하게 됐을 때 인도가 그곳에 군사 기지를 설치하고 고지대를 호령하는 것을 막기 위한 것도 있다.

중국의 티베트 합병에 대한 인도의 대답은 달라이 라마에게 거처를 마련해 주고 히마찰 프라데시 주의 다람살라에 티베트 독립운동의 본거지를 허용한 것이었다. 인도 입장에서 이는 장기 보험을 들어둔 거나 다름없다. 다만 현금화할 기약 없이 돈만 꼬박꼬박 불입하는 형태이긴 하지만 말이다. 현 상태로는 티베트의 독립은 요원해 보인다. 그러나 비록 수십 년 후가 되더라도 그 불가능한 일이 실현된다면 인도는 티베트 정부의 타향살이 시절에 누가 그들의 친구였는지 티베트에게 일깨울 만한 위치에 있게 된다.

물론 이런 시나리오가 실현될 가능성은 극히 희박하다는 것을 중국은 알고 있지만 어쨌거나 다람살라는 껄끄러운 부분이다. 이에 대한 중국의 입장은 네팔에 대한 태도에서 드러난다. 중국은 네팔에서 일고 있는 마오쩌둥주의 운동Maoist movement에 확고한 영향력을 행사하려고 하고 있다.

   인도는 마오쩌둥주의가 지배하는, 궁극적으로는 중국의 조종을 받는 네팔을 보고 싶지 않다. 하지만 중국의 돈과 무역이 이 지역에서 영향력을 사들이고 있다. 사실 요즘 같은 시절에 중국에게 마오쩌둥주의가 무슨 대수냐 싶기도 하다. 따라서 중국은 티베트에 장기적인 보험성 정책에 지불을 할 정도로 여유가 있다는 인도에게 신호를 보낼 양으로 네팔에 신경을 쓴다. 티베트에 인도가 개입하면 중국 또한 네팔에 개입하겠다는 뜻을 넌지시 알리면서 말이다. 결국 인도가 인접한 소국들에 신경을 더 써야 하면 할수록 그만큼 중국에 덜 집중할 수밖에 없다.

   두 나라 간의 또 다른 쟁점은 중국 측에서 남티베트라 천명한 인도 북동부의 아루나찰 프라데시 주다. 국제사회에서 중국의 신인도가 올라가면 올라갈수록 중국 영토라 주장하는 사례도 그만큼 증가하고 있다. 최근까지 중국은 이 지방 서쪽 끝단에 있는 타왕을 자국 영토라 주장했다. 그러다가 2000년대 초반, 중국 정부는 아루나찰 프라데시 주 전체를 자기 것이라 주장하기로 결정했다. 이는 1955년 이래 이 지역에서 영향력을 행사해 오던 인도에게는 청천벽력과도 같은 일이었다. 중국이 이런 선언을 한 배경의 한편에는 지리적 요인이, 또 다른 한편에는 심리적 요인이 도사리고 있다. 아루나찰 프라데시 주는 중국과 부탄 그리고 미얀마와 국경을 접하고 있는 탓에 전략적으로 유용한 곳으로 여겨진다. 특히 중국이 가치를 부여하는 것은 이곳을 통해 티베트에게 애당초 독립이 성공할 가능성이 없다는 것을 일깨워주기 때문이다.

이는 또한 인도가 점령하고 있는 지역들에게 중국이 주기적으로 보내는 메시지이기도 하다. 인도에서도 다수의 분리주의 운동이 벌어지고 있는데 비교적 활발한 경우가 있는가 하면 상대적으로 잠잠한 경우도 있다. 하지만 결연한 의지를 갖고 목표를 향해 나아가는 경우는 거의 없다고 보면 된다. 일례로 인도와 파키스탄 양국에 걸쳐 있는 펀자브 지역의 시크교 국가 건설 운동은 현재는 잠잠해진 상태이지만 언제고 다시 점화될 수 있다. 아삼국가 건설 운동 또한 몇몇 경쟁력 있는 움직임이 있기는 하다. 이 중에는 보도어 사용 주민들의 독자적인 국가 건설 운동이 있는가 하면, 아삼호랑이해방 무슬림연합처럼 아삼 지역에서 분리해서 자체 무슬림 국가를 세우자는 운동도 있다.

기독교도들도 이 흐름에 가세하는데 인구의 75퍼센트가 침례교도인 인도 북부 나갈랜드에서는 독립된 기독교 국가를 설립하려는 움직임이 있다. 그러나 나가민족회의가 그 목표를 이루는 것은 그 땅의 지배권을 바라는 것만큼 막연하다. 다른 모든 분리주의 독립운동 또한 비슷한 처지에 있다.

이처럼 2천1백만 명의 시크교도들과 1억 5천만 명의 무슬림 인구를 포함한 이런저런 독립운동 단체들에도 불구하고 인도에는 〈인도라는 강력한 인식〉이 있다. 다양성 안에서 통일을 유지하는 것도 이 덕분이다. 그리고 이 인식의 공유는 인도가 세계라는 무대로 부상하는 데 힘을 실어줄 것이다.

세계는 강대국으로 부상하는 중국을 경이롭게 바라보았다. 그런데 중국의 약진에 너무 놀란 나머지 우리는 인접 국가인 인도를 간과하는 경향이 있다. 그러나 인도는 세계에서 일곱 번째로 넓은 국토와 두 번째로 많은 인구를 보유한 나라다. 또 6개국(아프가니스탄을 포함하면 7개국)과 국경을 맞대고 있다. 영토 안에는 14,484킬로미터에 이르는 항행 가능한 수로를 보유하고 있으며 물 공급도 나쁘지 않고 경작지도 넓은 편이다. 또한 주요 석탄 생산국이며 원유와 가스도 웬만큼은 매장돼 있다. 비록 앞으로도 이 세 가지 모두를 계속 수입해야 하고 실제로 연료와 난방비에 대한 보조금 지급이 이 나라 재정을 소모시키는 요인이 되고는 있지만 말이다.

풍부한 천연자원에도 불구하고 인도의 성장률은 중국에 미치지 못한다. 이제 중국은 전 세계를 상대하며 움직이고 있기 때문에 이 과정에서 두 나라는 부딪힐 수도 있다. 육상 국경이 아닌 바다에서 말이다.

현재 중국과 인도를 형성하고 있는 지역은 그 지형 때문에 수천 년이라는 시간 동안 서로에게 크게 신경을 쓰지 않아도 되었다. 히말라야를 넘어 상대방 영토로 팽창하는 것은 꿈도 꿀 수 없는 일이었다. 게다가 양국 모두 경작지가 넘쳐난 상황이었다.

그런데 현대 기술의 발전은 양국 모두에게 방대한 양의 에너지원을 필요하게 했다. 하지만 지리는 그들에게 그 정도의 부까지는 선사하지 않아서 두 나라 모두 수평선 너머 해양을 바라봐야 하는 입장이 되었다. 그래서 두 나라는 바다에서 맞닥뜨린다.

25년 전 인도는 이른바 동방 정책에 시동을 걸었다. 인도는 임박한 중국의 부상을 어느 정도 걸림돌로 인식했다. 그래서 증대해 가는 중국과의 무역(주로 수입)을 잘 처리해 가면서 동시에 중국을 자기네 뒷마당으로 보는 식의 전략적 관계를 굳혀갔다.

더불어 인도는 미얀마, 필리핀, 태국과의 관계 강화에도 힘쓰고 있다. 그런데 보다 주목할 점은 남중국해에서 중국의 패권이 강화되는 것을 감시하기 위해 인도와 베트남, 일본이 협력하고 있는 양상이다.

이 상황에서 인도는 이제껏 적당히 거리를 두고 있던 한 국가를 새로운 동맹으로 받아들일 수밖에 없었다. 바로 미국이다. 수십 년간 인도는 영어 악센트만 다르고 돈만 많을 뿐이지 새로운 영국이나 마찬가지라며 미국을 마뜩잖게 바라보고 있었다. 그러나 21세기에 들어 한층 자신감을 얻은 인도는 점점 다극화되어 가는 세계에서 미국과도 협력해야 할 이유를 찾았다. 이런 가운데 2015년 오바마 대통령은 인도공화국 선포일에 거행된 군사 퍼레이드에 참석했다. 이 자리에서 인도는 반짝반짝 윤이 나는 미국산 C-130 허큘리스 수송기들과 C-17 글로브마스터 공군 수송기를 러시아에서 도입한 탱크들과 함께 주도면밀하게 선보였다. 두 거대 민주 국가들은 조금씩 가까워져 가는 중이다.

인도는 항공모함을 보유한 것을 비롯해 비교적 잘 조직된 대규모의 현대식 해군을 갖추고 있다. 하지만 중국이 구상하는 대양 해군과 경쟁하기는 어려울 것 같다. 그래서 인도는 여러 관심 사안들을 하나로 묶는 것으로 눈높이를 조정한다. 예컨대 중국 해군이 말라카 해협을 지나 벵골 만을 통과해 인도 끝단에서 아라비아 해로 들어가 중국이 건설한 파키스탄의 우호적인 항구 도시인 과다르로 향하는 것을 막지는 못하더라도 적어도 따라다니며 감시할 수는 있는 것이다.

　언제나 그랬듯이, 인도는 파키스탄으로 돌아오고 파키스탄은 인도로 돌아온다.

10

북극,
21세기 경제 및 외교의
각축장이 되다

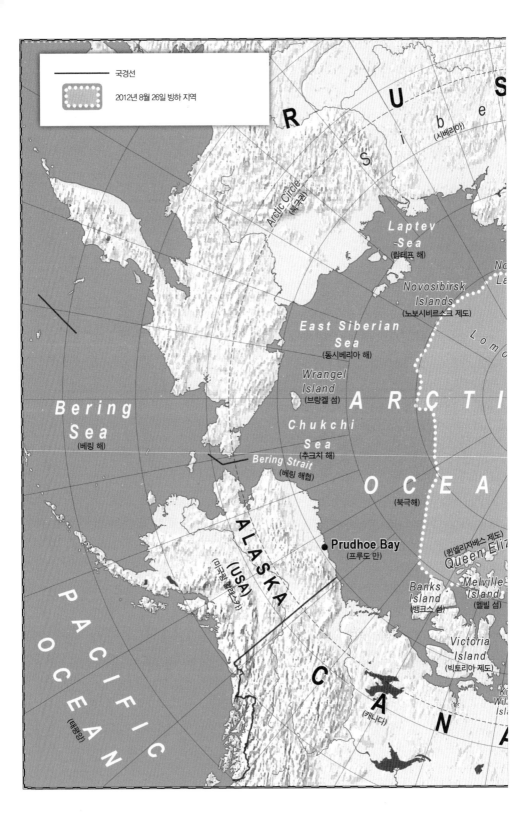

국경선

2012년 8월 26일 빙하 지역

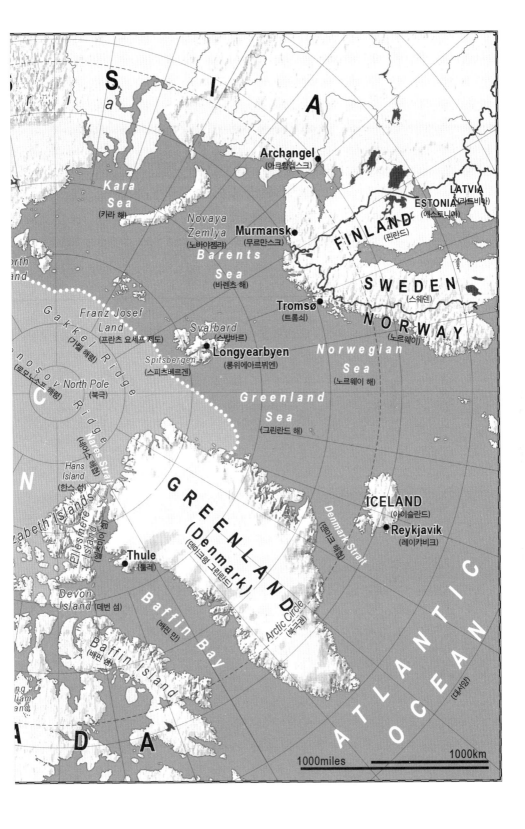

아이스맨이 힘차게 몰려올 것이다.

　그렇다면 그 힘은 누구 것인가? 러시아다. 이 지역에서 러시아만큼 강력한 존재는 없으며 그 혹독한 조건들의 방해를 러시아만큼 잘 대비하고 있는 나라도 없다. 다른 나라들은 뒤에 처져 있다. 심지어 미국조차 러시아를 따라잡을 엄두를 내지 못하는 것 같다. 오늘날 점점 뜨겁게 달구어지는 북극 지역에서 미국은 〈북극 전략이 없는 북극 국가〉다.

　현재 북극에는 그 어느 때보다 온난화 효과가 뚜렷이 나타나고 있다. 얼음이 녹아서 접근이 훨씬 쉬워졌고 막대한 에너지원의 발견과 이를 손에 넣기 위한 기술의 발전 또한 그와 궤를 같이하고 있다. 세계에서 가장 척박한 환경에서 얻어질 잠재적 이득과 손실에 북극권 국가들의 관심이 집중돼 있다. 이 지역에 인접한 많은 나라들은 서로 경쟁하고는 있지만 아직까지 대놓고 밀어붙이지는 않고 있다. 하지만 그곳에 대한 권리의 주장도 많고 그에 대한 논쟁 또한 만만치 않게 많다.

기나긴 북극 탐험의 역사

—

북극, 즉 arctic이라는 단어의 어원인 아르크티코스arktikos에는 그리스어로 〈곰 근처〉라는 뜻이 담겨 있다. 이는 곧 마지막 별 두 개가 북극성을 가리키고 있는 큰곰자리를 말한다.

북극해의 넓이는 1,409만 제곱킬로미터다. 이 정도면 아주 작은 대양 정도의 넓이지만 그래도 러시아만큼 넓으며 미국보다는 1.5배가 크다. 하지만 해저에 잠겨 있는 대륙붕은 그 어떤 대양에 비교해도 넓은 공간을 차지한다. 주권이 미치는 지역에 대한 일관된 의견 일치가 어려운 것도 이 때문이다.

북극 지역은 캐나다 일부와 핀란드, 그린란드, 아이슬란드, 노르웨이, 러시아, 스웨덴, 그리고 미국의 알래스카 일부까지를 포함한다. 이곳은 한마디로 극한의 지역이다. 짧은 여름에는 섭씨 26도까지 기온이 오르는 지역도 있긴 하지만 긴긴 겨울에는 영하 45도 아래로 떨어지기 일쑤다. 또한 매서운 칼바람에 쓸려서 만들어진 널따란 암반 지역, 웅장한 피오르, 극지 사막, 그리고 하천들도 있다. 엄청난 적대감과 아름다움을 동시에 품고 있는 이곳은 수천 년 동안 인간의 상상력을 사로잡았다.

기록으로 남은 이곳에 대한 최초의 탐험은 기원전 330년에 그리스 마살리아의 뱃사람인 피테아스가 신기한 땅을 발견해서 툴레라는 이름을 붙였다는 구절에서 찾을 수 있다. 그는 지중해의 고향으로 돌아와서 온통 하얀 땅과 얼어붙은 바다, 거대한 흰곰을 비롯한 희한한 생물들에 대한 놀라운 이야기를 들려주었으나 누구도 믿지 않으려 했다. 그래도 어쨌든 피테아스는 수세기 동안 북극의 경이로움을 기록하고 그것이 불러일으킨 감동에 사로잡혔던 많은 사람들 가운데에서도 최초의 인물이었다.

이 결핍된 지역에 매료된 이들은 많았다. 의심 많은 자들이 〈신화에나 나올 법〉하다고 한 것을 직접 확인하러 나서는 이들이 있었다. 그들은 대서양에서 태평양으로 가는 북서항로를 찾아서 그 당시까지 알려진 이 세계의 가장자리를 여행했다. 그 중 한 사람이 헨리 허드슨이다. 여차했으면 지구상에서 두 번째로 큰 만에 그의 이름이 붙여졌을 수도 있었다. 1607년 귀환한 허드슨에게는 모험에 몸을 맡기기보다는 조용한 노년을 보내는 편이 차라리 나았을지도 모른다. 그랬다면 탐험 여행에 신물이 나서 반란을 일으킨 선원들에게 추방돼 행방불명되는 일도 당하지 않았을 것이다.

지구본 위에서야 그 위치가 고정된 점이지, 정작 그곳에서 발을 딛고 올라서 있는 얼음은 계속 움직이는데다 GPS 장치가 없으면 현재 위치가 어딘지도 알 길이 없기 때문에 북극점에 처음으로 도달한 인물은 대단한 요령이 필요했을 것이다. 그런데 윌리엄 에드워드 페리는 GPS도 없던 시절인 1827년에 북극점 정복을 시도했다. 하지만 그가 북쪽으로 나아가는 것보다 딛고 있는 얼음이 남쪽으로 움직이는 속도가 훨씬 빨랐다. 결과적으로 그는 더욱더 뒤로 후퇴하고 말았다. 그래도 그는 살아 돌아오기는 했다.

1848년에 존 프랭클린 선장은 북서항로에서 마지막으로 남은 항해 불가 지역을 돌파하려고 시도했다. 하지만 그의 배 두 척은 캐나다 다도해의 킹 윌리엄 섬의 빙산에 갇히고 말았다. 이 사고로 129명의 탐험 대원들이 목숨을 잃었다. 사고 당시 일부는 배에 남았고 나머지는 배를 포기하고 남쪽을 향해 걸어 내려왔다. 이후 몇몇 탐험대가 그들을 찾아 나섰지만 그들은 결국 한 무더기의 백골로 발견됐다. 수십 명의 백인 남자들이 얼어붙은 땅 위를 걷다가 죽었다는 이야기가 이누이트족 사냥꾼들 사이에서 전해졌다. 그들이 타고 온 배는 완전히 사라졌지만 기술이 지리를 따라잡으면서 2014년에 캐나다 수색팀이 음파 탐지 장치를 이용해 배 한 척의 위치를 알아냈다. 북서항로의 해저에 가라앉아 있던 HMS 에레부스 호의 신호를 포착한 것이다.

하지만 프랭클린 탐험대의 그와 같은 운명이 그 군도를 돌파하려는 모험가들의 사기를 꺾진 못했다. 1905년에 위대한 노르웨이 탐험가 로알 아문센은 프랭클린보다 훨씬 작은 배에 겨우 다섯 명의 대원들만 데리고 그 길을 돌파할 계획을 세웠다. 아문센은 킹 윌리엄 섬을 지나 베링 해를 통과해서 태평양 쪽으로 들어갔다. 그는 다른 방향, 즉 샌프란시스코에서 출발한 포경선을 발견한 순간 자신이 목적을 이루었음을 직감했다. 아문센은 당시 자신을 사로잡은 감동을 일기에 적었다. 그 감정은 자신이 이룬 위대한 성취 못지않게 흔치 않은 것이었다고 고백했다.

"북서항로를 정복했다. 어린 시절부터 꿈꾸어 왔던 일이 이루어진 순간이었다. 묘한 느낌에 목구멍이 울컥했다. 나는 팽팽하게 긴장되고 지칠 대로 지친 상태였다. 연약한 모습일지 모르지만 눈물이 차오르는 걸 느꼈다."

20년 뒤 아문센은 이번에는 북극점 상공을 비행하는 최초의 인간이 되기로 결심했다. 물론 걸어서 가는 것보다야 쉽겠지만 이 또한 대단한 업적이 될 것이다. 그는 이탈리아 탐험가이자 항공공학자인 움베르토 노빌레와 14명의 대원들을 데리고 반경식semi-rigid 비행선을 타고 가다 빙산 위 약 90미터 상공에서 노르웨이, 이탈리아, 미국 국기를 투하했다. 영웅적인 노력이긴 했지만 그렇다고 해서 그 행동이 21세기인 지금 이 지역에서 그 세 나라의 영유권에 대한 법적 근거로 인정되는 것은 아니다.

일본인 카자마 신지 또한 인상적인 모험으로 영웅적 행렬에 가세했다. 1987년 그는 오토바이를 타고 북극점에 도달한 최초의 인간으로 기록되었다. 카자마는 극빙에도 위축되지 않는 대담무쌍한 인물로 역사의 한 페이지에 기록되기 위해 엄청난 눈보라도 견뎌냈다. 물론 오늘날에는 건너야 할 얼음이 훨씬 적어진 것은 분명하지만.

얼음이 녹으면서 바닷길도 열리고

—

문제는 얼음이 점점 뒤로 물러간다는 것만이 아니다. 위성사진을 보면 지난 10여 년 동안 얼음의 양이 현저히 줄어들고 있는 것이 확인된다. 문제는 그 이유다. 대다수 과학자들은 자연적인 기후 사이클뿐

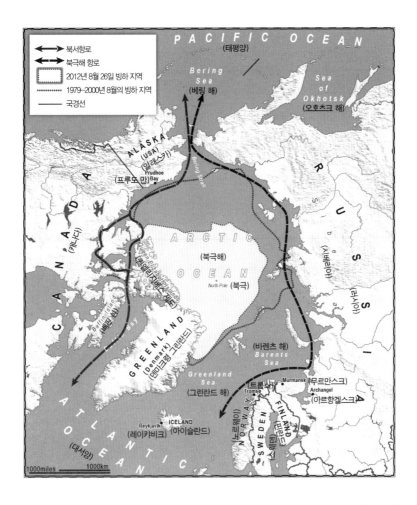

범례:
- ◄► 북서항로
- ◄┅► 북극해 항로
- ☐ 2012년 8월 26일 빙하 지역
- ┈┈┈ 1979~2000년 8월의 빙하 지역
- ── 국경선

위성사진을 통해 보면 북극의 얼음이 현저히 줄어들고 있음을 알 수 있다. 따라서 이 지역을 통과하는 바닷길이 열리는 기간 또한 더 길어졌다.

아니라 인간의 책임 또한 인정한다. 게다가 이제껏 베일에 가려졌던 곳의 개발 또한 박차를 가하게 될 것이다.

베링 해와 러시아의 추크치 해안가엔 벌써부터 마을들이 다시 들어서고 있다. 이 바람에 해안선의 침식이 가속화되고 동물의 사냥터도 줄어들고 있다. 이른바 생물학적 재편이 진행 중인 것이다. 북극곰과 북극여우가 서식지를 찾아 이리저리 옮겨 다니고 있고 바다코끼리는 살아갈 장소와 먹잇감을 찾느라 경쟁한다. 영토 경계를 알 리 없는 물고기들은 점점 더 북쪽으로 이동하고 있다. 그러다 보니 일부 국가들의 경우 어획량이 줄어들고 전혀 다른 어종이 나타나기도 한다. 현재는 고등어와 대서양 대구가 북극의 저인망 어선 그물에서 발견되는 실정이다.

이처럼 얼음이 녹아 생기는 영향은 비단 북극권 국가들에만 미치는 것은 아니다. 몰디브, 방글라데시, 네덜란드 등은 얼음이 녹아 해수면이 상승하면서 발생하는 홍수로 인해 피해를 입을 위험 또한 높아져가고 있다. 이렇기 때문에 온난화는 북극 지역에 한정된 이슈가 아니라 전 지구적 사안이 될 수밖에 없다.

얼음이 녹고 툰드라가 바닥을 드러내면서 두 가지 일이 일어날 가능성이 높아졌다. 일단 빙원(지표의 전면이 두꺼운 얼음으로 덮여 있는 극지방의 벌판)의 노화가 가속화된다. 눈과 얼음 위에 흡착되는 산업 폐기물들 때문에 태양이 복사하는 빛에너지를 반사하는 영역이 줄어든다. 얼음이 녹아 드러난 땅과 수면은 얼음과 눈이 막아주던 열을 더 많이 흡수할 것이고 이는 연쇄적으로 얼음이 없는 땅의 면적이 늘어나게 한다. 이 현상이 이른바 〈알베도 효과Albedo effect〉라는 것이다. 사실 여기에는 부정적인 면만 있는 게 아니라 긍정적인 면도 있다. 따뜻해진 툰드라 지역에서는 당연히 많은 식물이 자랄 것이고 농작물 생산도 활발해져 그 지역 주민들이 새로운 식량원을 찾는 데 도움을 줄 것이다.

그러나 지구 최후의 대규모 청정 지역의 환경이 변할 거라는 전망에서 벗어나기는 어려울 것 같다. 일부 기후 예측 모델들은 금세기 말쯤엔 북극에서도 여름에는 얼음을 보기 힘들어질 거라는 전망을 내놓고 있다. 그리고 이 현상이 더 빨라질 거라는 예측들도 있다. 분명한 것은 이 현상이 얼마나 일찍 발생하든 간에 얼음의 감소 속도는 극적으로 빨라질 것이며 실제로도 이미 시작되고 있다는 것이다.

빙원이 녹다 보니 캐나다 다도해의 북서항로를 통한 운항이 여름 몇 주간 가능하게 되었다. 그리고 유럽에서 중국으로 갈 때 걸리는 시간도 적어도 일주일은 단축할 수 있게 됐다. 2014년에는 쇄빙선의 호위를 받지 않은 화물선이 처음으로 단독 운항에 성공했다. 누나빅 호는 2만 3천 톤의 니켈을 싣고 캐나다에서 중국으로 갔다. 북극 루트는 40퍼센트나 단축되었으며 파나마 운하보다 더 깊은 수심을 이용할 수 있었다. 덕분에 화물선은 더 많은 화물을 적재할 수 있으며 수만 달러의 연료비를 절약하고 1천3백 미터톤의 온실가스 배출량을 줄일 수 있다. 2040년경에 이르면 이 뱃길이 연간 2개월은 열릴 것으로 예상되는데 이렇게 되면 북극을 통한 무역 연결고리 자체가 바뀌는 것이다. 그리고 이는 수에즈 운하와 파나마 운하를 통해 적잖은 수입을 올리는 이집트나 파나마 같은 머나먼 나라들에도 어떤 식으로든 영향을 줄 것이다.

한편 북동항로 또는 러시아식으로 북극해 항로는 시베리아 해안을 품고 있는데 이 항로 또한 현재 일년에 수개월 동안 열리면서 〈해양 고속도로〉로서 그 인기가 날로 높아지고 있다.

북극을 둘러싼 치열한 각축

―

얼음이 녹으면서 또 다른 잠재적 부도 드러나고 있다. 북극에 숨겨져 있어서 이제껏 드러나지 않았던 천연가스와 유전에 대한 접근이 가능해진 것이다. 2009년 미국의 지질조사국은 북극 지방에 천연가스는 약 1,669조 입방피트, 천연 액화가스는 440억 배럴, 그리고 원유는 900억 배럴이 매장돼 있을 걸로 평가했다. 점점 더 넓은 지역에 접근할 수 있게 되면서 이미 발견된 것 외에도 금, 아연, 니켈, 철 등이 추가로 더 발견될지도 모른다.

엑손모빌, 쉘, 러시아의 석유 회사 로즈네프트 같은 거대 에너지 기업들은 이 지역 개발권을 따내기 위해 노력하는 한편 탐사를 위한 시추 작업도 개시하고 있다. 이 새로운 부에 접근하려는 준비가 돼 있는 각 나라들과 기업들은 끝없이 지속되는 밤들과 6미터 넘게 얼어 있는 바다, 그리고 개빙 구역(얼음이 얼지 않은 바다)에서는 12미터 이상의 파도가 치는 혹독한 기후와 싸워야 한다.

이것은 지독하고 어려우며 위험한 작업이 될 것이다. 특히 연중 작업을 희망하는 이들에게는 더더욱 그럴 것이다. 게다가 대규모 투자도 필요하다. 가스 파이프라인을 건설하는 작업은 여러 지역에서 어려움을 겪을 것이며 해상에 액화 단지를 구축하는 것 또한 혹독한 조건까지 더해져 어마어마한 비용이 요구된다. 하지만 여기서 얻어질 엄청난 경제적 이득과 전략상의 이득은 큰손들로 하여금 그 지역에 대한 귀속권을 주장하고 시추를 강행하게 할 것이다. 환경에 미칠 잠재적 영향 때문에 그들이 이를 중단할 가능성은 높지 않다.

사실 북극에 대한 영유권 주장은 탐험가들이 꽂은 깃발에 근거를 두지 않고 유엔해양법협약UNCLOS을 기반으로 한다. 이 협약에 서명한 국가는 자국의 해안부터 370킬로미터까지 (이것이 다른 나라의 경계와 마찰을 일으키지 않는 한) 배타적인 경제적 권한을 얻는 동시에 배타적 경제 수역을 선언할 수 있다. 따라서 그 지역의 원유와 천연가스는 그 국가의 소유다. 그리고 특정 환경에서, 즉 어떤 국가의 대륙붕이라는 과학적 증거가 인정될 경우 그 국가는 자국의 해안에서 648킬로미터까지 배타적 경제 수역을 확대할 수 있다. 북극 지방의 얼음이 녹아가자 북극이사회Arctic Council의 8개 회원국(스웨덴, 노르웨이, 핀란드, 덴마크, 아이슬란드, 캐나다, 미국, 러시아)들은 더욱 단호한 입장을 취하고 있다. 지정학geopolitics 토론이 지극학geopolarctics으로 변모해 가는 양상이다.

　북극 접경 국가인 이른바 북극연안 5개국Arctic Five은 캐나다, 러시아, 미국, 노르웨이, 덴마크(그린란드를 책임지고 있으므로)를 말한다. 여기에 아이슬란드, 핀란드, 스웨덴이 합세해 북극이사회가 탄생했다. 그리고 북극권 국가들의 자주권, 주권, 재판권을 인정하는 정식 옵서버(의결권을 가지지 않는 참가 자격) 12개국이 더해진다. 일례로 2013년에 북극이사회는 북극에 대한 과학적 탐사를 지원하는 일본과 인도, 현대식 쇄빙선을 보유하고 노르웨이 섬에 과학기지를 설치한 중국을 옵서버로 받아들였다. (한국도 2013년 5월에 옵서버 자격을 얻었다.)

　그러나 북극이사회에 끼지 못하는 나라 중에서도 이 지역에 대한 합법적 이해관계를 주장하는 나라들이 있다. 인류 공동의 유산이라는 개념에서 북극은 누구에게나 개방되어야 한다는 주장이 날로 높아가고 있는 것이다.

현재 북극해의 귀속을 둘러싼 법적인 논쟁만 해도 9개나 된다. 하나같이 법적으로 복잡하며 그 중 일부에는 해당 국가들 간에 심각한 긴장을 유발시킬 요인이 깔려 있는 경우도 있다. 그 가운데 가장 뻔뻔한 사례는 러시아다. 러시아 정부는 일찌감치 길게 말뚝을 박아놓았다. 2007년에 러시아는 2인용 잠수정을 북극 해저 4,261미터 아래까지 내려보내 녹슴 방지를 한 티타늄으로 제작한 러시아 국기를 꽂음으로써 그 야심을 드러냈다. 국기는 그 아래에서 아직까지도 휘날리고 있는 것으로 알려진다. 이 일이 있고 나서 러시아의 한 싱크 탱크는 아예 북극해라는 명칭 자체를 고쳐야 한다고 제안했다. 그리고 그들이 대뜸 내놓은 명칭은 바로 〈러시아 해〉였다.

이곳 말고도 러시아는 시베리아 해안의 로모노소프 해령(海嶺, 4-6천 미터 깊이의 바다 밑에 산맥 모양으로 솟은 지형)을 시베리아 대륙붕의 일부라고 주장하고 있다. 이 해령이 북극까지 뻗어 있는 것을 감안하면 이 문제는 다른 나라들에게도 골칫거리다.

러시아와 노르웨이는 바렌츠 해를 두고 특히 곤란한 상황에 놓여 있다. 노르웨이는 바렌츠 해 아래에 있는 가켈 해령을 자국의 배타적 경제 수역의 연장이라 주장하고 있는데 러시아는 이에 반발하고 있다. 이 두 나라는 또 인간이 정착해 사는 지구상 가장 북쪽 지점인 스발바르 제도를 두고도 강하게 대립하고 있다. 대다수 국가들과 국제 기구들은 스발바르 제도가 (부분적으로) 노르웨이 주권이 미치는 지역이라고 인정하고 있는데 문제는 이 제도에서 가장 큰 스발바르 섬, 공식적으로는 스피츠베르겐으로 알려진 이곳에 탄광을 따라 몰려든 러시아계 이민자들의 수가 늘고 있다는 점이다. 이곳의 광산들은 수익성이 높은 편은 아니지만 러시아 주민 공동체는 러시아가 향후 스발바르 제도에 대한 귀속을 주장할 때 유용한 도구로 쓰일 수 있다. 러시아가 그 귀속권을 주장하고 나오는 순간 이곳의 긴장은 높아질 수 있는데 이는 지질학적 관점과 러시아 주민들이 거주하는 현장의 실상을 내세워서 러시아의 입장을 정당화하는 데 이용될 수 있다.

나토 회원국인 노르웨이는 앞으로 벌어질 일을 예견하면서 대외정책의 최우선 관심사로 최북단 지역을 설정해 놓았다. 이에 따라 노르웨이 공군은 국경지대로 접근해 오는 러시아 전투기들을 주기적으로 차단하곤 한다. 긴장이 고조되고 있는 가운데 노르웨이는 군 작전본부를 아예 남부에서 북부로 옮긴데 이어 북극 대대까지 창설하고 있다. 캐나다 또한 자국군의 동절기 전투 능력을 강화시키고 있다. 이 중에는 현대식 쇄빙 능력을 겸비한 신형 해군 전함 5척을 2018년에서 2020년까지 배치할 계획이 포함돼 있다. 2015년 봄, 스티븐 하퍼 당시 캐나다 수상은 국방비 증액을 발표하면서 이렇게 말했다.

"캐나다는 북극에서 우리의 주권을 수호해야 할 때 선택권이 있다. 우리는 이를 이용해야 하며 그렇지 못하면 우리의 권리를 잃게 될 것이다."

덴마크 또한 북극 대응 전력을 편성해서 러시아의 세력 과시에 대응하고 있다.

한편 러시아는 러시아대로 북극 부대를 창설하고 있다. 여섯 개의 기지를 새로 건설 중이며 그간 묵혀두었던 노보시비르스크 제도에 있던 몇몇 냉전시대 시설들을 다시 가동하는가 하면 간이 활주로들도 재정비하고 있다. 또한 스노모빌과 공기 부양선을 갖춘 두 개의 기계화 보병 여단을 포함하여 적어도 6천 명에 이르는 전투병들을 러시아 북서부의 무르만스크 지역에 대기시켜 놓고 있다.

현재 무르만스크를 러시아의 북쪽 에너지 관문으로 부르는 것도 무리가 아니다. 이런 배경에서 푸틴 대통령이 에너지 공급과 관련해 한 말이 있다.

"연안의 유전지대, 특히 북극에 있는 유전들은 과장하지 않고 21세기를 대비하는 우리의 예비 전략이다."

무르만스크 여단은 북극 상주 부대로서는 최소한의 규모에 불과하다. 그러나 러시아는 2014년에 15만 5천 명의 인원과 수천 대의 탱크와 제트기, 선박을 동원한 군사 훈련을 실시해 혹한기 전투 능력을 유감없이 과시했다. 러시아 국방장관에 따르면 이 훈련은 냉전시기에 실시했던 것보다 규모가 컸다고 한다.

이 전쟁 게임을 치르면서 러시아 부대들은 외국 군대의 침공을 격퇴하는 훈련도 실시했다. 공교롭게도 이 외국군의 이름은 미주리(Missouri, 미국 중부의 주)인데 듣기만 해도 미국을 의미하고 있음을 알 수 있다. 훈련 시나리오에 따르면, 미주리 부대들이 먼저 러시아 군대와 충돌한 어떤 아시아 군대의 지원을 받아 추코트카, 캄차카, 쿠릴 열도 그리고 사할린에 상륙하는 것으로 되어 있다. 이름이 명시되지 않은 아시아 군대란 일본이다. 시나리오 상에 묘사된 마찰은 분석가들에 따르면 남쿠릴 열도를 두고 벌어지는 러시아와 일본 간의 영토 분쟁이 촉발한 것이라고 한다. 그리고 그러한 군사 전개의 의도는 푸틴 대통령이 공식적인 대외정책 독트린을 밝힐 때 처음으로 북극 지역을 러시아의 영향력이 미치는 범위에 추가함으로써 정치적으로 강조되기에 이른다.

러시아 경제가 둔화되면서 많은 정부 부처들의 예산이 삭감됐지만 국방비만은 증가했다. 그리고 이는 부분적으로 지금부터 2020년까지 북극 주둔 군사력을 강화시키는 데 투입할 것이다. 러시아 정부는 미래를 위한 구상과 지난 시대의 인프라, 게다가 유리한 위치를 갖고 있다. 미국 해안 경비대 함장인 멜리사 버트는 워싱턴 D. C. 소재 국제전략문제연구소에서 이렇게 말했다.

"러시아는 북극에 도시들을 갖고 있지만, 우리는 겨우 마을들이나 구성하는 수준이다."

위 사례들은 여러 면에서 냉전시대 러시아의 북극 정책이 여러 방식으로 현재 진행 중이거나 적어도 조만간 부활하리라는 것을 의미한다. 러시아는 나토가 스카게라크 해협(덴마크의 유틀란드 반도와 노르웨이 사이에 있는 해협)을 봉쇄해서 자국의 발트 해 함대를 묶어버릴 수 있다는 것을 알고 있다. 만약 이 봉쇄가 실행된다면 러시아의 북해 함대는 콜라 해안에서 북극 유빙과 만나는 데까지 불과 290킬로미터밖에 떨어져 있지 않다는 사실 때문에 처지가 곤란해진다. 러시아 함대가 대서양으로 나가려면 이 좁다란 해협을 통해 노르웨이 해로 내려와서 갑옷이나 마찬가지인 대서양 요충지 GIUK 갭을 지나야 한다. 냉전시대에 나토는 이 지역을 킬 존Kill Zone이라 불렀다. 그만큼 소비에트 함대가 나타나는 족족 나토의 비행기, 선박, 잠수함들한테 들키고 말았기 때문이다.

북극 전략 없는 미국, 북극의 최강자 러시아

—

신냉전으로 가는 테이프는 몇 배는 빨리 감기고 있는데 전략은 여전히 제자리 걸음마 수준이다. 심지어 미국은 나토 동맹국인 아이슬란드에서 병력을 철수하기까지 했다. 아이슬란드가 사실상 무장한 군대를 보유하고 있지 않은 상황에서 미국의 이런 조치를 두고 아이슬란드 정부는 근시안적인 행동이라고 비판했다. 스웨덴의 대서양이사회 대표단을 만난 비욘 비야르나손 아이슬란드 법무장관은 "확실한 군사력을 이 지역에 유지해서 어떤 국가의 이익과 야심에 신호를 보내야 한다. 군사적 공백은 국가 이익과 우선권을 포기하는 행위로 잘못 비춰질 수 있기 때문이다."라고 말했다.

적어도 최근 10년 동안은 북극이 러시아에게는 우선순위였던 게 분명하다. 하지만 미국은 달랐다. 두 나라가 그 지역에 기울인 관심의 정도만 봐도 안다. 물론 소련 붕괴 이후 이 지역에 대한 미국의 관심이 상대적으로 줄어든 것도 이유일 수 있다.

쇄빙선 한 척을 건조하는 데만 10억 달러의 비용과 10년이라는 시간이 소요된다. 미국 해안 경비대가 발간한 2013년판 리뷰만 봐도 러시아는 총 32척의 쇄빙선으로 구성된 세계 최대의 쇄빙선 함대를 보유한 선도적인 북극권 국가인 것이 확실하다. 그 가운데 6척은 전 세계에서 유일한 핵추진 쇄빙선이다. 게다가 러시아는 2018년에 또 다른 초강력 쇄빙선을 가동할 계획이다. 그렇게 되면 3미터 이상의 두꺼운 얼음을 깰 수 있을 뿐 아니라 7만 톤급 이상의 유조선을 견인해서 빙원을 통과할 수도 있다.

반면 미국의 함대는 묵직한 쇄빙선 한 대를 보유하고 있을 뿐이다. 미국 해양 경비대 소속 폴라 스타 호는 1960년대에 미국이 보유했던 여덟 대의 쇄빙선 중에 남아 있는 한 대인데 미국은 또 다른 쇄빙선을 건조할 계획을 갖고 있지는 않다. 이런 상황에서 2012년 미국은 남극 대륙의 연구기지에 보급 물자를 보충하는 데 있어 러시아 선박의 도움을 받아야 했다. 이는 강대국들이 보여준 성공적인 협조 사례일지는 몰라도 미국이 이 분야에서 얼마나 뒤처져 있는지를 보여준 단면이기도 하다. 현재로선 러시아에 대적할 만한 나라는 없다. 6척의 쇄빙선을 보유한 캐나다는 현재 1척을 더 건조 중이다. 핀란드는 8척을 보유하고 있고, 스웨덴은 7척, 덴마크는 4척, 중국, 독일 그리고 노르웨이는 각각 1척씩 갖고 있다.

그런데 미국에는 또 다른 문제가 있다. 유엔해양법협약을 비준하지 않은데다가 배타적 경제 수역을 선언하지 않아서 실질적으로 북극의 해저 영토 20만 제곱킬로미터를 고스란히 포기해야 한다.

그러면서도 미국은 연안 지역의 석유 탐사권과 캐나다 다도해로 진출하는 사안을 두고 캐나다와 언쟁을 벌이고 있다. 캐나다는 이 다도해 지역을 자국의 물길이라 주장하고 있고 미국은 미국대로 캐나다 법과 별개로 독립된 국제 항로의 길목이라고 주장하고 있다. 1985년 미국은 캐나다에 미리 알리지 않고 캐나다 다도해를 통해 쇄빙선을 보냈는데 이 행동이 캐나다의 분노를 불러일으켰다. 이는 우호적인 것 같으면서도 동시에 까칠한 양국의 관계가 폭발 직전까지 간 사례였다.

미국은 캐나다 말고도 베링 해, 북극해, 북태평양을 두고 러시아와 마찰을 빚고 있다. 소비에트 연방 시절에 미국은 1990 경계획정합의를 이끌어냈고 이에 따라 당시 소련은 조업 구역을 양보했다. 그런데 소련이 붕괴된 뒤 러시아 의회가 그 합의를 비준하기를 거부했다. 현재 미국과 러시아 양측은 이 지역을 미국의 주권이 미치는 곳으로 취급하고는 있지만 러시아는 이 결정을 퇴짜 놓을 권리를 남겨두고 있다.

이 외에도 엘즈미어 섬과 그린란드를 분리해 주는 네어스 해협에 위치한 한스 섬을 두고 캐나다와 덴마크가 다투고 있다. 인구가 5만 6천 명인 그린란드는 자치 정부를 수립하고 있지만 아직은 덴마크 지배하에 있다. 1953년 덴마크와 캐나다가 맺은 협정은 그린란드를 여전히 미해결 사안으로 남겨두었는데 그로부터 덴마크와 캐나다 양국은 일부러 그곳으로 항해를 하거나 자국의 국기를 꽂는 행동을 하고 있다.

북극에서의 게임은 달라야 한다

—

모든 주권 문제는 동일한 욕망과 두려움에 뿌리를 두고 있다. 그것들은 군대와 상업적 운항을 안전하게 확보하고픈 욕망과 자기가 잃어버린 곳을 남들이 차지할지 모르는 데에 따른 두려움일 것이다. 최근까지도 풍부한 자원의 보고는 이론상으로만 존재하는 것으로 여겨졌다. 하지만 북극 지방의 얼음이 녹자 그 이론은 실현 가능한 것이 되었고 일부에선 자명한 사실이 되었다.

이 지역의 얼음이 녹자 지리는 물론 지역의 말뚝마저 바뀌어 가고 있다. 이제 북극권 국가들과 거대 에너지 기업들은 이 변화를 어떤 방식으로 처리할지, 또 북극 지방의 환경과 주민들에게 얼마만큼 관심을 쏟아야 할지를 놓고 결정을 내려야 한다. 에너지에 대한 갈망은 일부 전문가들이 뉴 그레이트 게임New Great Game[8]이라 불렀던 경주가 불가피하게 이곳에서도 이뤄질 수 있음을 예상케 한다. 러시아는 핵추진 쇄빙선뿐만 아니라 3미터짜리 얼음이 부서져도 그 무게를 견뎌낼 수 있는 부양식 해상 원자력 발전소 건설도 생각하고 있다.

하지만 북극의 상황과, 아프리카에 너도나도 몰려들었던 19세기, 그리고 그레이트 게임의 원조라 할 중동, 인도, 아프가니스탄에서 열강들이 보여준 교묘한 책략은 좀 다르다. 무엇보다 북극에서의 게임은 규칙과 공식 그리고 결정을 내리기 위한 협의가 있다. 북극이사회 대다수는 크든 작든 일정 수준의 민주주의를 실현하고 있는 성숙한 국가들로 구성돼 있다. 영토 분쟁과 환경오염, 해양법과 소수 민족의 처우에 대한 문제를 조절하는 국제법도 갖춰져 있다. 또한 분쟁 중인 영토 대다수도 19세기 제국주의 국가나 서로 전쟁을 벌이는 나라들이 그랬던 것처럼 무단으로 점령하는 일도 없다.

북극권 국가들은 거친 이웃이 살고 있는 것을 안다. 이는 서로 편을 나눠 다투기 때문이 아니라 지리에서 야기된 도전 때문이다. 북극해의 면적은 1,409만 제곱킬로미터에 이른다. 이곳은 깜깜해질 수도,

---

8 19-20세기 초 영국과 러시아가 중앙아시아 내륙의 주도권을 두고 벌였던 패권 다툼인 그레이트 게임에서 유래된 표현으로, 21세기에 영토 분쟁과 자원 분쟁을 두고 벌이는 새로운 양상의 패권 경쟁을 뉴 그레이트 게임이라고 부른다.

위험해질 수도, 죽음의 지역이 될 수도 있다. 친구 없이는 살아나가기 어려운 곳이다. 이곳에서 잘 살아가려면 협조가 필요하다. 어획량, 밀수, 테러리즘, 수색과 구조, 환경 재앙과 같은 사안에 있어서 특히 그렇다.

1950년대와 1970년대에 영국과 아이슬란드가 조업권을 놓고 거의 파국을 맞을 뻔했던 이른바 대구 전쟁 같은 사례로 미루어볼 때 조업권에 대한 이견이 보다 심각한 상황으로 악화될 수 있음을 알 수 있다. 게다가 밀수는 운송로가 있는 곳이라면 어디서든 발생할 수 있다. 북극이라고 다를 거라고 생각하면 오산이다. 그런데 이 지역을 순찰하는 것 또한 만만찮은 일이다. 그리고 이 지역에 점점 더 많은 상선들과 크루즈 선들이 드나들면서 수색과 구조 활동, 북극권 국가들의 대테러 능력도 이에 걸맞게 향상돼야 한다. 또한 점점 붐비는 바다에서 벌어질 환경 재앙에 대처하는 능력도 요구된다. 1960년대에 러시아 쇄빙선 레닌 호에서 항해 도중 원자로가 고장을 일으킨 적이 있었다. 해안으로 돌아왔으나 원자로 일부가 떨어져 나갔고 바다 속에 내다버린 스틸 라이너가 부착된 콘크리트 컨테이너에 들어 있던 핵연료가 손상되었다. 북극해가 열려 있는 한 그런 사고는 언제든 일어날 수 있지만 이를 관리하는 일은 여전히 어렵다.

어쩌면 이곳은 국가들 간의 또 다른 전쟁터로 바뀔지 모른다. 다른 나라에 대한 공포 때문이든 탐욕 때문이든 싸움은 시작됐다. 하지만 북극은 또한 다르다. 즉 어떻게 처리하느냐에 따라 달라진다. 제로섬 방식의 게임이 얼마나 게걸스러운지 우리는 역사를 통해 알고 있다. 부분적으로 지리적 결정주의에 기반을 둔 신념이 인간 본성과 결합해서 다른 방식으로 생각하는 것을 방해한다는 주장은 나름의 근거가 있다. 하지만 현대 기술이 우리를 〈지리라는 감옥〉에서 탈출시켜준 사례들도 있다. 그리고 이 기술을 만든 것은 우리 자신이기에 이 새로운 세계화 시대에 그 기술을 북극에서 기회를 얻는 데 사용할 수 있다. 인간 본성의 탐욕스러운 부분을 극복한다면 우리 모두에게 득이 되는 〈그레이트 게임〉을 할 수 있다.

맺음말

새로운 지리적 현실을
함께 맞이하기

세계의 맨 꼭대기에 이르러 이 책을 마친다. 그리고 길은 여기에 있다. 이 최후의 경계는 늘 우리의 상상력에 말을 걸어왔다. 우리 시대에 인류는 미래로 가는 길 위에서 꿈을 키웠고, 우주 공간으로 올라가 보기도 했고, 밀리미터를 무한대로 바꾸기도 했다. 인간의 쉼 없는 정진은 칼 세이건이 불렀던 저 유명한 〈창백한 푸른 점〉에 우리의 경계가 한정될 수 없음을 확인시켰다.

하지만 우리는 다시 지구로 내려와야 한다. 때로는 덜커덩거릴 수도 있다. 우리가 이 땅의 지리도 아직 정복하지 못했고 그것과 겨루려는 인간의 본성 또한 정복하지 못했기 때문이다.

지리는 언제나 운명들을 가두었다. 그 운명은 한 국가를 규정하거나 한 국가가 될 수 있는 것이었을 수도 있다. 또 어떤 것은 세계의 지도자들이 그토록 벗어나고자 몸부림쳤던 운명일 수도 있다. 그 예를

362

러시아만큼 선명하게 보여주는 나라가 또 있을까. 북유럽평원을 건널 수 있는 단 한 군데의 취약한 지점만 갖고 자그만 평지에서 출발해서 산과 바다에 둘러싸여 있는 너른 중심지까지 넓혀간 나라. 러시아 지도자들이 거대한 국가를 건설하기를 바랐다 하더라도, 물론 그랬지만, 그들이 그런 취약한 지점에서 선택할 수 있는 것은 거의 없었을 것이다. 마찬가지로 유럽은 거대한 교역 지대가 되겠다고 스스로 의식적으로 결정한 적이 없었다. 다만 길이가 길고 적절하게 연결된 하천들의 연계가 이를 가능케 했을 뿐이다. 그로 인한 당연한 결과는 천년의 세월에 걸친 팽창이었다.

21세기가 지나는 이때까지 우리 역사를 결정 짓는 데 참견했던 지리적 특성들은 여전히 우리의 미래에도 상당 부분 개입할 것이다. 지금부터 1세기 후에도 러시아는 평원 너머의 서쪽을 여전히 초조하게 바라보고 있을 것이다. 인도와 중국도 여전히 히말라야로 서로 분리돼 있을 것이다. 어쩌면 결국 분쟁에 돌입할 수도 있겠지만, 만에 하나 그런 일이 발생한다면 그 싸움의 성격을 결정하는 것도 결국 지리의 몫이다. 중국과 인도 모두 산맥을 넘을 거대한 군사력을 가능케 하는 기술이 필요하다. 만약 그것이 불가능한 채로 있다 해도 두 나라 누구도 핵전쟁의 나락으로 떨어지거나 또는 해상에서 부딪히는 것을 바라지는 않을 것이다. 플로리다는 멕시코 만의 출입구를 지키는 임무를 여전히 수행할 것이다. 핵심은 멕시코 만이라는 위치지, 누가 지배하느냐가 아니다. 여기 극단적이고 실현 불가능한 시나리오가 하나 있다. 플로리다 인구의 다수를 차지하는 히스패닉계 주민들에 의해 플로리다가 미국으로부터 분리돼서 쿠바와 멕시코와 손을 잡는다. 그렇다 해도 이 상황은 누가 멕시코 만을 지배하느냐라는 역학관계를 바꾸는 것뿐이지 그 위치의 중요성을 바꾸지는 못한다.

물론 지리가 모든 사건의 방향을 지시하지는 않는다. 위대한 사상과 위대한 지도자들도 역사의 밀고 당김의 일부다. 하지만 그들 또한 지리라는 틀 안에서 움직일 수밖에 없었다. 방글라데시의 지도자들 치고 벵골 만에서 넘쳐흐르는 물을 막아낼 꿈을 꾸지 않는 자가 있겠는가. 하지만 국토의 80퍼센트가 범람원인데도 땅덩이를 옮길 수는 없는 노릇이란 걸 그들도 안다. 주목할 만한 사례는 있다. 11세기에 스칸디나비아와 영국을 통치했던 크누트 왕은 아첨하는 신하들에게 파도를 물러가게 하라고 명령했다고 한다. 자연은 혹은 신은 그 어떤 인간보다 거대하다. 방글라데시의 경우 자연이 가하는 힘에 인간이 할 수 있는 것이라곤 더 많은 홍수 방지턱을 쌓고 지구 온난화로 인해 물이 불어날 거라는 컴퓨터 모델링이 과장됐기를 기대하는 것밖에 없다.

기후 변화와 같은 새로운 지리적 현실은 기회임과 동시에 도전이다. 지구 온난화는 사람들의 대규모 이동이라는 결과를 불러올 수 있다. 몰디브를 비롯한 많은 섬나라 주민들의 삶의 터전이 물속에 잠길 운명이라면 너무 늦기 전에 이곳을 떠나야 하지만 그 여파는 그들이 피신한 나라에까지 미칠 것이다. 방글라데시의 홍수가 지금보다 악화된다면 이 나라의 미래와 1억 6천만 명 국민들의 안위가 위태로워진다. 수위가 더 올라가면 이 빈곤 국가는 아예 물속에 잠겨 버릴지도 모른다. 또한 사헬 아래 지역의 사막화가 현재 추세로 진행된다면 수단의 다르푸르 내전 같은 갈등은 더 악화되고 확대될 것이다.

물 전쟁 또한 잠재적 문제를 내포하고 있다. 향후 수십 년 내에 중동 지역에 안정적인 민주 체제가 확립된다 해도 터키에서 발원해서 유프라테스 강이 키워준 무라트 강의 수량이 심각하게 줄어든다면 터키는 자국의 생명의 원천을 지키기 위해서라도 댐들을 건설할 수밖에 없다. 하지만 이 행동은 시리아와 전쟁을 치를 명분을 유발하며 이라크 또한 이에 말려들 수 있다.

이제 고개를 들고 좀 더 위를 바라보자. 우리 인간이 지리라는 족쇄를 부단히 부수어 가면서 우주까지 진출해 가는 한 우주 공간에서의 정치 투쟁도 불가피하다. 적어도 가까운 미래까지는 말이다.

1961년 27세의 소련 우주비행사 유리 가가린은 보스토크 1호를 타고 우주여행을 실현함으로써 역사상 최초로 성층권을 돌파한 인간이 되었다. 그런데 같은 소련 사람인 가가린보다 AK-47 소총을 개발한 칼라슈니코프라는 이름이 더 많이 알려진 것을 볼 때 인류 역사의 씁쓸한 단면을 반추하게 된다.

유리 가가린, 버즈 올드린(아폴로 11호 우주비행사로 닐 암스트롱에 이어 두 번째로 달 착륙에 성공한 사람) 외에도 마르코 폴로와 콜럼버스의 후예들은 그들이 살던 시대에는 상상조차 할 수 없었던 방식으로 경계를 넘고 변화를 이끌어낸 선구자들이었다. 핵심은 그 결과의 좋고 나쁨이 아니다. 그들은 새로운 기회를 발견했고, 자연이 준 것에서 최대치를 얻어내기 위해 경쟁하는 새로운 영역을 개척했다. 물론 많은 세월이 걸리겠지만 우리는 우주에도 깃발을 꽂을 것이다. 영토를 정복하고, 그 귀속권을 주장하고, 그러면서도 우리만의 방식으로 우주가 세워둔 장벽을 극복할 것이다.

현재 우주 공간에는 작동하고 있는 위성이 대략 1천1백 개가 있으며 작동하지 않고 있는 위성들 또한 적어도 2천 개는 된다. 러시아와 미국이 쏘아올린 수만도 거의 2천4백 개에 육박한다. 일본과 중국이 100여 개씩, 이 외에도 더 작은 수를 쏘아올린 여러 나라들이 있다. 이 위성들 아래 우주 정거장이 있다. 이곳은 처음으로 인간이 지구 바깥의 무중력 상태에서 반영구적으로 거주하면서 작업을 하는 공간이다. 또 더 저쪽 달 표면에는 적어도 다섯 개의 미국 국기들이 아직까지 서 있을 것으로 추정된다. 인간이 만든 기계는 그보다 훨씬 더 먼 곳, 즉 화성과 목성을 지나고 우리가 눈으로 보고 이해할 수 있는 것 이상을 향해 전진 중이다.

우주 공간에서 집단적 및 협력적 미래와 인간을 연계하려는 노력은 상상만 해도 멋진 일이다. 하지만 이에 앞서 지구 바깥에서도 패권을 노리는 경쟁은 멈추지 않을 것이다. 그 많은 위성들이 텔레비전 방송이나 일기 예보만을 위해 거기 있는 것은 아니다. 그것들은 다른 나라를 감시하고 누가 무엇을 가지고 어디로 움직이는지 지켜본다. 미국과 중국은 지금도 레이저 기술 개발에 열중하고 있다. 이 기술을 군사적으로 이용해서 두 나라는 우주 공간에서 경쟁국들의 무기를 무력화하는 미사일 시스템을 확보하는 길을 모색하고 있다. 이 두 나라 말고도 우주에서 싸워야 할 때를 대비하는 기술 선진국들이 많다.

우리가 별에 도착했을 때 우리보다 한 발 앞서 온 도전들이 우리 앞을 가로막을 것이다. 그때가 되면 그 도전에 대처하기 위해 서로 힘을 모아야 한다. 러시아나 미국, 중국인의 자격으로가 아니라 인류의 대표로서 우주를 방문하는 것이다. 하지만 지금까지 우리는 중력이라는 족쇄만을 겨우 풀었다. 게다가 우리는 여전히 우리의 마음속에 갇혀 있다. 타인에 대한 의심과 자원을 탐하는 원초적 경쟁이 형성한 틀 속에 말이다. 우리는 아직, 가야 할 길이 멀다.

옮긴이 김미선

한국외국어대학교를 졸업했으며 현재 전문 번역가로 활동 중이다. 옮긴 책으로는 『체 게바라 평전』, 『아랍인의 눈으로 본 십자군 전쟁』, 『아이들이 너무 빨리 죽어요』, 『종이괴물』, 『독일의 역습』, 『식물의 말들』, 『공간과 장소』, 『지리의 힘 2』 등이 있다.

지리의 힘

1판 1쇄 펴냄 2016년 8월 10일
1판 40쇄 펴냄 2024년 11월 20일

지은이 팀 마샬
옮긴이 김미선
펴낸이 권선희
펴낸곳 사이
출판등록 제313-2004-00205호
주소 03938 서울시 마포구 월드컵로36길 14 516호
전화 02-3143-3770
팩스 02-3143-3774

ⓒ 사이, 2016, Printed in Seoul, Korea

ISBN 978-89-93178-69-2 03300

• 잘못된 책은 구입하신 서점에서 교환해 드립니다.